变局与破局

— 房地产发展启示录 —

夏东 ◎著

中国科学技术出版社
·北京·

图书在版编目（CIP）数据

变局与破局：房地产发展启示录/夏东著.
北京：中国科学技术出版社, 2025.3. -- ISBN 978-7
-5236-1294-1

Ⅰ. F299.233.5

中国国家版本馆 CIP 数据核字第 20255S2Q31 号

策划编辑	任长玉	责任编辑	任长玉
封面设计	东合社	版式设计	蚂蚁设计
责任校对	张晓莉	责任印制	李晓霖

出 版	中国科学技术出版社
发 行	中国科学技术出版社有限公司
地 址	北京市海淀区中关村南大街 16 号
邮 编	100081
发行电话	010-62173865
传 真	010-62173081
网 址	http://www.cspbooks.com.cn

开 本	710mm×1000mm 1/16
字 数	297 千字
印 张	20
版 次	2025 年 3 月第 1 版
印 次	2025 年 3 月第 1 次印刷
印 刷	大厂回族自治县彩虹印刷有限公司
书 号	ISBN 978-7-5236-1294-1/F·1357
定 价	79.00 元

（凡购买本社图书，如有缺页、倒页、脱页者，本社销售中心负责调换）

推荐序

在中国居民的资产结构中,房地产具有举足轻重的地位;从整个中国经济运行的情况看,考虑到房地产整个产业链上的庞大关联度,房地产已成为影响中国经济运行的重要力量。当前,中国房地产市场处于转型和调整阶段,房地产市场何时可以出清,直接影响到整个宏观经济运行的走势。如何借鉴国际经验,促使中国房地产市场平稳转型,是当前值得深入探讨的重要课题。

从增长空间看,房地产市场与整个中国的城镇化进程直接相关。虽然中国城镇化已经取得长足的进展,但是中国的城镇化率也仅仅超过全球平均水平,还有明显的增长空间,虽然接下来的城镇化的模式和路径可能与此前有明显不同,但是大家对房地产市场的需求则是类似的。我国2023年城镇化率约为66%,距达到国际发达国家80%的城镇化率水平仍需相当长的时间。实际上,我国受制于二元结构的经济特征,真实城市化率(如按城市社保缴纳口径)则更偏低,2013—2023年我国新增城市人口中有约6600万人缴纳城乡社保(而非城市职工社保),并未获得城市市民的待遇。如此庞大的二元结构导致住房需求断层,不过这也是我国房地产发展的潜在增量。

在全国范围内的房地产供求大致均衡之后,住房的改善成为重要的需求来源。2023年我国城镇居民人均住房面积41.8平方米,折合套内居住面积31.3平方米(按75%的得房率),距美国、欧洲等发达国家的人均居住面积水平(约45平方米)尚有一定差距,在人口红利、人均面积等方面均存良性的发展空间。

从日本房地产市场调整和出清的经验教训看，考虑到房地产市场的广泛影响，房地产市场深度调整的影响可能不会仅仅局限在房地产体系内部，而是可能会进一步扩大到房地产的相关联产业，以及以银行为代表的金融业。2024年10月，中国的金融监管部门明确表态维护"股市、债市和楼市"的健康发展，在"三市维稳"基调下，房地产行业加速推进"稳房价、稳地价、稳预期"。

在中国房地产市场发展的新阶段，住房的主要矛盾由原来的"有没有""够不够"向未来的"好不好"过渡，行业发展也将迎来洗牌与重构。当前我国房地产市场有两个重要任务：一是稳定房地产市场，二是构建房地产发展新模式。住房承载着人民对美好生活的向往，建设"好房子"则是构建房地产发展新模式的重要抓手。在新的宏观环境和房地产发展形势下，"让人民群众住上更好的房子"既需要政府设定引导规则，亦需要行业发挥专业所长，在政策标准、规划建造、物业运营等环节发力，共同提升住房品质，满足百姓高品质的住房需求。

对政府来说，核心课题为引导优质房子引领新房供给侧的升级。日本于2008年出台《长期优良住宅普及促进法》，推行"长期优良住宅"认定机制，并在税收补贴、贷款优惠等方面获得支持。英国于2011年颁布《终生住宅设计导则》明确新建住宅项目达到"终生住宅"标准，并对符合政策标准的住房开发给予配套优惠政策。根据我国的实际情况，政府可对新建住房达到高品质标准的企业，适当降低土地和融资成本，提升或放开新房销售限价，给高品质供给企业更高的定价自由度；对交付或维护不达标的企业，可采取失信惩罚，如列入土地拍卖或融资灰名单。

对于行业来说，房地产开发商则重点在"好产品、好服务"两方面发力。"好产品"体现在房地产企业在项目建造端，在产品设计、建造材料、工艺做法等方面要精益求精，确保房屋质量可靠；"好服务"则是房地产在物业运营端，在硬件维保、智慧服务、社群运营等方面精细入微，确保社区温暖可靠。同时，部分房地产企业在政策引导下已在未来社区、第四代住宅、科技绿色建筑等领域开展探索，形成丰富的标杆案例，值得行业借鉴。未来房地产行业也将更重视"产品 + 服务",行业的销售规模、利润水平、品牌影响力等也将向兑现"好房子"属性的开发商身上倾斜,行业发展、价值定位与竞争格局也将随之重构。

在这个剧烈的行业转型过程中,持续深入的研究就显得十分重要。夏东博士立足于一线的房地产行业经验及研究,深度分析我国当前房地产行业所面临的变局、如何发展演变到现在,以及该如何破局纾困、下一步又该如何发展。此书也站在全球维度和历史视角,深度探讨曾经的美国、日本、新加坡等国房地产市场经历的危机,以及当时的房地产企业如何转型、穿越周期,对我国房地产行业都有哪些启示。同时,新作中还深度解析了国内外房地产企业对诸多举措的探索实践,为我国房地产企业的转型举措、可持续发展,提供了建设性的案例和样本。

是为序。

巴曙松　教授
北京大学汇丰金融研究院执行院长
中国银行业协会首席经济学家
香港特别行政区政府特首政策组专家组专家

自 序

在这个充满变数与挑战的时代，我国房地产行业正处于重要的转折点。作为躬身入局的一线从业者，我有幸见证并记录了它的成长与蜕变。这份启示录既是对过往房地产峥嵘岁月的回顾，更是站在时间维度、地域广度、细分深度等层面对房地产转型路径的探索与思考。

从1979年的改革春风，到20世纪90年代的市场化浪潮，再到21世纪初的高速发展，中国房地产行业经历"从无到有"，从"水大鱼多"到"水浅鱼稀"等调控及周期变化。每一个阶段，均伴随着国家政策的引导、市场需求的推动、行业格局的重构、企业本身的创新。笔者深知，房地产行业的发展演进，既是我国居民对"安得广厦千万间"的需求迭代，更是我国经济社会发展史的一个重要缩影。

在本书中，第一章为"知行业"。从国家的宏观政策、中观的市场动态和微观的企业行为三个层面，通过深入分析人口、土地、金融等宏观要素，以及行业容量、企业规模、项目现金流等微观模型，尝试揭示房地产行业发展的外在动因和内在逻辑，解析当前房地产行业深处从未有过的"变局"。

在当前房地产行业出现危机的背景下，第二章、第三章则为"寻借鉴"，将视野投向国际发达国家及地区的房地产行业及其穿越危机之经验。本部分重点探讨美国、日本、新加坡及我国香港的行业发展模式，遭遇房地产危机的起因与过程，政府如何出台"救市"政策，企业如何采取"自救"方式等，寻找对中国房地产行业有益的启示，为我国房地产行业"破局"提供经验。

房地产发展探索新模式，第四章为"闻机遇"，重点解读中央会议基调、重点配套政策，通过政策研判和细分领域研究发现，城中村改造、租赁住房市场、代建管理、资产管理及证券化等领域有望成为行业新模式下潜在的重要机会点。

行业"领头羊"创新之路可大幅降低后来者的试错成本，第五章为"找对标"。观察房地产行业近年在TOD发展、未来社区以及城市更新等创新方向的"行业新物种"，通过案例及模式解析为企业"破局"提供转型的创新路径和具体操盘思路。

落实到企业具体的"破局"行动，第六章为"求方法"，既要"脚踏实地"，也要"仰望星空"。"企业新玩法"既关注当下通过降本增效、数字化转型、地产+资本和科技创新等"开源节流"，也应建立或优化ESG体系以实现高质量地可持续发展。

本书写于2023—2024年，大多文稿成于深夜的耶鲁大学的斯特林纪念图书馆。在从业十余年之际选择辞离房地产投资的管理岗位，前往美国和欧洲继续深造，让自己能更冷静客观地复盘思考、更立体通透地分析这个行业的过往、当下及未来。虽然本书尽可能客观准确，但是由于本人水平有限，难免有疏漏或不足之处，敬请读者朋友包涵见谅。北宋苏轼在《赤壁赋》中曾言："自其变者而观之，则天地曾不能以一瞬；自其不变者而观之，则物与我皆无尽也。"房地产永恒"变化"与本质"不变"，概莫如此！

与诸君共勉！

2024年于美国耶鲁大学

CONTENTS 目 录

第一章 房地产行业的"变局"

第1节 发展视角下的周期阶段 / 003

第2节 宏观视角下的推动因素 / 009

  1.2.1 长期看人口 / 009

  1.2.2 中期看土地 / 013

  1.2.3 短期看金融 / 022

第3节 微观视角下的行业模型 / 034

  1.3.1 行业容量模型 / 034

  1.3.2 企业规模模型 / 039

  1.3.3 项目现金流模型 / 051

第二章 美国及日本的启示

第1节 美国的经验 / 064

  2.1.1 美国房地产发展模式 / 064

  2.1.2 美国2008年房地产危机的启示 / 070

第2节 日本的经验 / 081

  2.2.1 日本房地产发展模式 / 081

  2.2.2 日本20世纪90年代房地产危机的启示 / 087

第3节 核心启示与分析 / 105

第三章 新加坡及中国香港的启示

第 1 节 新加坡的经验 / 109
    3.1.1 新加坡房地产发展模式 / 109
    3.1.2 新加坡 1997 年亚洲金融危机的启示 / 118

第 2 节 中国香港的经验 / 130
    3.2.1 香港房地产发展模式 / 130
    3.2.2 香港 1997 年房地产危机的启示 / 134

第 3 节 启示与分析 / 152

第四章 政策"新风口"

第 1 节 中央会议基调 / 157

第 2 节 重点配套政策 / 158
    4.2.1 "三支箭"融资政策 / 158
    4.2.2 "三大工程"重点方向 / 167
    4.2.3 "四个方面"专项行动 / 175

第 3 节 潜在新机会点 / 177
    4.3.1 城中村改造 / 177
    4.3.2 租赁住房市场 / 178
    4.3.3 代建管理业务 / 182
    4.3.4 资产管理及证券化 / 187

第五章 行业"新物种"

第 1 节 TOD 开发 / 197
    5.1.1 TOD 发展背景 / 197

目录

　　　　5.1.2　我国 TOD 探索与实践　/　198

　　　　5.1.3　"新物种"TOD 模型　/　206

　　第 2 节　未来社区　/　218

　　　　5.2.1　未来社区的发展背景　/　218

　　　　5.2.2　未来社区探索与实践　/　219

　　　　5.2.3　"新物种"未来社区模型　/　221

　　第 3 节　城市更新　/　232

　　　　5.3.1　城市更新的发展背景　/　232

　　　　5.3.2　城市更新的探索与实践　/　233

　　　　5.3.3　"新物种"城市更新模型　/　235

第六章　企业"新玩法"

　　第 1 节　降本增效与数字化转型　/　257

　　　　6.1.1　降本增效　/　257

　　　　6.1.2　数字化转型　/　264

　　第 2 节　"地产＋资本"及科技创新　/　269

　　　　6.2.1　"地产＋资本"模式　/　270

　　　　6.2.2　"地产＋科技"创新　/　277

　　第 3 节　可持续发展与 ESG 体系　/　282

　　　　6.3.1　房地产的可持续发展　/　282

　　　　6.3.2　房地产 ESG 评级体系　/　289

　　　　6.3.3　房地产 ESG 应用实践　/　296

结　语　/　307

第一章

房地产行业的"变局"

第一章 房地产行业的"变局"

第1节 发展视角下的周期阶段

风起于青萍之末，浪成于微澜之间。1994—2023年，我国房地产业增加值由1729亿元上升至2021年最高峰77 561亿元，随后回落至2023年的73 723亿元，整体涨幅超40倍；对国内生产总值（GDP）贡献率由3.6%上升至2020年最高峰7.3%，涨幅实现翻番，随后回落至2023年的5.8%（见图1-1）。回顾我国房地产发展近半个世纪的历史，可知我国房地产行业如何从计划经济体制下的"福利房"，经过顶层设计的酝酿探索走向市场化的商品房；如何迎来快速发展逐步成为我国国民经济的支柱行业；又如何在政府多元化的调控下尝试构建新模式。

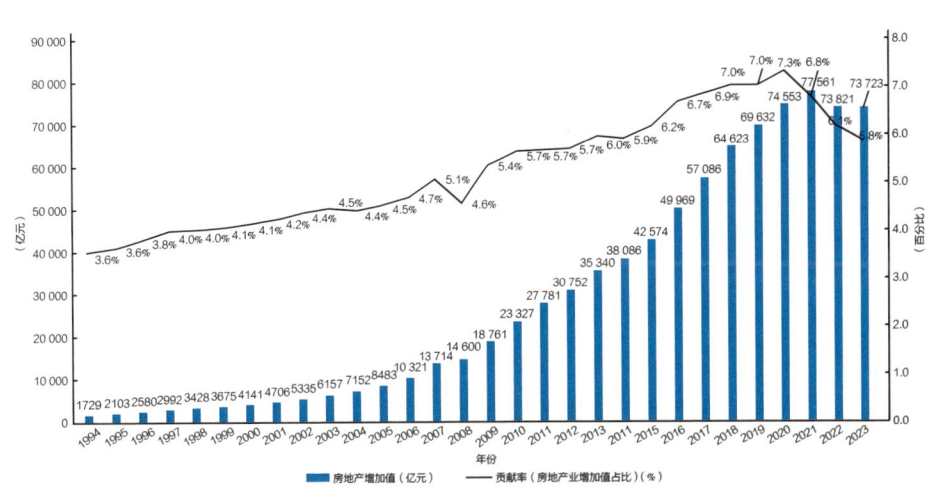

图1-1 我国房地产业增加值及对GDP贡献率（1994—2023年）

数据来源：国家统计局。

（1）起步萌芽阶段

1979—1991年为我国房地产行业的起步萌芽阶段。1979年，我国开始经济体制改革，并于次年4月提出"出售公房，调整租金，提倡个人建房买房"设想，正式拉开我国住房制度改革的序幕。1984年，国家肯定房地产行业对于发展我国经济的重要意义，《国民经济行业分类标准代码》首次将房地产列为独立行业。

1986年1月，我国召开城镇住房制度改革座谈会，虽然同年颁布《土地管理法》，但条款并未明确用地单位的性质，民营房地产企业不具备拿地资格。1987年12月，深圳经济特区房地产公司以525万元竞得一宗面积为8588平方米、出让期限为50年的商品住宅用地，成为我国"土地拍卖第一槌"；并推动我国《土地管理法》等修订，删除"禁止出租土地"的内容，增加"国有土地和集体所有的土地的使用权可以依法转让"等规定，标志着我国房地产行业进入市场化阶段。1990年，我国在上海试点住房公积金制度取得成功，国有企业"利改税"红利消失，政府不再承担福利分房，逐渐推动住房商品化。

（2）探索调整阶段

该阶段分为过热繁荣阶段（1991—1993年）和调整推进阶段（1994—1998年）。

1991年，国务院先后批复24个省市的房地产改革总体方案；同年房地产行业的第一支股票"万科A"在深圳证券交易所上市，为资金密集型的房地产行业开辟资本市场的融资渠道。1992年，邓小平南方谈话后，《国务院关于发展房地产业若干问题的通知》（国发〔1992〕61号）明确指出："房地产业在我国是一个新兴产业，是第三产业的重要组成部分，随着城镇国有土地有偿使用和房屋商品化的推进，将成为国民经济发展的支柱产业之一"，由此确定我国房地产行业在经济发展中的重要地位；同期大批房地产企业（如碧桂园、保利、绿地等）成立。但当时国内出现开发区、房地产等投资过热现象，1992年海南省房地产投资达 87 亿元，占全省固定资产总投资约 50%，仅海口市房地产开发面积达 800 万平方米。1993 年 6 月，国务院通过"国 16 条"等措施，遏制了通货膨胀，使经济软着陆，海南房地产价格出现大崩盘，95% 以上的房地产企业破产，间接导致大量国有银行坏账率飙升，自此进入调整阶段。

1994 年 7 月，《城市房地产管理法》出台，限制土地供应，大力推广公积金、个人按揭等政策；同年《城市商品房预售管理办法》颁布，调动房地产开发企业的积极性。1997 年，亚洲金融危机前夕，《城市房地产抵押管理办法》（建设部令第 56 号）出台，允许进行预购商品房抵押贷款，房地产市场正式开启杠杆之路。

1998 年，国务院停止住房实物分配，逐步实行住房分配货币化，标志着福利分房时代结束，再次扩大商品房的购置需求；同期亚洲金融危机解除，我国结束稳健紧缩的货币政策并进入宽松轨道。1999 年，中国人民银行印发《关于开展个人消费信贷的指导意见》，鼓励个人消费信用贷款，房地产市场重新回归正轨，开启新一轮的上涨周期。

（3）快速发展阶段

1999—2007 年为我国房地产行业的快速发展阶段。至 1999 年年底时，我国住房市场基本已迈向市场化的商品房的正轨：通过终止福利分房、预售制度等开启商品化住房的"住房改革"，通过土地所有权与使用权分离，允许国有建设土地的使用权上市出让开展"土地改革"，通过在住房公积金、按揭贷款、信用贷款、证券资本市场等实施的系列"金融改革"，构成驱动该阶段房地产行业迅速发展的"三驾马车"。

2001 年，国务院发布《关于加强国有土地资产管理的通知》，明确提出经营性用地必须采用招标拍卖的方式进行出让；次年国土资源部签发《招标拍卖挂牌出让国有土地使用权规定》，叫停沿用多年的土地协议出让方式，"招拍挂"制度正式出台，此政策被房地产行业称为"新一轮土地革命"。随着北京申奥成功、加入世界贸易组织、房地产行业被列入支柱行业等利好消息不断，土地价格、商品房价格进入快速上涨通道。

2003年，中国人民银行发布《关于进一步加强房地产信贷业务管理的通知》，从企业和居民端开始锁紧资金释放。2004年，中央调控实行"管严土地、看紧信贷"调控政策，并减少土地供应。2005—2007年，政府先后出台"国八条""国六条"、多次加息及上调准备金率等政策，抑制房价过快上涨势头，但市场依旧是地王频出。

2008年，受美国次贷危机波及，我国房价开始遇冷下滑；中央于11月推出了进一步扩大内需、促进经济平稳较快增长的十项措施，并出台"国十三条"等救市刺激政策，如降低首付比例、鼓励住房消费等，流出来的大水逐渐引导至房地产业，房价开始止跌并迅速回暖。2009年我国商品房销售面积同比上涨43.6%，销售金额同比上涨75.5%，迅速反弹的市场验证托底救市政策的效果显著，也侧面说明市场仍然处于过热状态。

（4）多元调控阶段

该阶段分为缩紧刺激的调控阶段（2010—2013年）、去库存的调控阶段（2014—2016年）和"房住不炒"调控阶段（2017—2019年）。

一是缩紧刺激阶段，为抑制房价快速上涨的势头，2009年12月提出的"国四条"，标志着房地产调控政策正式转向收紧。并分四步具体实施：① 2010年1月，推行"国十一条"，将二套房首付比例提高到40%；2010年4月出台"国十条"，将90平方米以上二套房首付比例提高到50%，并开始要求地方政府限制购房套数。② 2010年9月底，针对住房贷款实施"二次调控"，首套房最低首付比例调整为30%，二套房调整为50%，三套及以上暂停发放贷款。③ 2011年1月，再次推出的"新国八条"，要求直辖市、省会城市、计划单列市等实施限购，同时将二套房首付比例进一步提升至60%；同时，在上海市、重庆市试点房产税。④ 2011年7月，国务院召开常务会议要求房价上涨过快的二、三线城市也采取必要的限购措施。

二是去库存阶段，2014年房地产市场尤其二、三线城市成交萎靡，政府通过降准、降利率、逐步松绑限售限购等政策，并于2015年全国放开二孩政策，供给与需求双向发力，房地产市场成交逐渐回暖。2016年，政府决定加快棚改项目建设，开始推进货币化安置，当年棚改货币安置率提升至48.5%，较上年增加18.6%，三、四线城市商品房销售面积增长22%，棚改货币化去库存效果显著，但商品房与土地价格均上涨过快，透支消费预期且留下隐患。研究显示，以2015年棚改货币化加速推行以来的房价涨幅作为房价泡沫的代理变量，山东、黑龙江、贵州等省份为高风险地区，即房价涨幅及棚改退潮拖累销售增长均超过20%，受棚改货币化退潮程度影响显著。即房价涨幅及棚改退潮拖累销售增长均超过20%，受棚改货币化退潮程度影响显著（见图1-2）。

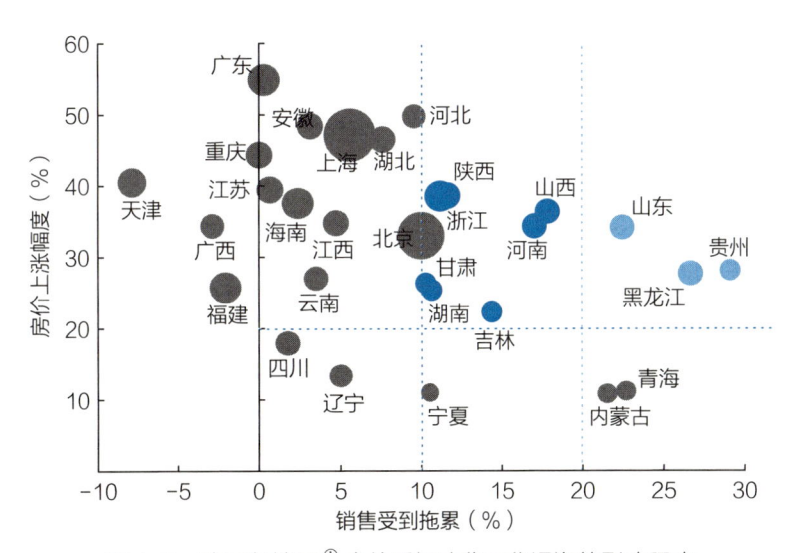

图1-2 我国各地区①房价受棚改货币化退潮的影响程度

资料来源：Wind、招商银行研究院。

注：越往右，表示风险越高，面积越大表明该地区房价绝对水平越高。新疆、西藏的商品房销售受棚改拖累超过70%但房价涨幅小于10%，未在图中列示。

三是"房住不炒"阶段，2016年底，中央经济工作会议首次提出"房子是用来住的，不是用来炒的"，确定抑制过度房地产投资的基调，随后再

---

① 不含港澳台，全书同。

度升级调控政策抑制房价。具体调控措施分二轮逐步推进：①核心一、二线重点城市重启或升级限购限贷。自 2016 年 12 月，北京、深圳、广州、天津等 22 个城市密集出台新一轮调控政策；2017 年 3 月，厦门首次提出"限售"政策，变相延长出售周期、遏制投资需求，其他城市相继跟进，房地产上涨势头明显减弱。②调控政策继续向三、四线城市和欠发达区域扩散。2017 年下半年，山东半岛城市群、海峡西岸城市群、安徽中部等三、四线城市跟进调控政策。2018 年，东北地区（大连、沈阳等），中西部地区（太原、成都等），海南省等地区跟进升级调控政策。

（5）构建新模式阶段

2020—2021 年，"先破"阶段，该阶段标志性事件：一是"三道红线"，2020 年 8 月，中国人民银行、原银保监会等机构对房地产企业提出的指标，即剔除预收款项后资产负债率不超过 70%、净负债率不超过 100%、现金短债比大于 1，依据房地产企业的"触线情况"分为"红、橙、黄、绿"4 档监管，并对纳入监管的房地产企业要求拿地金额不得超年度销售额 40%，旨在遏制房地产行业举债扩张的金融风险。二是"两集中"供地，2021 年 2 月，自然资源部要求 22 个试点城市实施住宅用地"两集中"，即集中发布出让公告、集中组织出让活动，且当年发布住宅用地公告不能超过 3 次，并多地采取"房地联动价"等控价机制，初衷为通过批量土地供应稳定地价进而平抑房价。

上述举措对于出清房地产行业的风险、抑制房价过快上涨等起到正向作用，但"三道红线"执行落地迅速，诸多房地产企业被猝不及防地切断"输血"通道，"两集中"供地初期引发房地产企业急于补货、追高地价，出现"地王""竞自持""摇号"过热情况，随后市场趋冷后出现土地大面积流拍、城投公司托底拿地等过冷现象。

2022 年至今，"后立"阶段。2022 年，我国"两会"确定房地产"稳地价、稳房价、稳预期"的基调，政府工作报告强调"探索构建房地产发展新模式"，启动三大工程"三支箭"及"四个方面"（本文第五章节详述）等系列政策。政府在该阶段虽积极出手救市，解除限购限贷政策、多次降准、下调 LPR 等，但房地产市场反应疲软，成交依旧低迷。

至此，原驱动我国住房市场化的"三驾马车"，即土地改革、住房改革及金融改革，在多措并举下得以大幅修正，中央各部门联合施行、精准"降杠杆、降投资、控支出"，在一定程度上确实消减了我国经济"脱实向虚"的系统性风险，但市场调整幅度过大，行业探索及发展新模式依旧需要时间。

第 2 节　宏观视角下的推动因素

2024 年 3 月，我国中央政府工作报告指出，"完善'人地钱'挂钩政策"；同期，住建部在"两会"提出"建立'人、房、地、钱'要素联动的新机制"。从宏观维度上看，人口、土地及金融作为最重要的要素资源驱动我国的城市化进程，分别在长期、中期及短期推动甚至决定我国房地产产业的发展兴衰。

1.2.1　长期看人口

（1）城镇化人口

我国人口增长发展驱动房地产行业的长期需求，城镇人口增量及城镇化率则决定行业的市场容量。根据普查数据，我国城镇常住人口由 2006 年的约 5.83 亿人逐年攀升至 2023 年的约 9.33 亿人，年均新增城镇化人口约 1942 万人，城镇化率则由 43.9% 上涨至 66.2%，年均城镇化率增幅约为 1.2%，近年新增城镇化人口及城镇化率增幅均呈放缓趋势（见图 1-3）。

根据诺瑟姆 S 曲线理论及国际发展经验，当国家的城镇化率达到 30%~70% 时，意味着城镇化处于加速阶段，该时期受益于人口加快流动，

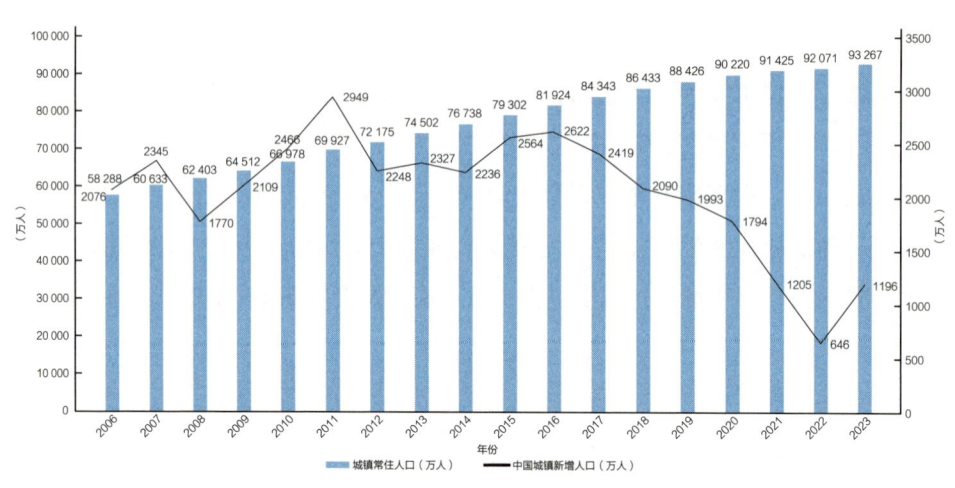

图 1-3　我国各年城镇化人口及新增城镇化人口

○ 数据来源：国家统计局。

持续释放住房需求；当国家的城镇化率达到 80% 左右时，人口从农村往城市的流动基本停止，甚至会出现逆向流动，伴随人口地域结构的稳定，房地产需求进入平稳期，步入存量市场。由此可知，我国当前城镇化仍处在中期的后半段，若按照年均增长 1.0% 估算，距达到国际发达国家 80% 的城镇化率水平大约 15 年，此周期为我国城镇化进程的末尾阶段以及房地产增量的最后红利期（见图 1-4）。

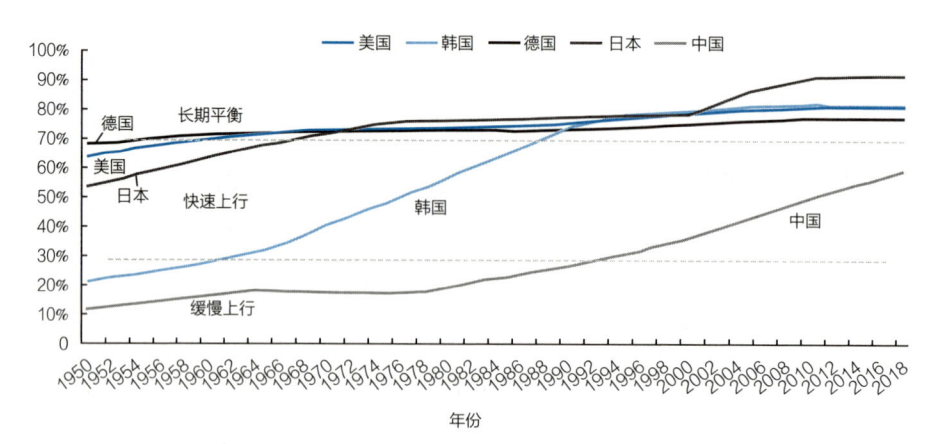

图 1-4　典型发达国家及中国的城镇化率走势

○ 数据来源：世界银行、中指研究院整理。

（2）年龄结构

从生命周期角度看，不同年龄阶段人群的购房需求、购房预算等差异较大，关键年龄结构的人群决定着房地产的有效需求及实际市场容量。国家信息中心《人口与房地产市场关系分析》报告中指出：我国25~34岁的年轻人是第一大购房群体，约占购房总人数的50%，多属于首次购房需求，需求的价格弹性较小；35~44岁的中年人是第二大购房群体，约占购房者总数的24.5%，多属于改善型或投资需求，购房价格弹性较大。我国这两个年龄段的购房者占总购房人数的3/4，为影响房地产市场需求的主力军。

国际上采用"人口抚养比"（即非劳动年龄人口数÷劳动年龄人口数）指标衡量人口年龄结构对房地产市场的影响。当人口抚养比较低时，中青年购房适龄群体较多，购房需求较为旺盛；当劳动年龄人口和购房适龄人口数量逐步下降，将导致社会总抚养比上升，购房需求大幅减少。从发达国家经验看，在人口抚养比见底回升的一段时间内，即从人口红利期逐步转向人口负债期的阶段，往往出现房价见顶的情况。例如，美国、英国、德国在1986年前后，人口抚养比均见底回升，随后的3~10年内房价阶段性见顶；日本1990年房地产泡沫破裂、美国2007年次贷危机发生时，均处在人口抚养比由降转升的拐点。

然而，我国在2010年人口抚养比见底回升后，房价反而呈现加速上涨的趋势，这与中国特殊的制度转型和人口政策有关。在计划经济时代，福利分房制度使得上一代人有额外的储蓄，叠加计划生育政策形成"四二一"的家庭结构，数代人的储蓄释放刺激房地产市场上扬。光大证券研究预测，随着最后一代（20世纪70年代初出生）享受福利分房人口的额外储蓄释放完毕（预计在2020—2030年），我国人口红利期预估在2030年左右基本结束，逐步过渡至人口负债期，持续上涨的人口抚养比及老龄化率将平抑房地产的真实需求（见图1-5）。

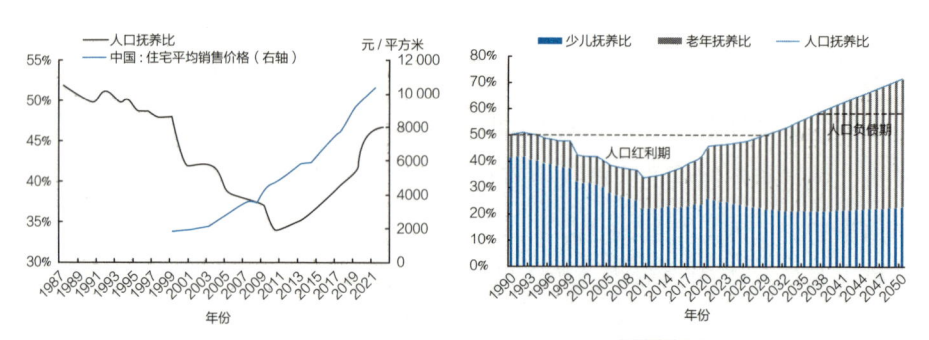

图 1-5　我国人口比及未来人口比例预测

○ 数据来源：世界银行、Wind、光大证券研究所整理及预测（2023年后）。

（3）家庭结构

家庭作为购置及居住房屋的基本单元，在新增城镇及主力年龄购房等人口总量不变的情况下，户均人口越少则意味着住房需求越旺盛。实际上，我国近年由于人口流动速度增快、生育率下降、结婚率走低、离婚率攀升等因素影响，家庭结构趋向小型化发展的特征明显。

据国家统计局数据，我国每户家庭人口的平均数由1953年的4.33，下降至2010年的3.1，2020年进一步降至2.62，近年单户及双人户的比例不断提升。国际经验同样显示，随着老年人寿命延长和生育率下降，发达国家家庭规模普遍缩小。（见图1-6）。

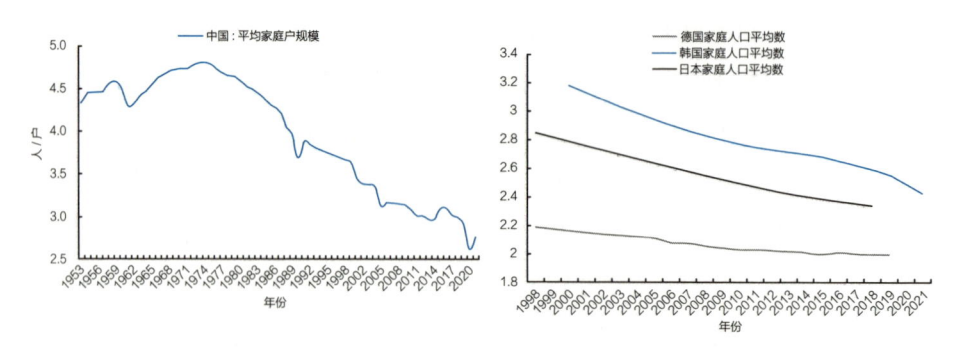

图 1-6　我国及典型发达国家的家庭户规模走势

○ 数据来源：世界银行、国家统计局、Wind，光大证券研究所。

因此，我国家庭结构的小型化趋势虽然可在一定程度上助推购置住房的需求，但目前已趋于美国、韩国水平，未来的提升空间相对有限；若按此下滑趋势，推算约到 2040 年左右到达日本的 2.3 人/户。

综上人口分析的角度，"人口"作为关键的主体要素，决定房地产于长期 5~30 年的趋势。我国曾长期处于城市化进程、年龄结构、家庭结构等红利期，但随着城镇化率趋于稳定、人口抚养比及老龄化率走高、家庭结构边际递减等，将在未来 15~20 年走向人口"负债期"，房地产市场将逐步向存量市场演变。

1.2.2 中期看土地

（1）土地财政逻辑

1986 年《中华人民共和国土地管理法》和 1994 年《中华人民共和国城市房地产管理法》实施后，国有土地使用权性质赋予政府对土地的实质控制权，地方政府可低成本地收储或变更土地，全国土地交易体系逐步形成，为地方政府主导土地出让奠定法制基础。1994 年，我国启动分税制改革"财权上移，事权下放"，地方财政收入占全国财政收入的比例由上一年的 78% 降到 44.3%，但地方财政支出占全国财政支出的比例却为 69.7%，几乎与上年度持平。中央政府不再参与土地出让权益的分配，土地出让金全部纳入地方政府收入（见图 1-7）。因此，中央上收财权、把大量外部性事权留在地方，地方政府"事权多、财权少"，地方政府开始经营城市土地，政府对土地征收、土地变更、土地出让等行政垄断是土地财政的基础。

地方政府在土地市场中扮演着关键角色，通过土地出让获取财政收入，在扣除征地拆迁、收储补偿等必要支出后，主要用于城市基础设施建设，提升城市规划及城市化进程。在经济及市场上行期，宽松的货币政策、融资环境使得房地产企业能够以低成本获取资金，在土地市场上竞拍溢价获取土地，上扬的土地价格会传导至房价，市场形成一致性的上涨预期，吸

变局与破局：房地产发展启示录

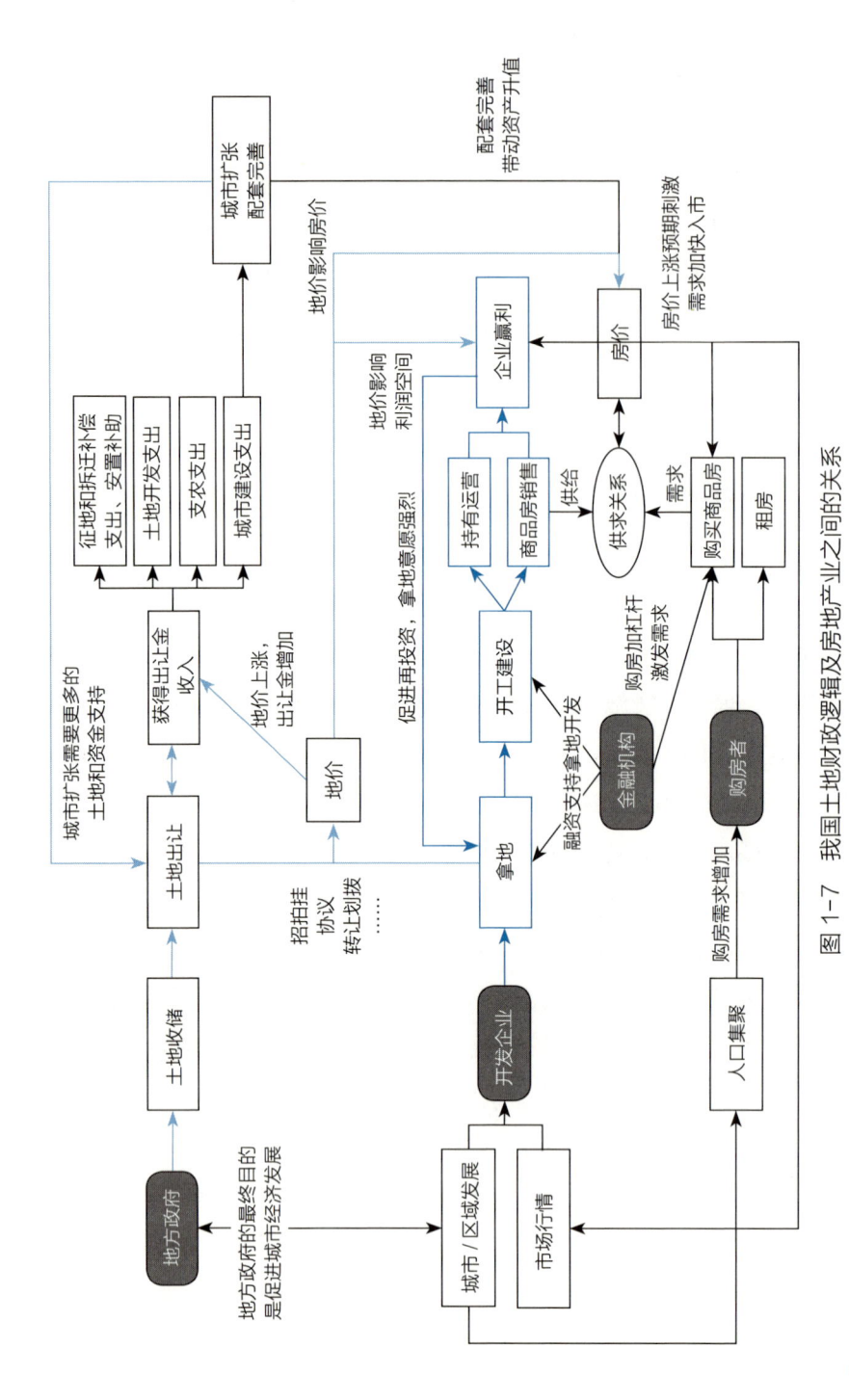

图 1-7 我国土地财政逻辑及房地产业之间的关系

◎ 数据来源：据公开资料整理。

引购房客户提前入市及投资甚至投机的需求，进一步加剧供求矛盾，推动地价和房价的上涨。在此循环过程中，地方政府的土地出让收入增加，对土地财政的依赖度也随之提升。

由此，我国地方政府以土地资产作为财政收入及担保信用的基础，土地征收出让、规划建设开发区、城市基础设施等迎来快速发展，土地出让金占地方财政总收入的比重逐年增加，由1998年的10.19%跃升至2020年的84.02%（见图1-8）。

图1-8 我国土地出让金及地方财政总收入

○ 数据来源：中国统计年鉴、中国国土资源统计年鉴、财政部收支情况整理等。

但是，在经济及市场下行期，地方政府对土地出让的依赖度则加速房价及地价螺旋式下跌，甚至引发地方政府及城投公司的债务风险。近年随着房地产增量市场的需求见顶、房地产企业拿地意愿退缩，我国地方政府的土地出让及财政收入迅速下滑，目前土地财政贡献约四成的地方财政收入。2023年，我国土地出让总收入为5.80万亿元，在2022年同比降速23.3%的基础上进一步下滑13.2个百分点，考虑土地和房地产相关的5项税收（包括契税、土地增值税、房产税、耕地占用税、城镇土地使用税）1.85万亿元，二者合计占全国一般公共预算和政府性基金预算收入之和的26.6%，占地方本级一般公共预算和政府性基金预算收入之和的41.7%。

研究显示，2023年，我国中部地区的安徽（-26.1%）、湖南（-22.7%）、河南（-16.0%）以及东部沿海地区的福建（-23.0%）、浙江（-22.4%）、广东（-18.2%）等省份的土地出让收入同比跌幅显著高于全国平均水平（见图1-9）。地方政府土地出让收入大幅萎缩，导致地方政府性基金收入负增长，相应地补充地方一般公共预算的作用下降。2023年，全国21个省级行政区政府性基金收入同比出现负增长。以广东省为例，全年政府性基金调出资金897.2亿元，同比降幅逾50%；调出资金占政府性基金收入的比重为19.9%，同比下降21.7%。此外，土地财政下行不仅会加大财政收支缺口，地方政府可支配财力及信用担保下降，进而导致隐性债务或城投债务在面临风险时，地方政府的救助能力下降。

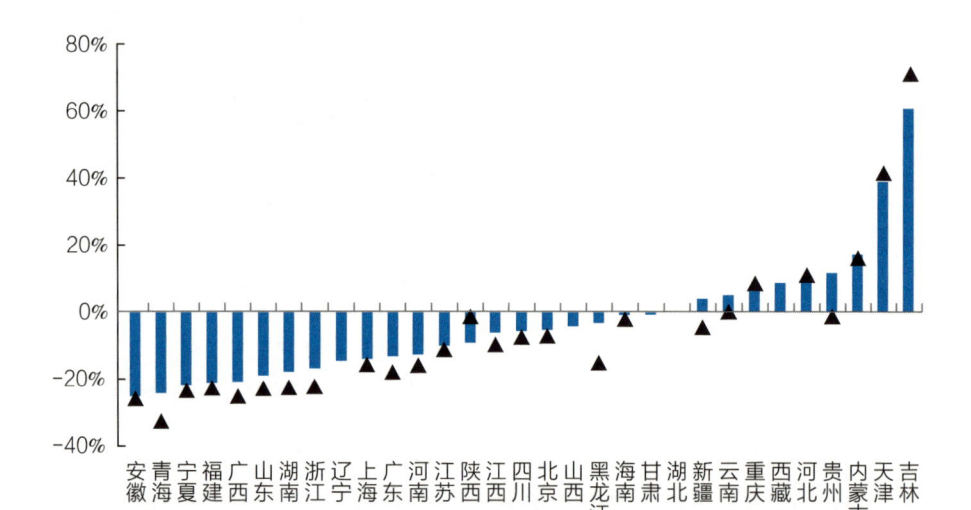

图1-9 我国31个省级行政区2023年政府性基金收入及土地出让收入同比增速

数据来源：各省级行政区2023年预算执行报告、粤开证券研究院整理。

由于我国财政预算执行数据披露尚不完整，本文拟采用政府性基金收入/（一般公共预算收入+政府性基金收入）来大致衡量土地财政依赖程度。2023年，贵州、江苏、浙江土地财政依赖度程度居前列，分别达到52.3%、51.0%、49.3%。26个级行政区的土地财政依赖度程度同比显著下降，黑龙江、内蒙古、辽宁等8个级行政区土地财政依赖度已降至20%以下（见图

1-10）。当然，若考虑新房销售和二手房交易的增值税、所得税、印花税、企业所得税等，以及相关的城建税以及其他规费等，土地财政收入规模和土地财政依赖程度会更高。

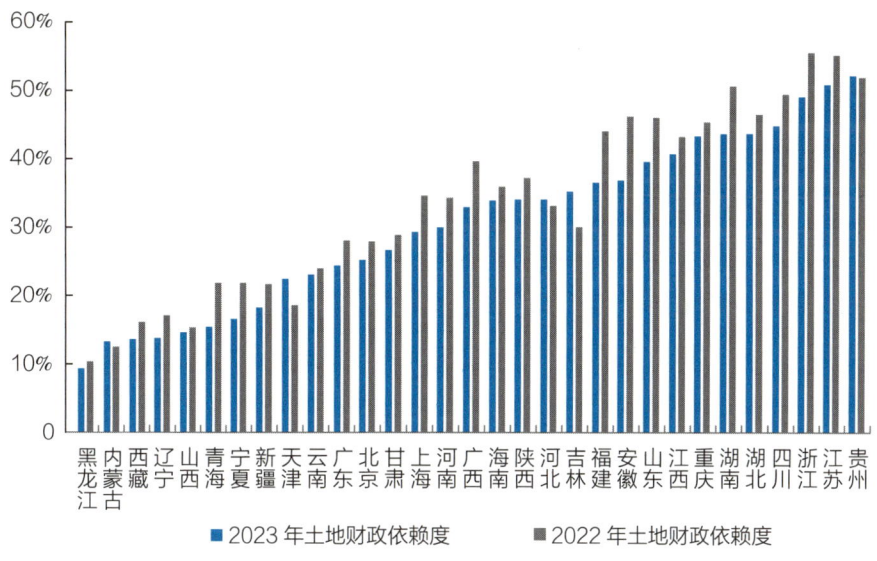

图 1-10 我国 31 个省级行政区 2023 年土地财政依赖程度

数据来源：各地财政厅（局）、粤开证券研究院整理。

（2）土地出让政策

我国土地政策主要由原国土资源部制定，并受到住房和城乡建设部、原农业部、财政部等其他部门的影响。2004 年 3 月，原国土资源部、原监察部联合下发《关于继续开展经营性土地使用权招标拍卖挂牌出让情况执法监察工作的通知》，规定从 2004 年 8 月 31 日起所有经营性的土地一律都要公开竞价出让，标志着我国土地出让正式进入全面市场化。

在全国层面，土地供应总量在中长期由自然资源部制定的土地利用总体规划决定，比如《全国国土空间规划纲要（2021—2035 年）》，决定全国 15 年土地供给总量，据此土地利用总体规划，制定五年规划、年度计划。在省级行政区层面，由中央划分各省级行政区指标，各省级行政区据此制定土地利用规划、五年规划、年度计划，调度重点城市用地规划及占补平衡指标。在城市层面，除强调科学性的国土空间及利用规划外，城市总体规划中建设用地等指标也列明中长期土地供应指标，并落实到年度计划，由各市自然资源规划局、土地储备中心等会议确定土地评估价、规划条件、出让方案等，由土地交易中心定期通过土地交易网、官方报纸媒体等刊登待出让的土地信息，组织房地产企业等参加竞拍及投标等环节，确定竞得企业及最终成交价格。

我国内地土地出让政策整体经历从集体转让到市场化竞争、从不透明运作到"阳光土地"过程，具体由行政划拨、协议出让到引进香港地区"价高者得"的土地招拍挂制度，再到地王频出引发"摇号竞得""竞品质""竞自持"等多元化的竞拍方案；从现场竞价交易，到采用网络在线竞拍，部分城市则将二者结合；从偶发性非定期的出让竞买到定期（按月），再到"双集中"（每年三次）再优化调整周期；另外，在竞买保证金比例、土地款缴纳期限、竞买人资质要求、"带方案"出让、"配建租赁住宅"等方面，各城市可在上位政策指导下结合市场情况灵活调整，在刚性原则基础上预留执行弹性。

正是以上的"全国一盘棋、中央定调指导、地方灵活执行"土地出让及交易政策，各城市呈现多元化的土地市场竞争格局，尤其对于全国化的房地产开发企业而言，既要熟悉各地方的土地出让节奏、竞拍程序规则，又须结合公司盘面、市场周期、项目指标等情况研判，统筹调度资金参与土地竞买，最优化出手投资的成果。

以 2022 年第一批次集中供地 22 城市的土地出让规则为例，仅重庆和武汉采用"价高者得"方式进行土拍；仅北京采用竞高标准方案；规定"禁止马甲"的则有 5 个城市；采用摇号 / 抽签 / 一次报价的则为 9 个城市；采用竞自持和竞配建的城市则超过半数（见表 1–1）。

从复盘 2022 年全国一批次集中出让结果看：一是竞自持、竞配建在当时"治标不治本"，尽管可降低名义上的溢价率，但在"稳地价"方面成效有限，广州、福州等城市刷新实际楼面地价。二是摇号 / 抽签、一次报价通过限定溢价率上限，有助于达成"稳地价"目标，本质上由政府让渡土

第一章 房地产行业的"变局"

表1-1 2021年"双集中"第一批次供地的22城市土地拍卖规则

城市	限地价	限房价	限装修价	竞自持	竞配建	竞人才房	竞高标准方案	竞政府持有产权比例	70/90	摇号抽签	一次报价	限参拍	禁马甲	限地价溢价上限	保证金比例	首批集中供地中地土拍规则变化
上海	√	√									√			<10%	20%	采用招挂复合出让规则，加强出让履约监管；实行土地监管资金，房地产联动价等机制
北京	√	√	√				√	√			√	√		10%	20%	房地联动，竞政府持有产权比例，90m²户型限制转为套内面积
郑州	√	√	√	√			√			√		√		30%	50%	郑东、经开榕断摇号限报价，其余区域一次报价
长沙	√	√		√	√	√	√			√	√			9%-49%	50%	"双限价+竞自持租赁面积+摇号"地块可享财政补助
深圳	√	√	√	√	√	√			√					45%	20%-50%	公共住房配建比例和要求上升
苏州	√	√	√				√			√	√	√		15%	30%	禁买人直接绝对控股子公司参拍同一涉宅用地
合肥	√	√	√	√	√					√			√	25%-30%	20%-30%	摇号竞得地上建筑层数完成80%方可预售
福州	√	√	√	√	√					√				30%	20%-100%	溢价率增加，备案均价按商品房均价上浮0.1%
成都	√	√	√	√	√									10%	20%-30%	红档房企限价；中心城区定品质，竞自持租赁面积
南京	√	√	√	√	√					√			√	15%-30%	30%-50%	保证金比例提升，预售条件提高
杭州	√	√	√	√	√									28%-30%	20%-80%	5000万托底保证金，增加配建租赁住房比例
宁波	√	√	√	√	√	√								24%-30%	20%	试点"现房销售"和"未来社区"地块
厦门	√	√	√		√									25%-50%	20%	全市限地价、岛内限房价
无锡	√	√	√		√					√			√	6%-20%	20%-30%	竞自持租赁面积
广州	√	√	√	√	√					√				25%-45%	20%-50%	竞配建公共租赁住房
沈阳	√	√		√	√									10%-20%	20%	地块普遍有配建或自持等出让要求
济南	√	√												65%	20%-50%	错时分五批，一天出让
天津	√	√			√									33%-49%	20%-51%	竞拍需提前提交股权比例，后续不得修改
青岛	√			√	√									65%	50%-100%	联合竞拍不得联合竞买，部分地块不得出让
长春	√			√	√									30%	20%-100%	竞配建率超50%付款时限减半，后期入股限制解禁
重庆														无限制	20%-100%	溢价率超50%付款时限减半，后期入股限制解禁
武汉														无限制	10%-20%	错时分三批出让

○ 数据来源：中指研究院。

019

地溢价红利。实际过程中配套"限制马甲"形式，避免恶意围标或提升摇号率，如上海市通过穿透式追溯"马甲"控股母公司，最大力度限制马甲，并通过评分制入围保证头部企业的参与机会，在"稳地价"同时也保障房地产企业的利润空间及开发品质。三是竞高标准方案能有效筛选出实力强的房地产企业，如北京使用该规则既保证拿地之后的项目质量，也在一定程度上降低竞拍热度。

由此，土地出让政策事关各地的土地财政、政府支出预算等，也是控制地价及调节房地产行业的有效抓手，需要政府、行业及市场磨合出适合城市发展的最优机制，进而确保向客户交付高品质住房。当前各城市结合"双集中"实施效果等，调整优化土地出让政策，主基调为落实"稳地价、稳房价、稳预期"，通过降低竞争激烈程度和成交溢价率，市场化有序合理竞争，控制开发企业的实际拿地成本，保障项目一定的利润空间和建造品质，引导房地产行业可持续发展。

（3）土地供需成交

土地作为房地产开发的生产要素，在我国由政府主导供应，房地产开发企业则根据市场供需关系、资金情况等，按上述土地出让政策竞得后，通过规划、开发及销售至下游客户。因此，土地供应及成交情况既会传导影响下游的房地产市场的供应及行情，已成交待开发的土地形成"隐形库存"可作为研判未来房地产市场的先行指标；相应地，房地产市场的成交及行情也会负反馈至土地市场，政府可据此调整土地供应节奏及出让政策等。

结合 2013—2023 年我国房地产发展阶段、300 城土地成交建筑面积及成交金额（见图 1-11），研究发现：① 2013 年我国土地成交建筑面积达到高峰 33.1 亿平方米，2014—2016 年转入"去库存"调控阶段，政府缩减土地供应，土地成交建筑面积下探 16.6 亿平方米；②随着 2017—2020 年房地产市场供需两旺，政府加快土地供应节奏，土地成交建筑面积回升至 29.1 亿平方米，土地成交金额达 74789 亿元高峰值；③但自 2020 年政府出台"三道红线""双集中"等政策高压调控，步入构建新模式阶段，房地产行业遇冷

图 1-11　全国 300 城土地成交建筑面积及成交金额（2013—2023 年）

数据来源：CRIC。

萎靡，负反馈至土地市场，土地成交建筑面积降低到 2023 年的 12.2 亿平方米，成交金额也缩减至 37 504 亿元。

此外，虽然每年土地成交建筑面积随土地供应及市场行情变化，但土地平均楼面地价（成交金额/成交建筑面积）始终保持单边上涨趋势，由 2013 年 1069 元/平方米逐年攀升至 3074 元/平方米，年均增幅为 17.1%，土地价格行情仍较为坚挺；其中部分原因为政府设置土地基准价、起拍底价、流拍方式、城投公司托底等保护机制，通过"宁可不卖，不可贱卖""稳地价"实现国有土地资产增值保值，但也脱离土地市场的客观行情。

因此，土地作为房地产开发过程中关键的生产要素，土地的制度规划、出让政策及供需成交等，于中期 0.5~5 年传导并影响房地产市场的发展走向，具体取决于政府收储及供应土地等行政效率、市场容量及去化速度、房地产企业开发节奏等因素。实际上，房地产开发企业主要通过房价、地价的"剪刀差"，通过精细化运营提升周转、管控建安成本等实现利润。随着土地楼面地价走高，土地综合成本、政府行政规费及税收等合计超过房价的五成，另建安成本、三大费用（行政、财务及营销费用）等成本费用则占房价的四成以上（见图 1-12），房地产开发企业的利润微薄甚至出现负利。政府应合理发挥土地财政效用，避免形成过度依赖及风险累积，通过调整土地出让政策、调节土地供应量，优化土地与房地产供需匹配的双向机制，在中期推动房地产良性发展。

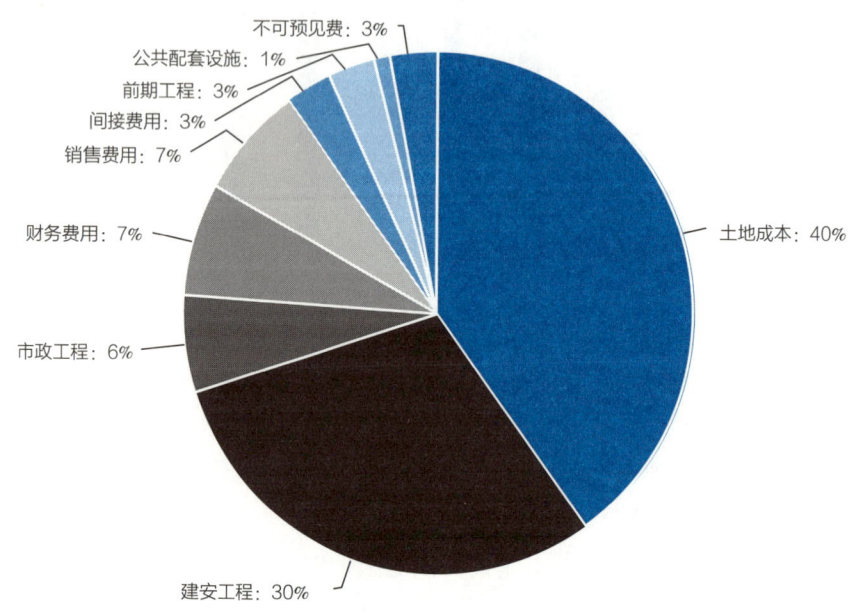

图 1-12　我国房价中的各项成本及费用的占比结构

- 土地成本：40%
- 建安工程：30%
- 销售费用：7%
- 财务费用：7%
- 市政工程：6%
- 间接费用：3%
- 前期工程：3%
- 不可预见费：3%
- 公共配套设施：1%

数据来源：行业经验数据。

1.2.3 短期看金融

房地产行业曾有一个说法："房地产就是国家经济的超级后补，需要的时候拿出来用一下，不需要的时候往替补席一放。"房地产业和金融行业的关系好比"锅和灶"，政府调控地产实际上就是在调节"灶里火的大小"，短期传导及见效快。

（1）货币政策

房地产的双重资产性质决定其价格走势不仅取决于居住效用，还取决于房地产的投资收益，并受市场供求的影响。我国货币政策通过以下渠道传导并影响房地产市场：一是利率渠道，我国央行通过调整基准利率，直接影响房地产企业的融资成本及居民的购房贷款成本。二是信贷渠道，央行运用公开市场操作、调整存款准备金率等工具，调节商业银行的信贷规模，影响房地产市场上的流动资金。三是资产组合渠道，通过影响货币资产的吸引力，促使投资者重新配置资产组合。在低利率环境下，投资者倾向于增加对房地产等不动产领域的投资，以追求更高回报，从而推高房价；反之，高利率环境下，房地产投资吸引力下降，则导致房价下跌。以上传导渠道共同作用，结合企业融资端的开发贷款比例、开发贷款利率，以及客户购房端的首付比例、住房贷款利率、抵押贷款比例等配套的政策工具箱，构成货币政策影响房地产市场的主要机制体系。

根据货币数量论方程 MV=PQ（货币供应量 M、货币周转率 V 以及物价 P、商品与劳务量 Q），货币量乘以货币周转率恒等于物价乘以商品和劳务的数量，可采用"M2−M1 的剪刀差"简化应用到房地产行业。具体而言，广义货币供应量（M2）可视为经济发展的领先指标，通常 M2 拐点领先房价拐点 3~6 个月，当 M2 同比增速大于 10% 时，或将导致房价大幅上涨；M2−M1 剪刀差（增速差）收窄，说明企业定期存款、居民活期存款及定期存款的金额降低，意味房地产行业等预期经济持续发展，或将增加土地储备、扩大经营等；M2−M1 剪刀差（增速差）扩大，说明房地产行情即将转弱，企业则会削减投资预算、收缩经营。

对于购房客户而言，当 M2−M1 剪刀差指标由高位下降且差距收窄时，通常可关注市场动态，分析土地价格、板块潜力和楼盘考察等入场置业及投资。当 M2−M1 由正转负，预示着市场热度逐渐上升，市场活跃度增加（2008—2009 年、2015—2016 年）；当 M2−M1 进一步下降至−8% 左右（2012—2013 年、2018—2019 年），或意味着房地产市场过热，应避免高位接盘或可止盈退出市场。

从近期情况来看，2023 年 12 月 M2 同比增速 9.7%，大幅高于同期 M2 同比 1.3% 的增速，主要由于购房客户对市场走低预期及交付风险等顾虑，选择预防式储蓄推升 M2，而并未形成资金循环进入房地产企业的销售回款和活期存款，导致 M1 持续在低位徘徊（见图 1-13）。同理，社会融资规模增速、新增中长期贷款等指标，也与房地产行业走势（如房地产投资同比增速、商品房销售额）存在类似的同频关系。

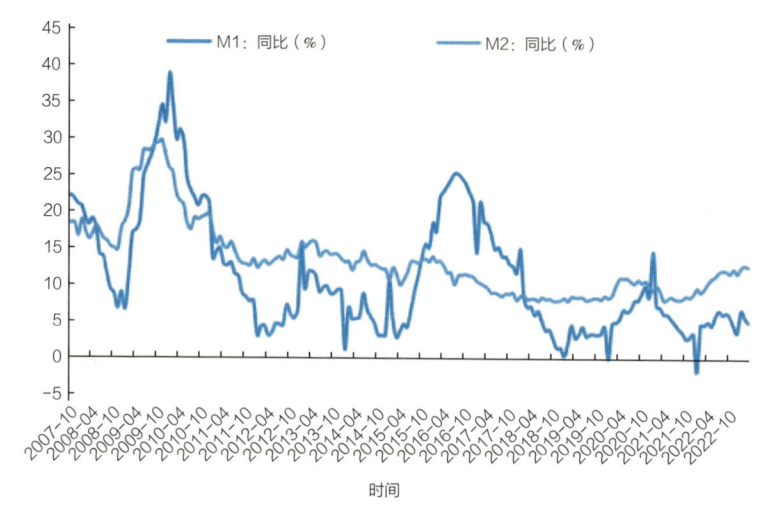

图 1-13 我国 M1、M2 同比增速与剪刀差

数据来源：Wind、天风证券研究所整理。

（2）直接融资

直接融资是间接融资的对称，资金供求双方以金融工具直接形成债权债务关系，无须金融机构作为资金融通的中介，房地产行业的直接融资工具主要为股权证券及债权债券。

股权证券市场

房地产企业在股权证券市场融资包括首次公开募股（IPO）上市、增发、配股等，其中在内地 A 股、香港 H 股 IPO 上市为主要方式。房地产行业作为证券市场的重要门类，亦受监管机构的关注与重视。

2004 年 8 月，证监会推出《关于首次公开发行股票试行询价制度若干问题的通知》，对新股发行定价方式进行改革，暂停新股发行；2005 年 4 月，证监会发布《关于上市公司股权分置改革试点有关问题的通知》，股权分置改革试点工作宣布正式启动；2006年5月，股权分置改革成功完成，A股IPO重启。但正值中央不断加强对房地产行业调控力度，证监会对房地产企业的上市审核愈趋严格，2006—2008年在A股成功上市的房地产企业仅有保利地产、滨江集团等8家（见图1-14）。与此同时，2007年，我国A股上行持续创新高，上证指数达6124历史高点，上市的房地产企业通过定向增发进行融资；2008年美国次贷危机影响时，国务院于12月发布

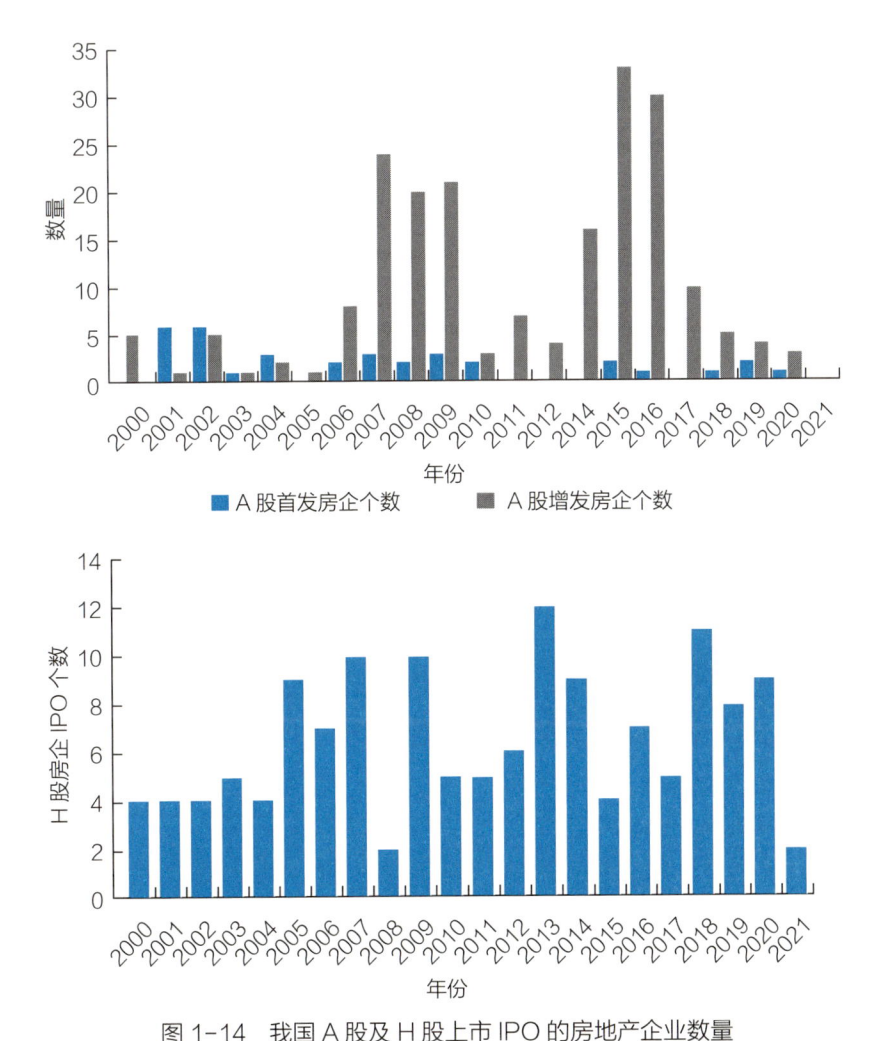

图1-14 我国A股及H股上市IPO的房地产企业数量

数据来源：Wind、申万宏源研究所整理。

"国六条",提出支持房地产企业的合理融资需求,监管机构也加大对房地产企业的再融资审核。2007—2009 年,我国 A 股上市房地产公司通过增发融资额度分别为 342 亿元、149 亿元和 204 亿元。

另外,房地产企业在内地 A 股上市渠道不通畅、香港 H 股监管相较宽松且资本流动充足的情况下,纷纷转战香港 H 股 IPO,如 2005 年的富力、雅居乐,2006 年的世茂、绿城,并于 2007 年迎来内地房地产企业赴港 IPO 的阶段高峰期,香港作为国际金融中心当时处于金融危机爆发前的大牛市,恒生指数创 9 年来最大涨幅,碧桂园、龙湖地产等 9 家房地产企业于香港 IPO,并陆续发行境外美元债,抢占自 2005 年汇率改革后人民币处于升值轨道的红利期。我国房地产市场在该阶段持续走热,即使政府出台"国八条"、加息及上调准备金率等政策,但房地产市场供需两旺,核心城市地王频出。

2010 年 10 月,证监会为落实国务院关于房地产"国四条"等"遏制房价过快上涨"调控政策,暂缓受理房地产开发企业的重组申请,对已受理的则申请征求原国土资源部意见。2010—2014 年,我国 A 股地产公司的股权融资大幅缩量,仅金科股份等企业以借壳方式上市。2015 年 1 月,随着房地产调控过渡到"去库存"阶段,证监会宣布取消国土资源部事前审查房地产的再融资业务,泰禾集团、华发股份等迅速公布定增预案。2015—2016 年,A 股房地产企业的年均增发募资金额 1459 亿元,为 2006—2009 年均融资额的 3.4 倍。2015 年也是香港 H 股房地产企业的供股配售大年,募资金额达 1053 亿港元,是 2010—2014 年均值的 3.8 倍。

但自 2016 年下半年,我国房地产步入"房住不炒"阶段,调控再度收紧升级。自 2016 年 9 月,我国 A 股市场的定增融资渠道重回停滞状态,仅有少数重组类的定增方案通过审批,且申请主体大多为央企,如 2017 年广宇发展、2018 年信达地产、2019 年中粮地产等重组类型的定增募资。同期,香港 H 股 IPO 和供股配售在 2016—2020 年则维持年均 555 亿港元的融资规模。

债权债券市场

一是房地产境内债(见图 1-15)。① 2007 年 8 月,证监会发布《公司债券发行试点办法》，试点初期发行主体限于境内外上市的境内公司；2008—2009 年，房地产行业的境内债发行规模增至 185 亿元和 396 亿元。②自 2010 年，房地产"国十一条"落地调控后，债券融资相应收紧，直至 2014 年中发债寥寥。③ 2014 年 7 月，公司债政策有所松动，金茂、万科等房地产企业陆续发债；9 月银行间市场交易商协会指出允许部分满足条件的上市房企发行中票，并于次年 6 月允许 16 家央企房地产企业进行债券融资。2015 年 1 月，证监会发布《公司债券发行与交易管理办法》，发行主体从上市公司扩大至所有公司制法人，并在发行方式等方面进一步放宽，公司债融资政策全面松绑，房地产企业迎来境内债融资高潮。2015—2016 年，房地产企业的境内发债额分别达到 4668 亿和 8094 亿元，土地市场、房地产市场也迎来新一轮上涨。④ 2016 年 10 月，上海及深圳证券交易所先后发布《关于试行房地产、产能过剩行业公司债券分类监管的函》等，严格审核房地产企业的债券发行。2017 年房地产企业境内债同比下滑近 7 成。2018 年，应对美中贸易战等不利局面，央行牵头设计债券融资等"三支箭"政策，扭转民营企业融资渠道收窄的局面。2018—2021 年房地产境内债规模整均值 5177 亿元，整体趋于稳定。

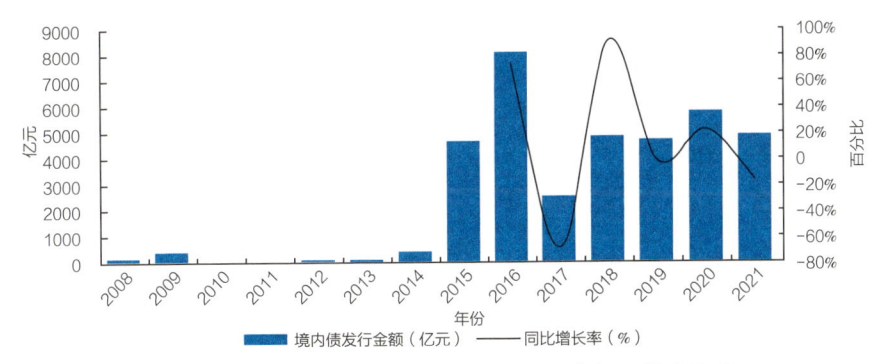

图 1-15 我国房地产企业发行境内债的金额及增速情况

数据来源：Wind、申万宏源研究所整理。

二是房地产境外债（见图 1-16）。① 2012—2014 年，美国实行量化宽松政策，欧洲甚至出现国债负利率现象，人民币汇率呈现单边升值趋势，我国房地产企业加速发行境外债，年均融资额达到 227 亿美元、同比翻番。② 2015—2016 年，随着我国房地产企业的境内债迎来高点，2015 年"8·11 汇改"导致人民币突然贬值，促使境外债吸引力下降，部分房地产企业通过发行境内债置换成本较高的境外债。2015—2016 年，我国房地产企业的境外债发行量年均仅为 176 亿美元，同比下降 33%。③ 2015 年 9 月，国家发改委发布《关于推进企业发行外债备案登记制管理改革的通知》，简化境外债发行程序，取消额度审批、实行备案登记管理，2016 年底随着房地产境内债等融资渠道收紧后，境外债自 2017 年初开始放量走高。④ 2018 年 5 月，国家发改委发布《关于完善市场约束机制严格防范外债风险和地方债务风险的通知》，提出规范境外发债、房企发境外债主要用于偿还到期债务；次年 7 月，升级要求房地产企业发行外债只能用于置换未来一年内到期的中长期境外债务。房地产企业的境外债于 2017—2020 年持续放量创新高，年平均发行额 745 亿美元。虽然当时新增境外债大多为"借新还旧"，在缓解境外债集中到期偿还的风险的同时，房地产企业借势"去库存"等基调，趁"棚改货币化"时机提速投资拿地，但却为后续境外债集中到期埋下隐患。

图 1-16　我国房地产企业发行境外债的金额及增速情况

数据来源：Bloomberg、申万宏源研究所整理。

由此，股权及债权融资作为除开发贷款等以外主要的资金募集方式，两者在一定程度上既存在此消彼长的关系，也存在同频共振的联系，共同受金融监管政策、市场融资成本等因素推动并决定房地产企业的资本结构、投资预算等，进而传导影响土地及房地产市场。

（3）非标融资

非标融资则为与银行间或交易所交易的标准化融资产品的对称，房地产行业的非标融资主要为信托贷款和委托贷款。此外，房地产信托或私募股权基金公司还会采取附带回购条款的股权信托即"明股实债""抽屉协议"等方式对房地产提供非标融资，资金来源主要为银行理财资金，也包括信托、基金及资管计划等，通过银行等拥有放贷资格的金融机构的委托贷款、信托公司的信托贷款等形式流入房地产企业。

以常见的信托贷款为例，融资方（房地产开发企业）提供资产抵押、股权质押、第三方担保等，并按约定向信托公司支付利息、归还本金，信托公司作为通道方向投资者分配投资收益和本金（见图1-17）。

2002年7月，上海爱建信托投资公司发售首支信托产品，标志着信托公司告别自身举债、自己投资的"自营"模式，向"受人之托，代人理财"资产管理模式转型。2005年8月，银监会发布《关于加强信托投资公司部分业务风险提示的通知》，要求房地产信托融资方须符合"四、三、二"条件，即四证齐全、35%以上自有资金、二级及以上开发商资质。2007年信托业开展第六次大整顿，规定信托公司向他人提供贷款不得超过其管理的

图 1-17 我国信托贷款的基础模式

所有信托计划实收余额的 30%。

但同期"银信合作"处于监管真空期，信托公司可通过设立资产收益权、明股实债等方式绕开监管，变相开展信托贷款业务。但整体该阶段处于早期探索扩张期，业务边界及政策监管尚不明朗，流向房地产行业的信托及非标融资的规模有限。

2008 年 12 月，原银监会发布《银行与信托公司业务合作指引》，"银信合作"正式启动并逐步规范化。2009 年 3 月，原银监会发布《关于支持信托公司创新发展有关问题的通知》，首次提出最近一年监管评级为 2C 级及以上且经营稳健的信托公司可向仅取得"三证"的房地产开发项目发放贷款（此前要求"四证"），且重新允许信托公司以投资附加回购承诺方式对房地产开发项目进行间接融资，相当于官方默许信托可以"名股实债"形式进入房地产行业。

但 2010 年 8 月，原银监会发布《关于规范银信理财合作业务有关事项的通知》，首次提出银信理财合作业务资金原则上不得投资于非上市公司股权（银信合作禁股令），实质上再次封堵住银行理财资金借道信托通道参与"名股实债"项目的路子。当时正值房地产行业面临频繁调控，境内企业债券等标准融资通道受限，强劲的非标融资需求推动信托资金在"忽明忽暗"的政策监管下流入房地产行业。

2012 年 1 月，第四次全国金融工作会议提出"金融创新"，券商资管和基金子公司资管相继得以迅速发展；同年 10 月，证监会颁布券商资产管理业务的"一法两则"，鼓励券商进行资产管理业务的创新。由此，"银证信合作""银基信合作""银基合作"等新型通道业务层出不穷，并成为绕开前期"银信合作禁股令"监管的有效方式，银行理财资金通过多层嵌套，让信托资金重新以"明股实债"流入房地产行业成为可能。

同时，原保监会发布《关于保险资金投资有关金融产品的通知》，允许并放宽保险资金投向银行理财产品、集合资金信托计划、不动产投资计划等金融产品。实际操作中，信托资金可以"保险计划"嵌套"信托计划"的形式，流通投向住宅房地产项目，自此以后逐渐成为非标融资的主要渠道。据统计，我国投向房地产行业的信托资金的规模量，由2012年的0.688万亿元上涨至2017年的2.283万亿元，年均涨幅达46.3%，同期的土地成交楼面地价、房地产业增加值等实现翻番，土地市场及房地产市场迎来快速增长（见图1-18）。

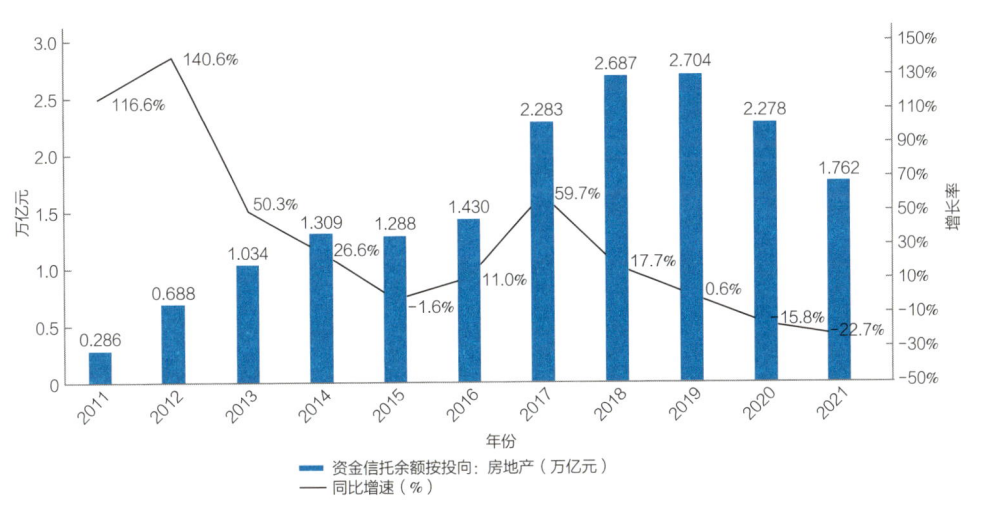

图 1-18　我国投向房地产业的信托资金规模（2011—2021年）

数据来源：中国信托业协会公开数据。

2017年11月，我国正式成立金融委，确立"一委一行三会"的金融监管体系，随后将银监会和保监会合并为银保监会。2018年4月，被称为"资管新规"的《关于规范金融机构资产管理业务的指导意见》正式出台，成为资产管理领域跨行业的纲领性文件，明确所有的资产管理产品将按产品类型而非机构类型进行统一监管，不得提供规避投资范围、杠杆约束等监管要求的通道服务，要求"最多嵌套两层，禁止多层嵌套"，使得原来通过"银证信合作"或"银基信合作"变相进行"明股实债"的投资路径重新被封堵。

但2018年8月，原银保监会下发《信托部关于加强规范资产管理业务过渡期内信托监管工作的通知》，"过渡期政策"对信托通道类相关业务的表述留下可模糊处理的空间，加之2019年年初房地产整体政策处在较为宽松的"因城施策"基调下，监管机构对非标融资的执行尺度上宽松。因此，2017—2019年，我国流入房地产行业的信托资金规模量仍攀升至2.704亿元，年均涨幅近10.0%。2019年上半年，信托产品等非标资金的融资氛围相对宽松，叠加市场的一致预期走高，土地市场及房地产市场均迎来"小阳春"。

2019年初，中央定调"稳妥处置金融领域风险"作为房地产调控的主方向；5月，原银保监会发布"23号文"全方位限制对于房地产企业的非标融资，要求整治信托行业采取"股权投资+股东借款"、特定资产收益权等方式变相向房地产行业提供融资等乱象，并通过约谈警示、窗口指导等方式严格执行；7月，原银保监会发布"144号文"对保险资产管理产品借助信托通道流入房地产做出明确限制，如不得投资结构化集合资金信托的劣后级受益权，掐断流向房地产信托资金的重要源头。随之，我国流向房地产行业的信托资金规模量持续走低，2021年降幅达22.7%，同期我国土地及房地产市场也应声回落、实现"结构性去杠杆"。

由此，非标融资不同于传统信贷的标准化流程，通过协商即可确定借贷方式、融资利率、使用期限等，尤其信托资金具有灵活性高、速度快、便捷性强等优点，成为房地产补充资金的重要通道，但同样存在嵌套杠杆、融资成本高、"影子银行""一放就乱，一管就死"等行业风险，甚至一度被行业称为"金融鸦片"。在宽松的金融监管环境及向好的房地产行情下，信托等非标融资无疑会是短期驱动市场上涨的助推器；但当监管趋严或市场下行时，非标融资则或成为引发系统性风险的催化剂。

综上，房地产作为资金密集型行业，现金流资金为贯穿企业全开发周期关键要素，政府出台相关的金融政策则决定企业除自有资金、销售回款等之外的重要来源，主要包括货币政策影响提供信用贷款等流动性资金、直接融资提供股权及债权融资、非标融资提供信托贷款等资金。房地产开发企业在不同阶段的政策引导下，短期（1~6个月）即可在通过开发贷款、IPO或定向增发、境内或境外债券、信托或委托贷款等方式募集资金后，增加投资拿地或开发预算，推高土地成交价格，进而一年内即传导并推高住房市场的售价；反之，当政府"金融工具箱"出台"紧缩银根"、加强融资监管、提升购房首付比等政策时，则房地产市场短期即会进入下行通道。

本节分别从长期、中期及短期的宏观视角剖析推动房地产业发展"人、地、钱"生产要素出发,选取核心角度与观察指标,结合前述房地产业的发展周期,并分析在关键阶段时要素发生的显著变化,整理如表 1-2 所示,较以往周期阶段相比,近年我国房地产业所处的构建新模式阶段,呈现以下主要变化及特征:①从长期看,城镇化人口、家庭/年龄结构等基本面向好,但增速显著放缓,人口红利逐渐消退;②从中期看,土地财政依赖明显,近年土地出让政策趋严,政府托底"稳地价",且土地放量成交,需要时间消化库存;③从短期看,金融政策以防范化解"系统性风险"基调为主,货币政策、直接及非标融资等政策对房地产业的冲击较为显著,融资渠道、资金投向、资金规模等均受到负面影响。因此可知,我国房地产业在长期(人)、中期(地)及短期(钱)的关键指标走弱,结构性红利渐失,如何走出阶段性的"阵痛期"并构建发展"新模式",成为行业变局下的关键命题。

表 1-2 从宏观视角对房地产业各阶段特征所做观察分析

宏观视角	关键角度	观察指标	快速发展阶段（1999—2007年）	多元调控阶段（2008—2019年）	构建新模式阶段（2020年至今）
长期看人口	城镇化人口	城镇化率	显著上升	持续上升	显著放缓
	年龄结构	抚养比	显著下降	见底后上升	放缓上升
	家庭结构	家庭户规模	显著下降	放缓下降	趋平下降
中期看土地	土地财政逻辑	土地收入财政占比	显著上升	震荡持续上升	趋平下降
	土地出让政策	土地出让规则	显著向好	调控震荡、整体向好	调控趋严
	土地供需成交	土地成交建筑面积	显著上升	调控震荡、整体上升	下降走低
短期看金融	货币政策	M2-M1 剪刀差	收窄居多	收窄占半	明显扩大
	直接融资	IPO+定向增发额	持续上升	显著上升	显著下降
		境内债+境外债	未大规模普及	显著上升	震荡走低
	非标融资	信托资金规模	未大规模普及	显著上升	显著下降

注:蓝色代表有利于房地产行业向好发展,灰色相反;颜色越深,代表程度越高。

第 3 节　微观视角下的行业模型

1.3.1 行业容量模型

近年来，针对房地产行业形势的迅速变化，关于我国未来的住宅需求规模以及房地产行业的市场容量，不同学者及机构都采用各种方法进行研判及推演。在政府解读层面，黄奇帆曾于 2020 经济形势解析高层报告会上提出："2018 年（商品房销售规模）17 亿平方米的大体为中国房产规模的天花板……到 2030 年会降到 10 亿平方米变成一个平衡点"；在行业分析层面，申万宏源预测我国 2021—2030 年的住房需求合计为 116.7 亿平方米，对应年均住房需求为 11.7 亿平方米。实际上，近年受疫情及调控政策等影响，短期的市场销售成交有所萎缩，但正如前文分析决定房地产业"短中长"期的关键变量，尤其受城镇化率、人口结构等驱动，中长期的房地产行业的规模空间尚在。

（1）行业容量现状

我国房地产业作为国民经济第三产业的重要组成部分，其市场容量及销售规模对行业发展起到"锚定"作用。据国家统计局口径，我国商品房（含住宅、办公及商业营业用房），从 2006—2023 年的销售规模来看（见图 1-19）：①销售面积由 6.19 亿平方米上涨至 2021 年的最高峰期 17.94 亿平方米，年均涨幅达 12.6%；2023 年回落至 11.17 亿平方米，其中住宅 9.48 亿平方米，占比 84.9%；②销售额由 2.05 万亿元上涨至 2021 年的最高峰 18.19 万亿元，年均涨幅 52.5%；2023 年回落至 11.66 万亿元，其中住宅 10.30 万亿元，占比 88.3%；③销售平均单价由 3015 元/平方米上涨至 2023 年最高峰 10 437 元/平方米，年均涨幅 12.6%，2023 年住宅销售均价为 10 864 元/平方米。

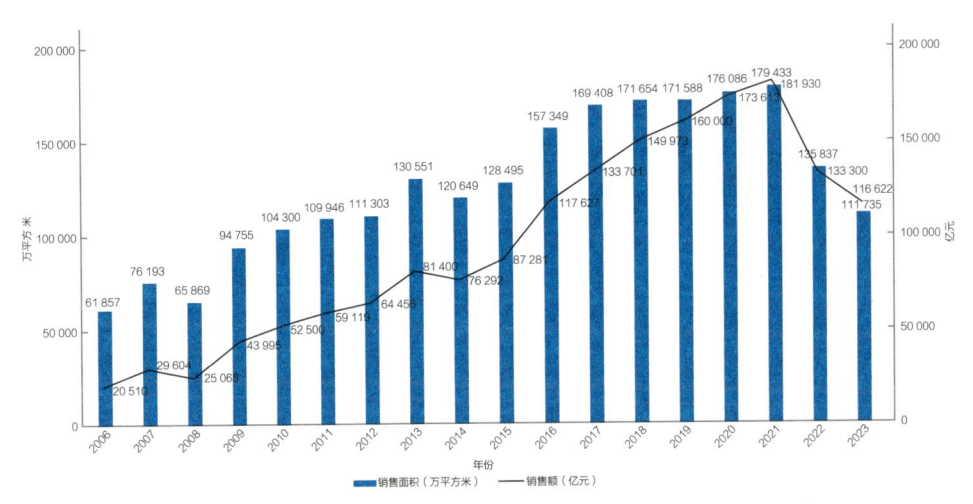

图 1-19 我国商品房的销售面积及销售额（2006—2023年）

○ 数据来源：国家统计局。

注：统计口径含住宅、写字楼及商业营业用房。

（2）模型基本原理

房地产业未来的中长期（如10年）市场容量"蛋糕"能有多大？虽然从过去成交规模及近期市场趋势可窥一二，但决定该命题的核心变量仍然是"市场需求"，尤其是要推演出未来房地产市场的"有效需求"。未来潜在且有效的住房需求可分解为新增需求、改善需求和折旧需求，下文将通过关键变量拆解测算其各部分的具体需求。

美国经济学家Mankiw & Well（1989）首次研究人口年龄结构与住房需求的关系，"M—W"模型通过人口和人均住房面积两个因素研究住房需求量问题（见图1-20）。结合我国住房市场的实际特征，参照并修正后的模型计算方法如下：

$$D = D_1 + D_2 + D_3$$

其中，D为：住宅需求总量；D_1为：未来新增城镇人口的住房需求量；D_2为：现有城镇人口的住房改善需求量；D_3为：补偿性住房折旧的需求。

该模型的基本假设如下：

①新增城镇人口住房需求通过购置新建商品住房来解决；

②改善需求引起的空置房不占用新增城镇人口的住房需求；

③改善需求为内生自发性的，折旧需求则为政府强制性的；

④人口、城镇化率、人均住房面积均采用线性增长假设。

因此，该模型的预测住房需求总量的过程如下：

未来新增人口住房需求量 = 未来应达到的人均住房使用面积 × 新增城镇人口 × 新增城镇人口暂有住房率

现有人口未来住房需求增长量 =（未来应达到的人均住房使用面积－当前的人均住房使用面积）× 现有城镇人口

未来期内现有住房折旧量 = 现有住房面积 × 年折旧 × 未来年数；其中：

现有住房面积 = 现有人口 × 人均住房面积

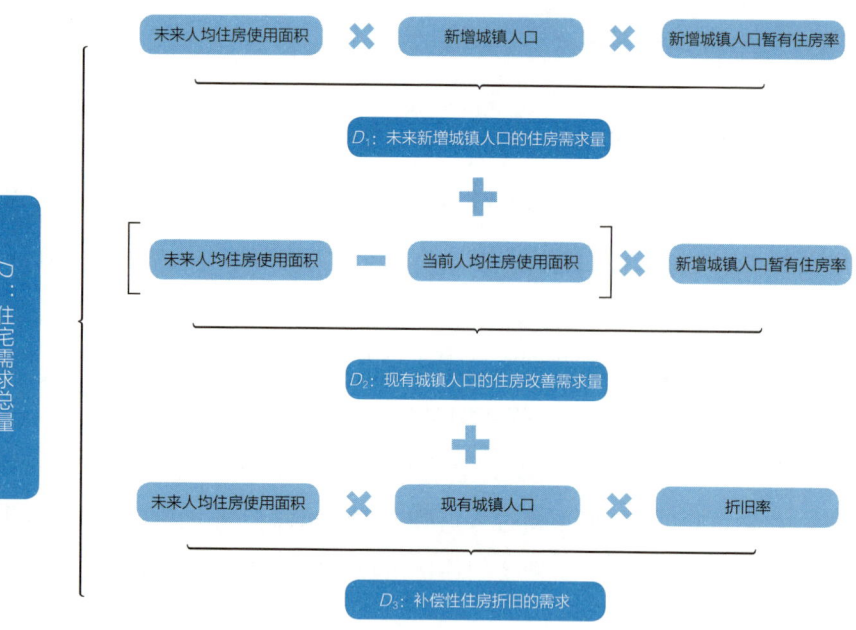

图 1-20　住房需求总量的模型框架及关键指标

（3）行业容量推演

未来新增城镇人口的住房需求量

结合 D_1 计算方式，涉及以下三个变量及计算：

一是未来人均住房使用面积，其长期受人口密度的影响，包括经济发达程度、城市化水平、家庭结构等因素。据国家统计局披露第七次人口普查分项数据，2022年我国家庭户人均住房建筑面积达到41.76平方米，同时，贝壳研究院参考日本等发达国家经验并合理推算，2021—2035年我国人均住房面积年均提升0.7平方米。

二是新增城镇人口，其长期受未来人口总量、城镇化率等因素。在前文已介绍目前我国城镇化人口基本情况及发展趋势，据北京大学《2035城市发展新格局》推算"2035年，我国城市化率将提升至74%。城市人口将增加至10.6亿人"，考虑2023年我国城镇化人口为9.32亿人，每年城镇化人口线性增长1061万人。

三是新增城镇人口暂有住房率，或可理解为新增城镇人口购买新房比例，其主要受新增城镇人口的购房意向、市场行情预期、限购及首付比例政策等影响。由于购房群体的年龄结构逐渐呈年轻化，"Z世代"的购房意向下降；政府"双轨制"住房体系将供应的保障性租赁住房、二手房存量市场等提供更多元化的选择，同时结合房地产信心指数等数据，推测新增城镇人口意向购置新房的中性比例为35%。

现有城镇人口的住房改善需求量

结合D_2计算方式，涉及以下三个变量及计算：其中未来人均住房使用面积、当前人均住房使用面积的推算参考D_1中的"未来人均住房使用面积"变量，或按参考每年平均人均住房面积增加0.7平方米；现有城镇人口可参考D_1中"新增城镇人口"计算。

补偿性住房折旧的需求

D_3补偿性住房折旧的需求，大致有两种估算方式：①推算政府推行的城市更新、旧城改造等拆迁补偿量，但缺点是受政策因素等影响大，且难以统计；②根据现行国家《建筑结构可靠度设计统一标准》中明确规定"普通房屋和构筑物，设计使用年限为50年"，住宅的折旧率可按2%计算；另外再乘以当年城镇住房面积，此面积可根据D_1中的"人均住房使用面积"及D_3中"现有城镇人口"来计算。

因此，通过以上可推算出我国2024—2035年购置住房的总需求量（$D=D_1+D_2+D_3$），具体指标及结果如表1-3所列，其中新增城镇人口的住房需求量（D_1）经租赁住房等市场的分流后为2.29亿~2.70亿平方米，现有人口住房需求（D_2）得益于人均住房面积持续扩增等，为6.60亿~7.42亿平方米，补偿性住房折旧的需求（D_3）在未来受城市更新等红利释放达8.14亿~10.78亿平方米，住房总需求量则整体在城镇化的刚需、现有住房的改善需求等共同推动下，预计由2024年的17.04亿平方米上涨至2035年的20.90亿平方米，以上包含新建商品房增量市场及二手房存量市场需求，即为我国房地产（含一、二手）行业的"总蛋糕"。

表1-3 我国住房需求量模型下的推算指标及结果

年份	人均住房面积（平方米）	新增城镇（万人）	暂有住房率（%）	D_1需求量（亿平方米）	城镇人口（万人）	D_2需求量（亿平方米）	城镇住房面积（亿平方米）	折旧率（%）	D_3需求量（亿平方米）	D需求量（亿平方米）
2024年	43.16	1061	50	2.29	94 328	6.60	407.1	2.0	8.14	17.04
2025年	43.86	1061	50	2.33	95 389	6.68	418.4	2.0	8.37	17.37
2026年	44.56	1061	50	2.36	96 450	6.75	429.8	2.0	8.6	17.71
2027年	45.26	1061	50	2.40	97 511	6.83	441.3	2.0	8.83	18.05
2028年	45.96	1061	50	2.44	98 572	6.90	453.0	2.0	9.06	18.40
2029年	46.66	1061	50	2.48	99 634	6.97	464.9	2.0	9.30	18.75
2030年	47.36	1061	50	2.51	100 695	7.05	476.9	2.0	9.54	19.10
2031年	48.06	1061	50	2.55	101 756	7.12	489.0	2.0	9.78	19.45
2032年	48.76	1061	50	2.59	102 817	7.20	501.3	2.0	10.03	19.81
2033年	49.46	1061	50	2.62	103 878	7.27	513.8	2.0	10.28	20.17
2034年	50.16	1061	50	2.66	104 939	7.35	526.4	2.0	10.53	20.53
2035年	50.86	1061	50	2.70	106 000	7.42	539.1	2.0	10.78	20.90

另外，根据贝壳研究院的数据，2023年我国"二手房市场成交面积约5.7亿平方米"，占比33.6%，并预计在中性情形下"到2035年二手房占住房总交易的47%"，参考该数据及线性增长原则，进一步推演未来房地产行

业的新房与二手房的容量规模（见图1-21）。

图 1-21 推算我国新房及二手房需求总量（2024—2035年）

由图 1-21 推算后结果可知，我国每年新建住房的需求总量在 11.10 亿平方米左右，每年变动不大、基本达到均衡点；二手房需求总量则由 5.91 亿平方米上升至 9.82 平方米，维持年均 6.0% 的涨幅。此结论中我国住房市场容量规模（11.10 亿平方米）介于前文所述政府解读（10.0 亿平方米）及行业研究（11.70 亿平方米）之间。此外，若按国家统计局的商品房口径，我国往年的住宅成交占比通常为 85% 左右，可推测我国新建商品房（另包含办公、商业营业用房）的总需求容量为 13.05 亿平方米。

当然，以上估算仅为模型数据的简单推演，部分假设的合理程度、估算数据的有效性等均值得商榷，仅供讨论我国房地产行业发展未来的"蛋糕"容量规模时参考。

1.3.2 企业规模模型

对于房地产企业的规模或实力，在不同维度有不同的衡量企业规模或实力的指标。在投资层面，有新增投资拿地额、土地储备面积等；在销售层面，有成交销售额、销售面积等；在建设层面，有操盘面积、开竣工面积等；在财务层面，有结算利润、销售成本利润率等；在资本市场层面，有公司市值、市盈率等；在客户层面，则有客户满意度、忠诚度等。

下文选择最典型代表房地产企业规模，即销售规模、利润水平，来解析我国房地产企业的规模内在机理。前者作为销售量可衡量在市场中的占有规模，后者作为财务利润则体现在公司层面的盈利水平。本节结合行业经验，通过"庖丁解牛"式地拆解销售规模、结算利润的关键变量并分析，可得知影响甚至决定房地产企业规模的逻辑。

（1）企业规模现状

企业销售规模

房地产企业的销售规模通常是管理口径（即实现原则）在当年底由第三方研究机构统计，如中国指数研究院对各房地产企业的权益前（全口径）销售额的榜单。据2021—2024年销售额排名，我国房地产企业规模在2021年行业高峰期时，TOP10榜单的门槛为2900亿元，在2022—2024年受市场等因素逐渐回落至1050亿元，平均年回调幅度为近28%。

榜单统计的销售规模前十的房地产企业，大多数于2022-2024年显著回落，如民营企业中的碧桂园、中国恒大等，销售规模年均缩水达40%以上；保利发展、中海地产、华润置地作为央企龙头企业，销售规模维持在2500亿以上，排名甚至得以上升；仅有建发地产、越秀地产、华发股份作为地方国企代表，销售规模排名逆势攀升。

企业利润水平

房地产企业的利润核算不同于管理口径上的销售额，而是遵循会计准则（即权责发生制原则），即归属公司利润在竣工备案且向业主交付后方可视为结算利润，使得房地产上市企业的披露利润有一定的滞后性。

根据中国房产信息集团（CRIC）研究中心统计数据，2022年房地产企业利润率指标整体趋降，净利率和归母净利率降低的企业数量占比逾九成（见图1-22）。上市的房地产企业中，合生创展集团、深圳控股、瑞安房地产等得益于其早期通过旧城改造等土地储备红利，毛利率及净利率趋高；

第一章 房地产行业的"变局"

表1-4 我国近年房地产销售规模榜单

排名	2024年 企业	销售额(亿元)	同比	2023年 企业	销售额(亿元)	同比(%)	2022年 企业	销售额(亿元)	同比(%)	2021年 企业	销售额(亿元)	同比(%)
1	保利发展	3230	-23.2%	保利发展	4207	-4.6%	碧桂园	4643	-38.8%	碧桂园	7588	-3.8%
2	中海地产	3106	0.3%	万科地产	3755	-10.0%	保利发展	4408	-19.0%	万科地产	6203	-11.5%
3	绿城中国	2769	-8.0%	中海地产	3098	4.7%	万科地产	4172	-32.7%	融创中国	5976	3.9%
4	华润置地	2611	-15.0%	华润置地	3070	1.9%	华润置地	3013	-4.6%	保利发展	5439	8.2%
5	万科地产	2447	-34.8%	绿城中国	3011	0.3%	绿城中国	3003	-14.4%	中国恒大	4612	-34.5%
6	招商蛇口	2193	-25.3%	招商蛇口	2936	0.3%	中海地产	2960	-19.5%	中海地产	3677	2.1%
7	建发地产	1335	-29.4%	碧桂园	2200	-52.6%	招商蛇口	2926	-10.5%	绿城中国	3509	21.3%
8	越秀地产	1147	-19.8%	建发地产	1891	11.2%	金地集团	2218	-22.6%	招商蛇口	3268	17.6%
9	滨江集团	1116	-27.3%	龙湖集团	1736	-14.6%	龙湖集团	2033	-29.9%	华润置地	3158	8.9%
10	华发股份	1054	-16.3%	金地集团	1536	-30.8%	建发地产	1700	0.2%	绿地控股	2903	-19.0%

数据来源：中指研究院

华润置地、龙湖集团、越秀地产等凭借其稳健的操盘、TOD 投资布局等，也实现毛利率及净利率显著高于行业水平；但同时合景泰富集团、上坤地产、融信中国等由于高价地王套牢等原因，归母净利润率不足-30%。

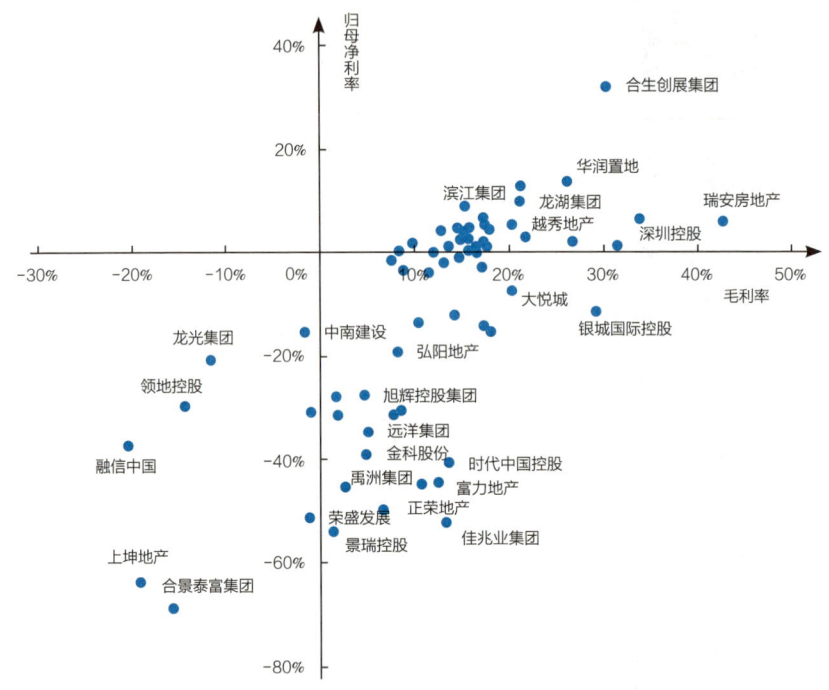

图 1-22　2022 年房地产行业典型上市企业的毛利率、归母净利率情况

数据来源：CRIC、企业公告。

注：为与 H 股口径一致，A 股企业毛利率扣除税金及附加。

此外，考虑到近年市场下行等因素，部分房地产企业的利润率下降主要是由于结转项目利润率降低、外币汇兑亏损、物业存货减值准备以及对应收合营公司款减值准备等。

（2）规模裂变模型

在特定的政策环境及市场行情下，房地产企业的销售规模通常由其土地或项目储备规模决定，且全口径的销售规模与其项目的权益比有关，因此可得模型（ⅰ）部分：

全口径的销售规模＝权益后的销售规模／权益比

权益后的销售规模＝权益后的土地储备货值×当年销售签约节奏

进一步，对于土地或项目储备而言，通常与其地价款、支付节奏比例相关，因此可得模型（ⅱ）部分：

权益后的土地储备货值＝权益后的土地款×货地比

权益后的土地款＝当年新获取土地应支付／当年土地款支付比例

对于企业内部资金预算而言，与已获取土地尚未支付、企业支出预算、其他支付等相关，因此可得模型（ⅲ）部分：

当年新获取土地应支付＝企业土地投资头寸－已获取土地应支付

企业土地投资头寸＝企业总支出预算－供应链支付预算－其他税费等刚性预算

综上（ⅰ）（ⅱ）（ⅲ），可得企业销售规模的裂变模型如下：

全口径的销售规模＝[（企业总支出预算－供应链支付预算－其他税费等刚性预算）－已获取土地应支付]／当年土地款支付比例×货地比×当年销售签约节奏／权益比

实际上，房地产企业通过制定相应投资及发展策略，对上述模型中的关键变量进行控制与调节，从而实现销售规模的裂变，具体如下：

权益比

对于模型（ⅰ）的权益比的变量，房地产企业可通过放开项目合作，联合竞买土地、引入联合操盘方、财务投资者等方式，稀释项目公司的股权比例，在增加土地获取概率并分散项目风险的同时，撬动全口径的销售额的杠杆。

该策略适合市场上行周期时的中小型房地产企业，通过合作开发降低权益比，快速抢占土地及房地产市场，实现全口径的销售规模裂变。据睿信地产研究院统计，2017年排名前51~100的房地产企业，权益比普遍在33%以下（见图1-23）。但房地产项目的过低权益比或引发诸多的不利风险，应综合考虑合作方信用、项目能否并表（如股权比例51%或相对控股）、操盘界面分工、管理及营销费用计提等综合因素。

变局与破局：房地产发展启示录

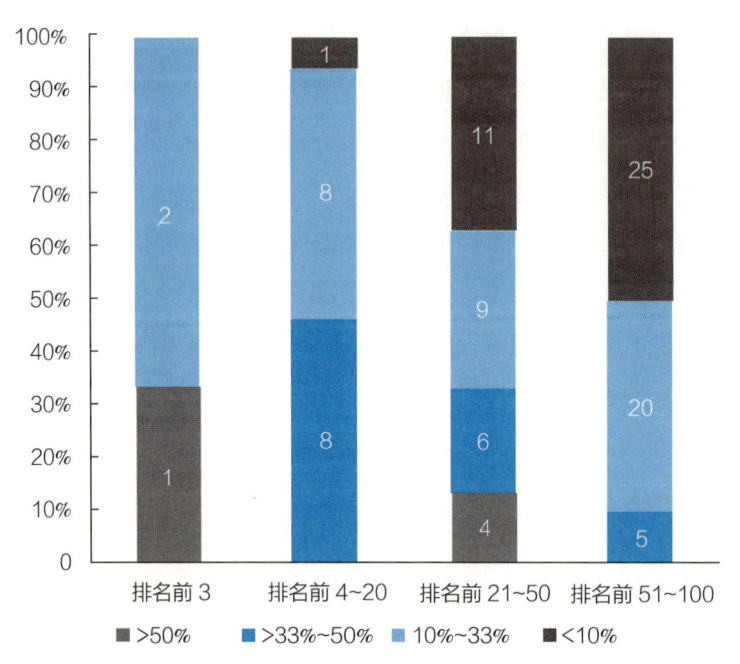

图 1-23　2017 年房地产上市排名前 100 企业的少数股东权益占比分布图
数据来源：睿信地产研究院。

当年销售签约节奏

对于模型（i）的当年签约节奏（或简称"签约比"），则考虑到房地产企业的开发运营效率及营销能力，也可等于"供货率"×"去化率"。房地产企业通常在拿地后的 4~8 个月能开盘，例如对于建筑面积 10 万平方米的住宅项目，在市场情况及企业能力较佳的情况下，可月供货 2.0 万平方米、去化率 50% 以上，但能否形成在当年签约销售额则也取决于当年拿地时间。

如表 1-5 所示，按上假设模拟推算各季度拿地且情况较佳的前提下，能形成的签约节奏。由此，该推演也佐证房地产企业倾向于在第一季度拿地，并形成土地市场的"小阳春"，核心为可直接贡献当年的签约销售额。

表 1-5　房地产企业的拿地时间与签约节奏（合理假设）

拿地时间	签约年份	签约节奏占比
第 1 季度	当年	30%
第 2 季度	当年	10%

续表

拿地时间	签约年份	签约节奏占比
第3季度	次年	70%
第4季度	次年	50%

货地比

模型（ⅱ）中的货地比，即为土地货值（项目预计销售总收入）/地价（土地成交价）的比例，或简单理解为项目销售均价/土地成交楼面地价。在项目层面，由土地成本、产品定位等决定；在企业层面，则与战略选择城市、区域板块等相关。

中国房产信息集团研究中心整理2019—2020年全国主要城市的货地比，一线、二线、三线、四线城市的货地比平均值为2.12、3.04及3.53，梳理房地产企业2020年新增投资货地比如图1-24所示。碧桂园、恒大地产通过"下沉战略"在四、五线城市拿地，货地比在3.0~4.0，显著高于其他房地产企业，实现销售规模迅速裂变且大幅领先于同行企业；但"棚改货币化"等红利退散后，四、五线城市的风险暴露，大幅拖累近年销售业绩并出现"暴雷"情况。

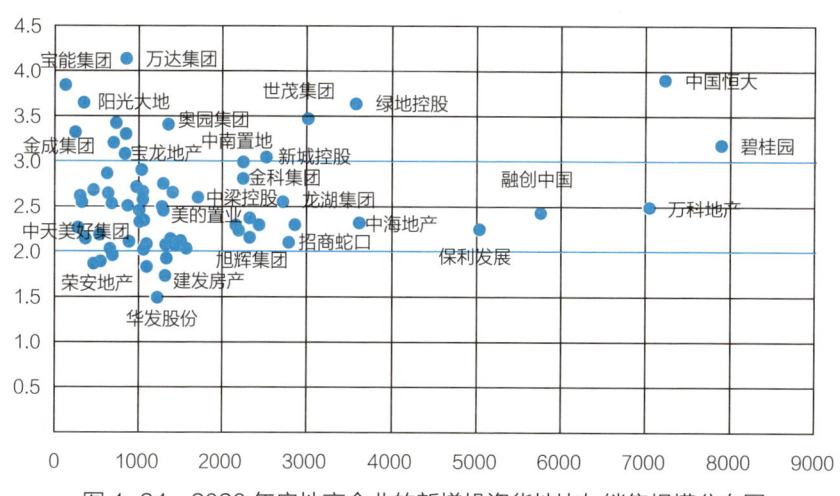

图1-24 2020年房地产企业的新增投资货地比与销售规模分布图

○ 数据来源：CRIC、企业公告。

注：横轴为2020年全口径销售业绩规模，纵轴为2020年新增投资货地比。

当年土地支付比例

模型（ⅱ）中的当年土地支付比例，与政府对土地出让金的缴纳节奏的政策要求直接相关，另与部分房地产企业选择通过滞纳延期缴纳出让金的风险耐受程度间接相关。部分一线城市对土地款缴纳期限要求严格，如上海市2010年要求"若申请延期支付，则须在10天内支付50%，在3个月内全部付清，其中后50%土地款须支付利息"；多数二线城市如合肥市要求"如分期付款，竞得人须在签订土地出让合同30日内付至土地出让金总额的50%，3个月内付清余款"；部分三、四线城市则相对宽松，如衡阳市2023年要求"土地出让金可在出让成交之日起1年内实行分期缴纳"。另外，土地出让金的滞纳金属于经济合同的一种违约补偿，"违约金标准为日千分之一"，且或被记入企业的失信记录，影响日后的土地竞买等活动。

对于房地产开发企业，会综合考量各城市的土地款缴纳节奏，甚至违约金可行性等因素，据此匹配企业内部的资金预算及支付头寸等，同等条件下会优先选择并投资支付比例"友好"的城市或项目。例如在上市房地产公司半年报表（6月30日）与年底报表（12月30日）期间，则会尽量预留账面资金，避开土地款或保证金导出账支付；这也是为什么通常在第4季度房地产企业的投资积极性下降，而在跨报表季后则在土地市场活跃。

企业的总支出预算

关于模型（ⅲ）中的总支出预算，房地产企业通常采取"量入为出"的原则，将其与现金流来源挂钩，包括销售回款、信用融资、非标融资等。对于总支出预算中的"资金池"除了用于土地款缴纳外，还需考虑供应链支付（弹性）、税费支出及管理费用（刚性）等。

当然，企业要扩增销售及土地储备规模，除了加大融资渠道外，还可考虑缩减供应商支付（尤其现金支付占比）。这也是为什么即使在市场行情好的情况下，市场上仍出现"工抵房"的原因，即房地产开发企业以房子冲抵工程款给供应商，控制现金支付及保证土地款等刚性支出。

以2019年的销售规模为1000亿元的房地产开发商为例。在年初盘点

"家底"时发现，过往土地储备仅支撑当年900亿元的销售规模，土地储备相对不足，此时市场情况良好，公司战略为抢抓市场窗口期，实现快速规模扩张。因此，在考虑全年资金盘面等情况下，企业的总支出预算为1000亿元，其中弹性的供应链支出为200亿元，刚性的各类税费等支出为100亿元，由此得出模型（ⅲ）中的"企业土地投资头寸"变量为700亿元。考虑到今年尚需支付已获取待支付的土地款额度100亿元，"当年新获取土地应支付"实为600亿元。

该房地产企业的投资研判为近年的二、三线城市有结构性机会，且土地款支付节奏相对"良好"，综合"当年土地款支付比例"为75%，"货地比"平均为3.0。至此，通过模型（ⅱ）可知，变量"权益后的土地储备货值"=600亿元/75%×3.0=2400（亿元）。此外，结合模型（ⅰ）并假设该房地产企业为考虑尽早贡献货值，加大上半年的投资力度，各季度投资节奏比例为40%、30%、20%、10%，且加快项目的周转开盘及销售，各两季度贡献"当年签约比"为30%、10%，因此可贡献当年的签约销售额（权益后）为：2400亿元×40%×30%+2400亿元×30%×10%=360（亿元）；同时，公司为实现抢占先机，积极引入联合操盘方或财务投资者，综合"权益比"仅为40%，因此新增的土地货值在当年可贡献的销售额（全口径）为360亿元/40%=900（亿元）。由此，该房地产开发企业的当年销售规模为1800亿元，同比将增长80%。

（3）利润归集模型

房地产行业会计准则下的权责发生制的利润结算受项目的开发难度、施工周期、交付率等因素影响，仅因"签约—回款—结算"各环节在时间上有差异，即项目的销售签约额，将在未来的3~12个月形成销售回款（因客户首付比例、银行放贷周期等因素而异），在12~36个月形成结算利润（因企业开发节奏、项目层高等而异），因此整体的利润归集模型的推演过程与销售额类似。

仅在模型（ⅰ）部分略有调整，模型（ⅱ）及（ⅲ）逻辑保持一致：

全口径的结算利润 = 权益后的结算利润 / 权益比

权益后的结算利润 = 权益后的土地储备货值 × 利润率 × 次年结算利润节奏

由此得出房地产企业的利润归集模型如下：

全口径的结算利润 = [（企业总支出预算−供应链支付预算−其他税费等刚性预算）−已获取土地应支付] / 当年土地款支付比例 × 货地比 × 利润率 × 次年结算利润节奏 / 权益比

由此，该模型中涉及两个变量：

净利率

该变量主要取决于市场行情、投资拿地精准度、企业的操盘水平等。近年来行业的净利率由 12.8% 下滑至 10.0% 及以下，甚至部分房地产企业出现"增收不增利"的情况（见图 1-25）。

图 1-25　2015—2021 年房地产行业上市企业的毛利率、净利率等情况

○ 数据来源：CRIC、企业公告。

注：为与 H 股口径一致，A 股企业毛利率扣除税金及附加。

次年结算利润节奏

次年结算利润节奏（或简称"结利比"），主要取决于项目的容积率层高、交付标准、企业的开发节奏等。对于运营能力强的开发企业，其交付的基准周期与项目层高等可参考以下规则：

① 12层及以下业态（毛坯竣备）：18个月；

② 13层及以上业态（毛坯竣备）：18个月+（层次-12）/4个月；

③ 精装竣备+分阶段交付：增加2个月；

④ 精装竣备+正式交付：增加3个月；

⑤ 具备新建造体系能力并采用（限22层以上）：减少2个月；

⑥ 首次交付或结算面积比例<40%：减少1个月；

此外，由于房地产企业倾向于在财务报表披露前完成交付结算，以此增加在财务报表中的利润计提，因此在购房合同中常约定（或实际交付时间）在每年6月底或12月底前集中交房。

同样地，按上假设模拟推算各季度拿地且情况较佳下，能达成的结利节奏，如表1-6所示。由此，该推演也解释土地市场在上半年的溢价率更高，企业倾向于在上半年拿地，贡献次年的结算利润额。通过此结合上述模型（ⅱ）和（ⅲ），可通过投资"入口端"推演出房地产项目在"出口端"的利润归集情况。

表1-6 房地产企业的拿地时间与结算利润节奏（合理假设）

拿地时间	交付年份	结利节奏占比
第1季度	次年	40%
第2季度	次年	20%
第3季度	第三年	70%
第4季度	第三年	50%

综上房地产企业的规模裂变模型、利润归集模型可知，企业的销售规模、结算利润是衡量企业及项目的投入/产出效率的综合能力，按模型中的变量指标可分为三部分：①企业的总支出预算、权益比、当年土地支付比等指标，考验的是企业的资源整合能力，如融资能力、合作操盘能力、政府沟通能力等；②货地比、利润率等指标，考验的是企业的投资研判、

价值实现能力；③签约比、结利比等指标，考验的是企业的营销兑现能力、项目运营能力。在一定程度上，房地产企业若想快速实现规模扩张，应强化上述能力，优化关键变量上的策略动作。

当然，以上的企业规模模型也仅考虑房地产的核心特征及关键步骤，未充足考量特殊情况。例如在投资入口端，除公开市场的招拍挂拿地外，还存在收并购、旧城改造等方式，以及含写字楼、购物中心等自持物业；或在销售签约端，存在现房销售等特殊政策，在以上因素的影响下，土地款的支付节奏、签约比、货地比等均会有变动，对于房地产企业销售及利润规模也应相应调整。总之，上述规模裂变、利润归集模型分别提供推演企业销售规模及结算利润的方法，具体结合企业发展实际情况而论。

"花无百日红"，任何一个产业或经济体都不可能永远高速增长。但"流水不腐，户枢不蠹"，房地产企业则可在不同的行情周期、发展阶段，制定并优化相应的发展策略及经营重心，进而实现领先基准行情的规模及利润。如图 1-26 所示：①在行业向上高速增长，且企业处于快速发展的阶段，企业更多通过"资本驱动"，通过卷积更多的资金、合作等资源，高财务杠杆甚至激进拿地抢占市场，迅速实现规模裂变；②在行业稳健缓行且企业处于有质量增长的阶段，企业可通过"管理驱动"，以更强的能力带

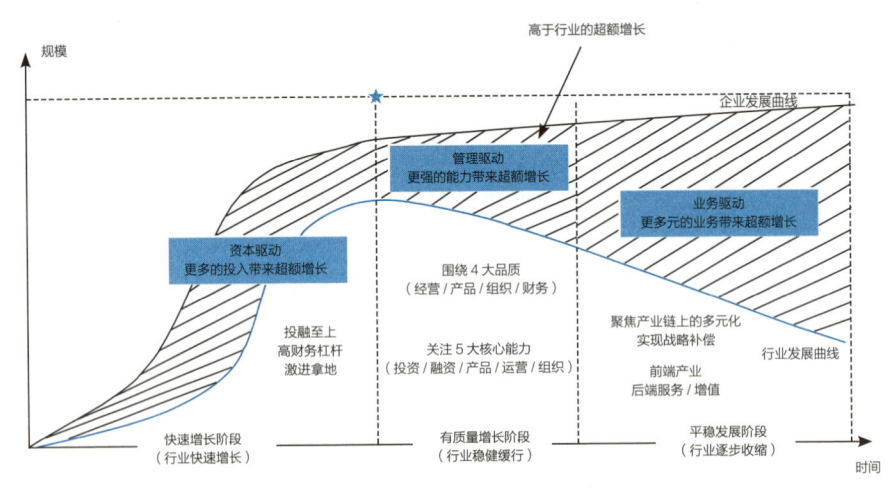

图 1-26 房地产行业发展阶段与规模增长的关系图

来超额增长，企业内部强调精细化经营，产品、组织、运营等条线稳健适配，"向管理要效益"，做好利润归集；③在行业逐步收缩，且企业处于平稳发展的阶段，企业应通过"创新驱动"，即转型多元化的业务实现超额增长，打通前端产业及后端增值服务等赢利模型，"通过战略补偿"实现穿越周期。

1.3.3 项目现金流模型

房地产开发项目作为组成行业及企业的基本单元，如果说市场容量是行业的"天花板"，企业规模是能抢占到的"蛋糕"份额，现金流则是维持项目健康运转且必不可少的"血液"。房地产企业应将项目现金流情况与经营策略等相匹配，形成"资金经营"战略下的现金流与开发业务联动的管理体系，以更好地确保公司能在不同周期阶段的健康运行。

（1）项目开发全周期

房地产项目开发既繁杂也简单，由于涉及的流程环节、协调资源、专业行活等确实复杂，但"万变不离其宗"，其本质上具备"生产管理"属性（见图1-27）。如参照对比传统制造业，则项目开发流程可视为以下三大环节。

一是原料获取环节，即投资决策，投资发展部、市场研究部等前期小组通过立项论证、土地竞买、获批土地证等流程获取土地"原料资源"；

二是加工生产及预售环节，即包括项目策划、方案设计、施工图设计、营销开盘、施工建造，设计研发部、工程部、营销部等通过对总平图、户型图等研究深化，确定项目施工方案并"加工生产"，在取得预售证后开盘销售给客户；

三是产品交付及售后环节，即交房入伙及客户服务，在项目取得竣工备案证后按销售合同日期及标准将房屋交付给业主，并提供维修及物业等"售后服务"。

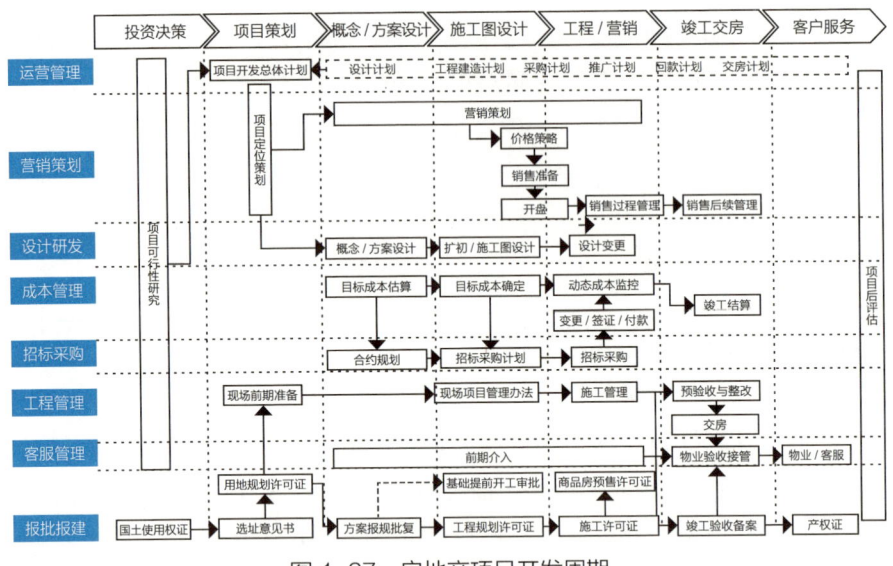

图 1-27　房地产项目开发周期

房地产项目开发的全流程包括投资拿地、定位设计、招标供应商、开发报建、开工建设、开盘销售、竣工备案和交付业主等八大关键环节（见图 1-28）。以二线城市的纯住宅项目为例，假设一座拥有 1 层地下室、18 层高的高层住宅，对于强运营导向的开发企业，从投资拿地到开盘销售约 7 个月，再需 12~16 个月（毛坯或精装）的建造周期取得竣工备案证，再用 1 个月时间准备交付，整个开发流程周期为 20~24 个月。

图 1-28　项目关键节点及时间（合理假设）

从以上开发流程来看，房地产作为资金密集行业，"前期投入、后期产出"是项目全周期现金流的典型特征。实际上，房地产项目的生意模式并不复杂，尽其所能规划并实现"全过程最大化利用现金流"，即"收入尽量提前，支出尽量往后"，加快资金周转率和使用效率，降低自有资金的占压峰值和周期，进而不断实现重复滚动投资（见图 1-29）。

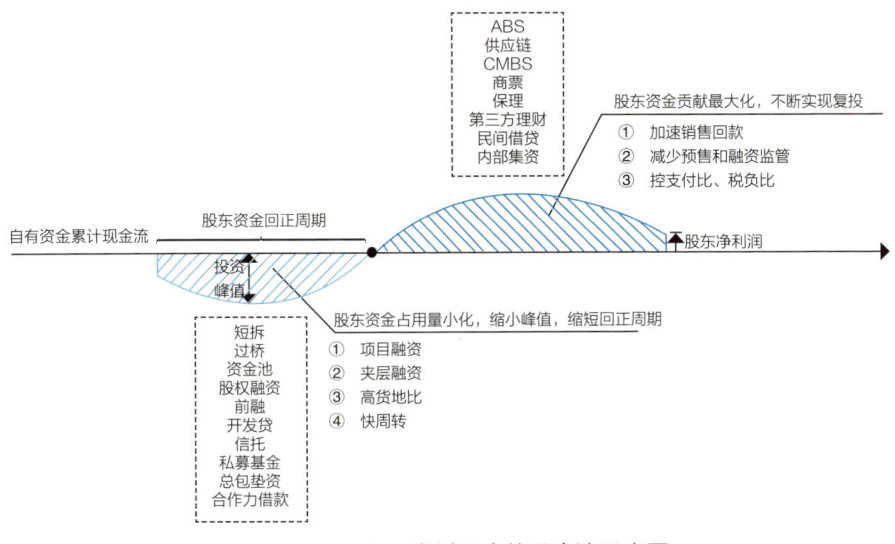

图 1-29　项目开发过程中的现金流示意图

（2）项目现金流评价

衡量房地产项目现金流的关键指标为内部收益率（Internal Rate of Return，"IRR"），依据资金来源分为项目（全投资）IRR、股东 IRR，前者为项目净利润/（项目资金峰值 × 项目投资回正周期），即把股东资金和债权资金等都考虑在内的 IRR；后者为股东净利润/（股东资金峰值 × 股东投资回正周期），仅考虑股东资金的 IRR。模型中涉及两个概念：其一是项目（或股东）资金峰值，即在项目开发的全周期内，项目（或股东）累计投资的最大值或所需资金的最大缺口；其二是项目（或股东）投资回正周期，即自项目（或股东）第一笔资金投入至累计现金流回正的周期。

对以上公式中的关键变量拆解分析可知：第一，当项目 IRR 大于借债成本的时候，可通过增加财务杠杆提高股东 IRR，且贷款利率越低，贷款比例越大，股东 IRR 也就越高；第二，股东净利润通常等于权益后的项目净利润，但不对等分红、超额垫资、股东包干费用计提等特殊项目除外；第三，在理想状态下，股东投入和分款与项目收支进度一致，项目回正周期可等同看作股东回正周期，也是评价项目现金流使用情况的关键指标。

另外，评价房地产项目的投资回正周期有两项维度：融资性现金流和经营性现金流，两者简要关系见图1-30。融资性现金流方面，受调控政策、融资环境等影响大，特别前端融资（即土地获取后至"四证齐全"）、非标融资等受严格监管。经营性现金流方面，地价支付是向政府缴纳的刚性成本，弹性空间少；建设成本支付方面，可通过延缓支付、工抵房、供应链融资、商票保理等方式弹性控制现金流的支出；项目销售回款则为对现金流的支撑。

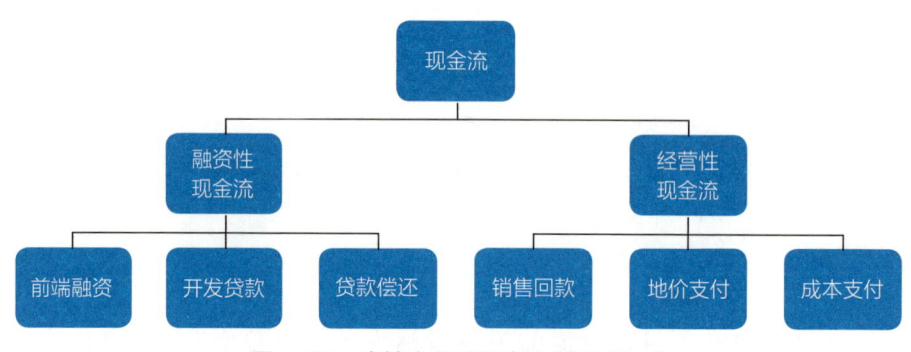

图1-30　房地产项目现金流类型及构成

对于考察现金流压力而言，"资金峰值"指标比"总投资额"更重要。图1-31示意项目开发周期内的现金流曲线情况，由于房地产项目（或股东）的资金投入是"非线性"不均衡分布状态，前期需集中投入包括土地款、前期费用等大额资金，将于某个时点形成"资金峰值"，但由于此时项目仍未开盘，资金仍处于净流出阶段，此时为项目资金压力最大的点。资金峰值越高，资金占用时间越长，现金流回正也就越晚。因此，资金峰值比例=资金峰值/总投资可作为项目资金规划的重要指标（总投资包括总成本和总费用），反映项目（或股东）资金峰值占总投资的比例。这也解释了为什么房地产企业倾向于在三、四线城市获取"货地比"高的土地，该类项目的资金峰值比例低，现金流回正更快。

随着项目销售回款等持续流入，项目现金流回正后出现资金盈余、可供其他项目投资的资金额度时，该富余资金额度的最大值，即为"现金流贡献峰值"。资金投入峰值越小，现金流回正周期越短，"现金流贡献峰值"

也就越早或越大。这也就解释了房地产企业特别重视控制资金投入峰值和现金流回正周期两项指标，因为这不仅体现资金风险敞口，且影响未来资金继续滚动投资的速率。值得注意的是，由于在项目的大量成本是在竣工后结算并产生支付，因此蓝线在后期转负。

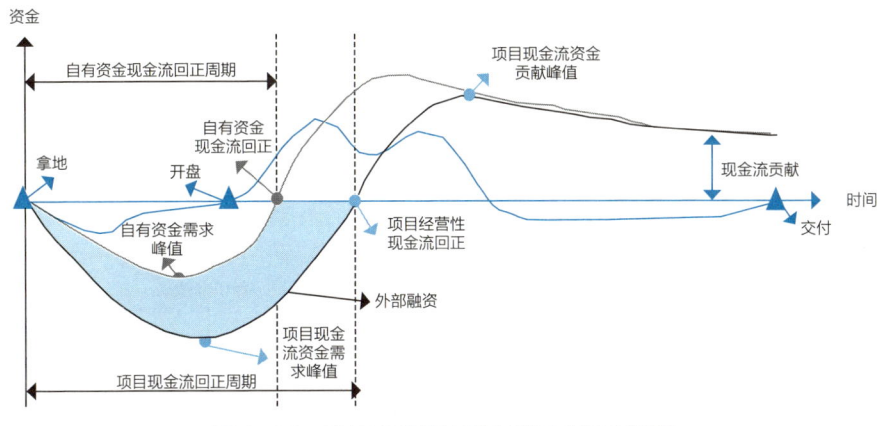

图 1-31 房地产项目的现金流现金流曲线图

根据以上项目现金流模型举个例子。某企业在二线城市以 10 亿元获取一宗建筑面积为 10 万平方米的住宅项目，规划总投资 22 亿元、可售货值 25 亿元（货地比 2.5）、净利润率 12%，拿地后 6 个月达到投资峰值 11 亿元并实现首次开盘，9 个月项目累计回款超 11 亿元并实现现金流回正，资金峰值比例 = 资金峰值 / 总投资 =11/22 × 100%=50%，12 个月住宅售罄达到现金流贡献峰值 14 亿元，且现金流回正后的富余资金贡献作为再投资滚动调用。但假设该项目在 2 个月达到投资峰值、10 个月开盘、15 个月现金流回正、20 个月达到现金流贡献峰值，回正周期 15 个月、投资峰值与贡献峰值间相隔 18 个月，资金使用效率（如 IRR）降低近一半，且同周期内没法滚动再投资。由此可见，项目的现金流回正周期、资金峰值等对规模增速的重要意义。

由此，在微观视角下对项目的分析，并未采用毛利率、净利率等静态指标评价项目，而通过逐层拆解"项目（股东）IRR—投资回正周期—经营性（融资性）现金流—投资峰值"等动态指标，分析衡量项目现金流的关键变量。

（3）项目全周期管控

根据上述推演并参考杜邦分析比，股东IRR（自有资金回报率）按以下逻辑拆解等于"净利率 × 货地比 × 杠杆率 × 地价峰值比 × 权益比"，背后则分别体现房地产企业的赢利能力、投资能力、融资能力、支付能力及合作能力，这五项能力直接决定项目的资金周转与回报能力（见图1-32）。

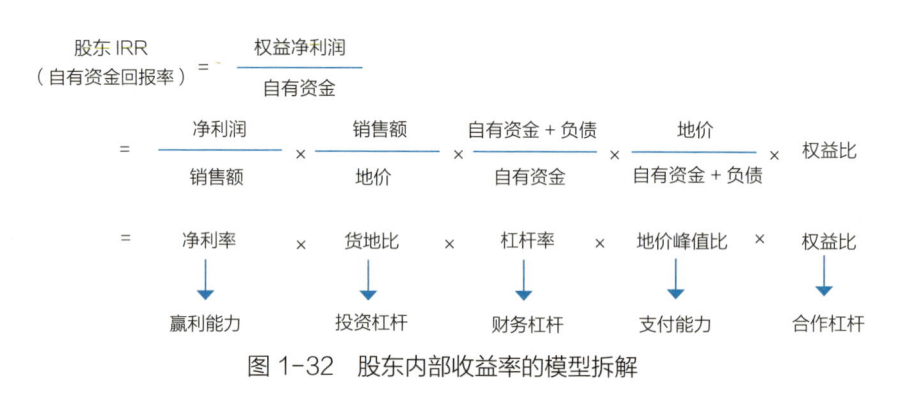

$$\text{股东IRR（自有资金回报率）} = \frac{\text{权益净利润}}{\text{自有资金}}$$

$$= \frac{\text{净利润}}{\text{销售额}} \times \frac{\text{销售额}}{\text{地价}} \times \frac{\text{自有资金}+\text{负债}}{\text{自有资金}} \times \frac{\text{地价}}{\text{自有资金}+\text{负债}} \times \text{权益比}$$

$$= \text{净利率} \times \text{货地比} \times \text{杠杆率} \times \text{地价峰值比} \times \text{权益比}$$

↓　　　　↓　　　　↓　　　　↓　　　　↓
赢利能力　投资杠杆　财务杠杆　支付能力　合作杠杆

图1-32　股东内部收益率的模型拆解

在融资环境、支付条件等相对约束情况下，缩短投资回正周期的主要是通过可控的项目经营性现金流。从项目经营角度，投资回正周期的模型则可继续拆解为以下关键指标（表1-7），主要体现在增加现金流入，并可通过管理动作精准实现全周期的项目管控。

表1-7　房地产项目的投资回正周期的分解指标及关键策略

	开盘周期 ×	供货率 ×	去化率 ×	回款速率 ×	监管资金比例
关键策略	快开盘	多供货	去化快	快回款	松监管
典型指标	一线城市8~10个月；二线城市6~8个月；三、四线城市3~6个月	当年拿地项目供应比例≥30%；项目首开部分2个月内回款额应覆盖项目资金峰值	首开去化率≥70%；续开去化率≥60%；项目结转去化率≥95%	正常项目首付款比例≥30%；限价项目首付款比例≥50%；滚动12个月综合回款率≥80%；平均回款周期≤3个月	因城市而异，优化监管资金比例，并制订资金盘活的解决方案

关键策略	快开盘	多供货	去化快	快回款	松监管
注意事项	注意各城市、各业态的预售条件	供销平衡原则；市场好时，少批次、大批量；市场差时，多批次、小批量	据市场细分灵活应对，做到一盘一策	注意城市的限签备案政策及银行与公积金放贷条件	注意监管资金是否可借用为拍地保证金等政策

根据以上指标再具体分解至公司或项目职能的工作导向，大运营职能可通过报建方案前置沟通、极致工期铺排等实现"尽早开盘"及"尽多供货"；营销团队通过提前蓄客、临时展示区开放、转化客户等实现快速签约去化；营销及财务团队协作配合，通过客户筛选提高首付比例、协调房管局加快网签备案、沟通贷款审批缩短放款周期等方式提升回款金额；政府关系部沟通政府房管局等相关部门，优化商品房预售监管资金比例，或置换土地拍卖保证金等方式盘活使用。

由此，现金流作为房地产项目的"生命线"，从开发全周期视角洞察"现金为王"的重要性，其中 IRR 作为评价项目现金流的关键指标，再拆解出"投资回正周期""投资峰值"等关键变量，并基于此模型推演项目开发周期中的经营管控要点。

综上，本章从"行业—企业—项目"逐层递进分析，首先结合并优化美国经济学家于 1989 年提出的 M-W 模型，考虑人口、需求、增量/存量市场结构等变量，估算我国新建住房的需求总量在 11.10 亿平方米/年，基本处于均衡点，二手房需求总量则保持 6.0% 增速。其次，结合衡量房地产企业的规模属性，选取销售规模及结算利润作为因变量，并根据企业的业务增长逻辑，推演出规模裂变模型、利润归集模型，发现企业规模背后的"权益比""货地比""签约比""结利比"等关键自变量，及其对应要求的企业各维度的能力。最后，从项目经营视角出发，围绕现金流导向，推演资金使用效率（IRR）指标下的"投资回正周期""投资峰值"等关键变量，从而了解并把握房地产开发全周期过程中的要点策略。

对比当前我国房地产业现状或近期趋势可知：行业容量层面，新建住宅商品房市场见顶趋于平衡，行业上升动能及空间不大；企业规模层面，因现金流入受限导致总支出预算下降、地价抬升但房价受限导致"地价比"及利润率下降、合作风险扩散进而减少合作等，维持企业规模增长的因子影响衰退甚至失灵，规模裂变、利润高增等变得难以为继；项目层面，尽管大运营效率普遍提升，但当前去化速度、回款效率等依旧堪忧，项目经营性现金流的持续减少无法支撑企业原来的"高杠杆、高周转、高回报"发展模式。

尽管本章的模型难以精确、假设存在瑕疵、推论未必严谨，但尝试着从行业的发展规律、企业的增长逻辑、项目的业务本质出发，找寻可参考的管理路径与经营思路。表1-8总结本章各视角下的模型及变量趋势。

首先从我国房地产业的发展阶段出发，再以宏观、微观视角探寻行业本质，梳理背后的发展逻辑。宏观方面依据房地产业发展的"人、地、钱"生产要素，按"长期看人口、中期看土地、短期看金融"逻辑剖析房地产业的推动要素情况；微观方面则按"行业—企业—项目"分层构建衡量行业空间、企业规模、项目现金流等模型，并解构其关键指标及影响因子。实际上可看出，房地产行业进入本轮阶段并已发生深刻变化，部分变量如城镇化率增速、新房成交占比、非标融资规模、货地比等变化几乎是"不可逆"的。因此，"大变局"下如何借鉴房地产行业的发展路径，找寻行业内的最佳实践，既是当务之急也是长远支撑，将有助于企业走出当前的业务困境，并构建发展新模式，进而实现可持续增长。

第一章 房地产行业的"变局"

表1-8 微观各视角下的模型及变量趋势总结

微观视角	模型	核心因变量	关键自变量及当前阶段现状或趋势						核心结论
行业：潜力空间	行业容量模型	住房需求总量	未来人均面积↑	新增城镇人口↑	住房率↑	现有城镇人口↑	折旧率↑	新房成交占比↓	行业新房处于见顶达平衡点，二手房仍可迎稳定增长
企业：发展规模	规模裂变模型	全口径销售规模	总支出预算↓	供应链支付↓	货地比↓	权益比↑	土地款支付比例↔	当年签约比↓	企业规模增长因子不再，原模式难以为继
	利润归集模型	全口径结算利润	总支出预算↓	供应链支付↓	货地比↓	权益比↑	土地款支付比例↔	次年结利比↑	
项目：健康程度	现金流模型	内部收益率（IRR）	净利润↑	投资回正周期↑	资金峰值↑			净利润率↓	
		经营性现金流（流入端）	开盘周期↑	供货率↑	去化率↓	回款速度↓	监管资金比例↑		项目经营现金流入减少，资金周转效率降低

注：箭头向上代表指标上升，箭头向下代表指标下降，且颜色越深，代表程度越高。

059

第二章

美国及日本的启示

第二章　美国及日本的启示

十载可探草木之律，百年可知历史兴衰。美国、日本等发达国家的房地产行业经历多轮周期，如美国2008年金融危机、日本20世纪90年代资产泡沫危机，当时对房地产行业冲击巨大，市场陷入低迷状态。然而"天下没有过不去的坎"，部分房地产企业积极应对，当穿越"至暗时刻"的危机后，如表2-1所示，公司市值再度迎来可观的增长。本章将重点分析美国、日本的房地产行业遭遇的危机，以及企业在此过程中的"自救"措施、转型路径的启示与经验。

表2-1　美国及日本的典型房地产企业的危机前与当前的市值变化

国家	房地产类型	企业名称	危机前的市值（亿美元）	2024年1月市值（亿美元）	增长倍数（约数）
美国	住宅地产	霍顿（Horton）	113	494	3.4
		莱纳（Lennar）	96	425	3.4
		普尔特（Pulte）	102	221	1.2
		托尔兄弟（Toll Brothers）	54	106	1.0
	长租公寓	艾芙隆海湾（Avalonbay）	97	269	1.8
		公平住屋（EQR）	148	246	0.7
	商业地产	西蒙（Simon）	224	461	1.1
	物流地产	普洛斯（Prologis）	445	1285	1.9
日本	综合不动产	住友不动产（Sumitomo）	91	133	0.5
		三井不动产（Mitsui）	98	226	1.3
		三菱房地产（Mitsubishi）	149	198	0.3

数据来源：Bloomberg。

第 1 节　美国的经验

2.1.1 美国房地产发展模式

根据美国住房建筑商协会（NAHB，以下简称住建商协会）数据，美国房地产行业对国内生产总值（GDP）的贡献比重在 15%~18%。近年美国房地产占 GDP 比例呈边际下降趋势，由 2001 年的 19.1% 高点降至 2023 年的 14.7%，房地产投资占固定资产投资比重由 30% 以上降至 2023 年的 18.1%，房地产消费占消费支出由 20% 附近降至 16.6%（见图 2-1）。尽管美国房地行业对 GDP 贡献值边际下滑，但整体上仍然是美国经济较为重要的行业。

按住建商协会的支出法口径，美国房地产对 GDP 的贡献分为两部分，其一为住宅投资（占 GDP 的 3%~5%），包含生产、建造及修缮等；另一部分为消费者住房支出（占 GDP 的 12%~13%），包含租金、设施费用及业主等价租金等，显然美国的房地产消费属性远大于投资功能。

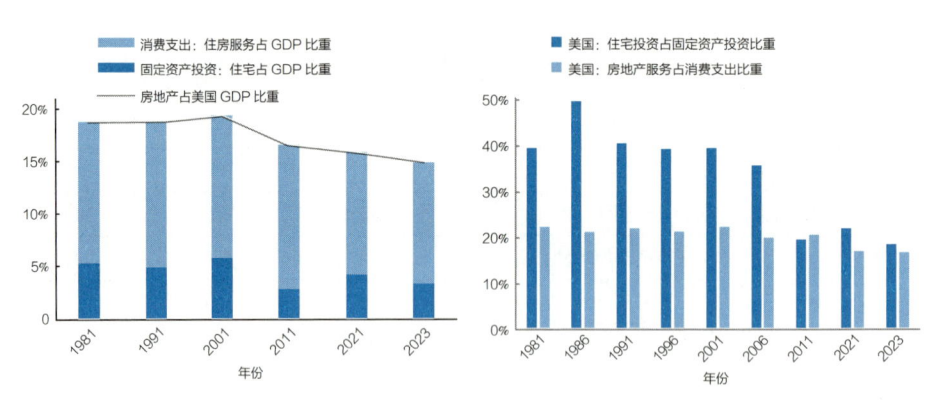

图 2-1　美国房地产占 GDP 比重、地产占投资与消费的比重

数据来源：美国住房建筑商协会、华福证券研究所。

此外，美国房地产模式的核心特征在于其高度的专业化分工和成熟的金融体系，美国房地产行业在不同环节如开发、建造、销售和物业管理由专业公司负责，而融资则依赖于多样化的金融工具，包括银行贷款、退休基金和不动产信托等。该模式促进产业协同整合，有效分散投资风险，同时增强对经济周期波动的抵御能力。

具体从土地、住房、金融和税收四个方面，美国房地产市场的运行有如下主要特征：

（1）土地制度

美国土地市场以私有制为主，占比高达60.9%，公有土地占36.1%，原住民保留地占3%。美国城镇人均建设用地面积显著高于中国，2017年美国城镇人均建设用地面积为866平方米，而中国仅为112平方米。美国虽然拥有充足的人均建设用地和较为灵活的土地买卖市场，但由于区划制度导致的土地用途管制，存在住房供给结构性不足的问题。

此外，美国充分且灵活的土地供给催生了开发商期权拿地策略（见图2-2），即房地产投资方或开发商在市场调研和选址后，通过与土地产权所有者签订期权协议，锁定在未来一定时间内以约定价格购置土地的权利。实际上，期权拿地不仅优化土地资源与投资资金的配置，还增加土地供应的流动性和市场活跃度，降低开发商的资金占压、缩短开发周期。

图2-2 美国期权拿地模式的流程图

相比之下，我国城镇人均建设用地面积较少。土地供应市场以政府主导"招拍挂"出让国有土地使用权为主，开发商大多须在国土合同签订内3~6个月内缴清土地款。

（2）住房市场

美国城镇化率高、商品住房市场更成熟：一是住房市场以存量交易为主，2022年二手房交易量约为503万套，占房屋交易量88.65%（见图2-3）；二是房地产行业的运营服务属性高于开发建设属性，地产运营及居住服务相关产业占据了价值链的主导地位；三是房地产企业专业化程度较高，细分领域较多，企业规模相对较小。

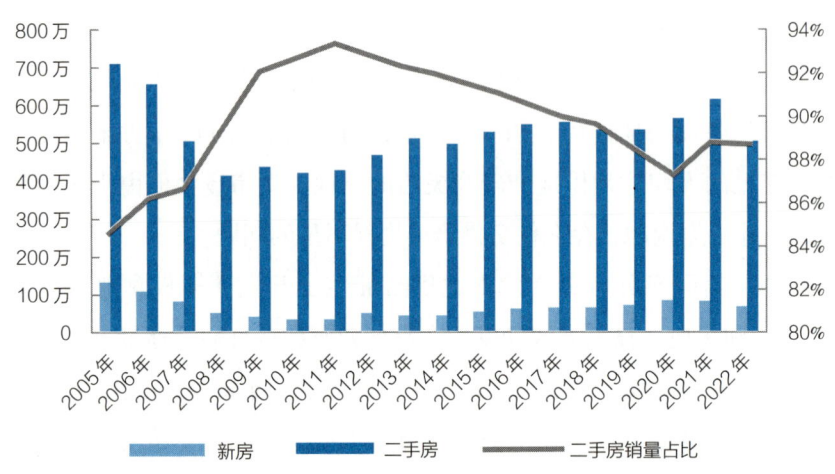

图2-3 美国住房（新房与二手房）交易量（套）及二手房占比

数据来源：美国住房建筑商协会。

美国房地产行业细分市场包括住宅、商业和工业等类型，各类别下均设有专门的建筑公司、房地产运营与服务提供商以及房地产投资信托（REITs）。住建商协会数据显示，超过80%的建筑商是独立的个体经营者，2021年住宅建筑商的平均营业收入中位数约为330万美元。

另外，美国住房保障政策经历不同阶段后，目前保障政策重点逐渐从供给端转向需求端，方式由实物保障转向货币补贴，初步形成以私人主导供给、政府财税补贴、供给需求并重的住房保障体系。

我国城镇化率尚有发展空间，住房市场正处于由增量市场转向增量与存量并轨的转型期。同时，开发商越来越重视资产运营、物业服务等，市场细分趋向明显。

（3）金融市场

美国的住房金融市场通过抵押贷款使一二级市场紧密联动，为住房市场提供充足资金，但也埋下次贷危机的隐患。住房金融的一级市场为贷款发放市场，二级市场通过证券化提高流动性和分散风险，将政府担保的企业或投资银行对符合条件的抵押贷款进行证券化并出售给投资者。这种做法提高了贷款机构的流动性并降低了期限错配的风险，同时把信用风险转移给了投资者。

此外，美国丰富的资本市场投资渠道及高度活跃性降低了房地产作为投资的吸引力。自1950年以来，美国股市的年均实际回报率（8.7%）一直高于房地产投资（5.6%），尤其在计入房产交易和持有成本后，房地产投资的回报率进一步降低。图2-4直观反映美国与中国的房地产收益率，显然美国高净值家庭更倾向于股市、REITs等投资而非房地产，中国一线房地产收益率则高于A股等资本市场。

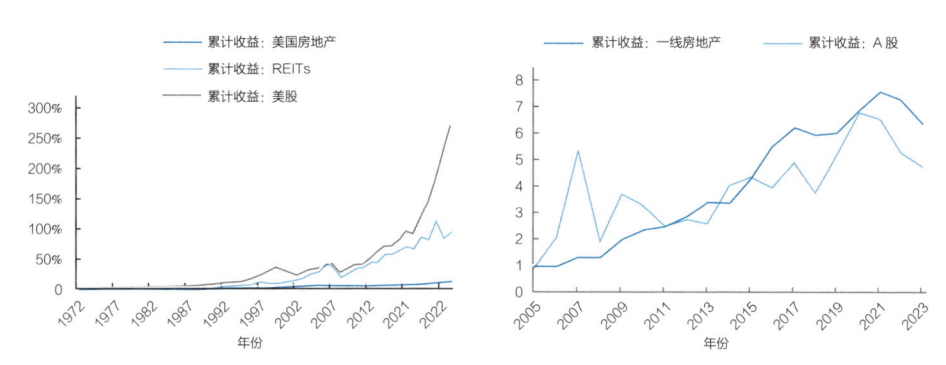

图2-4　美国/中国（一线）房地产收益率与其他资产收益率对比

数据来源：Bullion Vault、Portfolio Visualizer、Wind、华福证券研究所。

美国住房金融市场也还具备其他典型特征。一是购房预付款宽松，期房定金一定期限内可无条件返还，最低首付比例仅为3.5%，其余房款可待房屋交付后再按揭还款。根据美国房地产协会的数据，2021年美国购房的平均首付比例为12%。二是美国的预售资金拨付及监管机制较为严格，交付前的付款资金存放在律师事务所的托管账户并接受全程监管，交付时开发商凭验收凭证才可取得房款，按揭贷款本息则按月支付到按揭服务账户上，按揭服务账户需单独管理（见图2-5）。

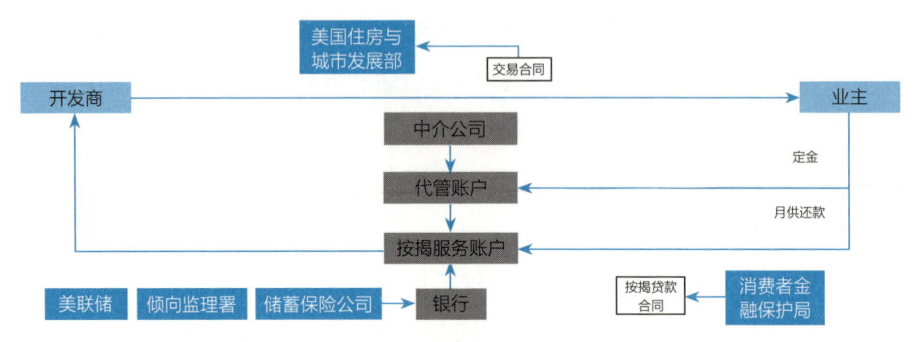

图2-5 美国预收监管制度框架

资料来源：美国消费者金融保护局、美国储蓄保险公司。

相较而言，我国住房金融市场以一级市场为主，金融风险集中于银行体系，二级市场规模较小，资产证券化市场则刚萌芽起步；居民的投资渠道相对有限，房地产成为重要的资产保值增值渠道；居民住房的首付比例三到六成起，预售监管资金实行"一城一策"，由地方房地产管理局监管[①]，但存在资金抽调的风险敞口。

（4）税收制度

美国采用联邦政府、州政府、地方政府三级财税体制，对于房地产税而言：联邦政府不征收房地产税，州政府征收少部分房地产税，地方政府征收大部分房地产税。以2021年为例，美国房地产税收占州政府收入1.83%，占地方政府收入的72%，其中地方教育和公共服务是地方政府房地产税的主要流向（见图2-6）。

---

① 例如太原、昆明、重庆、长沙等城市重点监管资金比例为总预售款的15%~40%，郑州、福州、合肥等城市则按照项目的建安成本乘以建筑面积或者项目工程总额报价计算重点资金。实际上，在过去房地产大开发时代的高周转背景下，抽调预售款监管账户资金，是行业"潜规则"。

第二章　美国及日本的启示

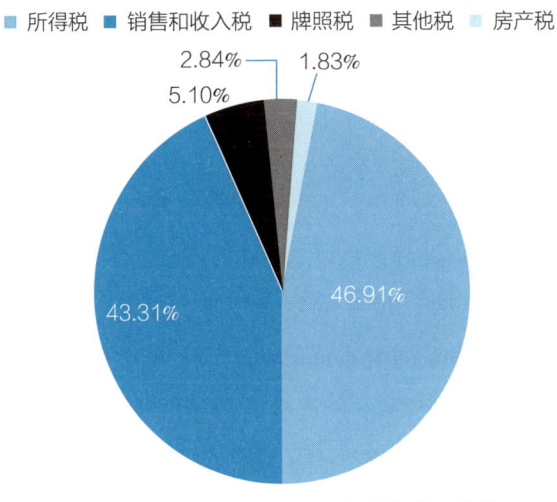

图 2-6　美国州政府 2021 年税收来源结构

数据来源：美国商务部普查局、中信建投证券。

美国房地产税收调控可分为收支两端，其中收入端"重交易、轻保有"，支出端则主要体现为税收减免及平衡补贴，整体以抑制投机和社会保障为目标。

从税收收入端看，美国住房涉税种类主要面向有房产者，如房地产税、房产交易税、所得税、遗产捐赠税、契税等，税收政策主要通过对房产交易征收资本利得税、而非持有期间的房地产税来调控房地产投资，资本利得税"轻买方，重卖方"，对短期投机行为从重征税，在一定程度上可抑制过热的房地产投资市场。从税收支出端来看，美国政府通过抵押贷款利息抵税、部分售房所得免征资本利得税、发行免息住房贷款债券、低收入住房税收补贴（LIHTC）等方式，针对社会投资者、开发商、中低收入购房者提供税收减免，以实现社会保障和提高住房自有等治理目标。

相较之下，我国地方政府的财政收入则较依赖于土地出让金及相关税金，2022 年我国地方政府的土地收入及房地产行业相关税收占地方政府的总财政收入比例达到 48.7%。

2.1.2 美国 2008 年房地产危机的启示

1. 危机的起因

2001 年，美国自科技股泡沫后，经济呈现衰退迹象，为刺激经济复苏，美联储实施了一系列降息政策，将联邦基金利率从 2001 年的 6.5% 降至 2003 年的 1.0%；同时，30 年固定利率抵押贷款的利率也显著下降。同期，全球包括美国及中东的资本涌入美国，投资于美元资产，包括次级抵押贷款证券。2001—2005 年，在宽松的信贷政策刺激下，房地产开发商、银行金融机构、购房者等一致过于乐观预期，推动美国房地产市场量价齐升，新房销售总额接近翻番。美国长期宽松的信贷政策，空前繁荣的房地产市场，叠加次级抵押贷款等金融衍生品，催生美国房地产及金融市场的泡沫。

2004—2006 年，为预防可能发生的系统性风险，美联储持续 17 次加息，由此导致浮动利率为主的次贷家庭月供大增、偿付困难，违约和止赎激增，短期内大量新房、二手房、法院拍卖房等涌入市场，推动房价螺旋式下跌，成交量价齐跌。2007 年，美国近 130 万套房产被司法拍卖处置，较 2006 年增加了 79%。至 2008 年 9 月，美国住房价格自 2006 年中期峰值以来平均下降 20% 以上。

随着美国当时市场上的待售房屋库存增加，住房价格持续下滑，进一步降低贷款者的抵押资产的净值。"停贷潮"及贷款违约率上升降低住房抵押贷款证券的价值，削弱银行资产和财务状况（见图 2-7）。由此，次级抵押贷款机构破产、投资基金被迫关闭、股市剧烈震荡等引起连锁反应，引发全球的金融危机。美国耶鲁大学经济学教授、2013 年诺贝尔经济学奖获得者罗伯特·席勒（Robert J. Shiller）在其著作《非理性繁荣与金融危机》中强调，次贷危机实质上是房地产泡沫破裂带来的恶果。

图 2-7　2006—2012 年美国住房贷款断供消费者数及破产人数统计
资料来源：美国联邦储蓄《家庭债务与信用季度调查报告》。

2. 政府的救市政策

美国政府的救助思路是稳定金融体系和救助实体经济，举措主要包含以下方面：通过宽松的货币政策为金融市场提供充足流动性、大规模的财政刺激托底经济；政府信用介入，高效处置不良资产，恢复金融体系信心；改革住房金融体系，恢复住房金融市场。

（1）货币政策

为应对 2008 年次贷危机及其后果，美国政府迅速采取了一系列举措来稳定金融市场并促进经济复苏。具体措施包括：

①**调整利率**：美联储意识危机蔓延后，迅速调整联邦基金利率。到 2007 年底，利率降至 4.3%，并在 2008 年底进一步降至近乎零的水平。尽管这样的降息行为旨在注入市场流动性，但其效果并未立即显现，对实体经济的刺激作用受限。

②**创新金融工具**：为提供更有力的市场支持，美联储推出一揽子创新

融资工具，如定期拍卖工具（TAF）、定期证券借贷工具（TSLF）及一级交易商信用工具（PDCF），直接为信贷市场注入必要流动性。

③**量化宽松政策**：为进一步稳定市场信心并促进经济复苏，美联储于2009年3月实施量化宽松（QE）计划。该计划涉及大规模购买抵押贷款支持证券（MBS）、美国国债和政府支持企业（GSE）债券，以此降低长期债务利率并支持抵押贷款市场。截至2014年10月，经过三轮量化宽松，美联储的资产负债表扩大到4.5万亿美元，相比2007年前增加近5倍（见图2-8）。

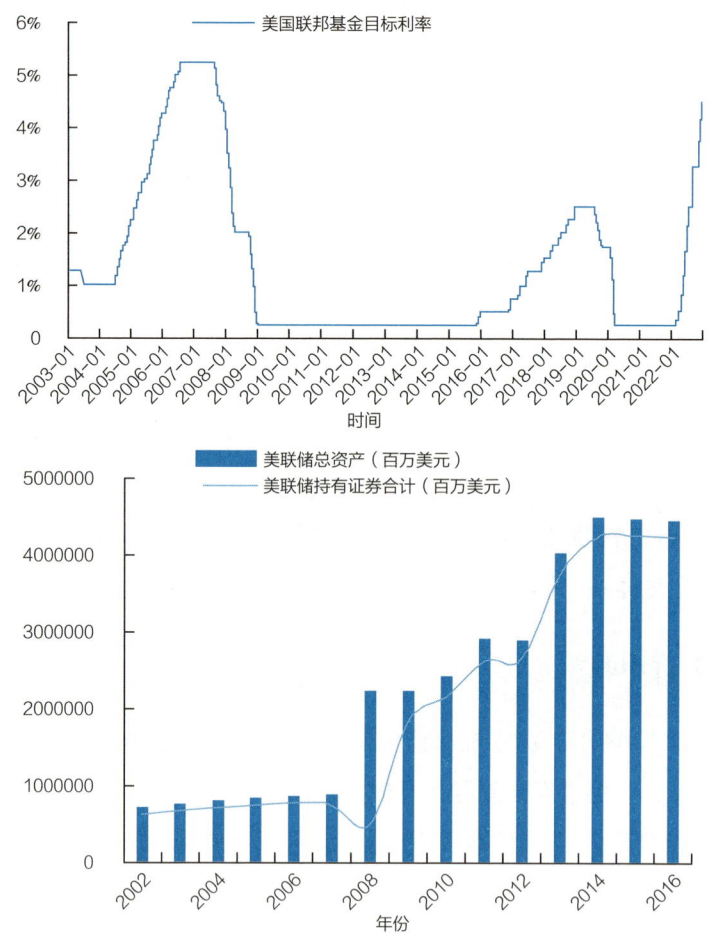

图 2-8 美国联邦基金目标利率（上）、持有证券及总资产规模（下）

数据来源：Wind。

（2）财政政策

2007 年下半年美国经济衰退开始，政府就制定出台积极的财政政策来应对危机，包含对中低收入家庭和企业减税、用财政刺激政策扩大支出、为产权人和"两房"托底（见表 2-2）。2007 年 12 月，联邦政府推出《抵押贷款债务豁免法案》，旨在为抵押贷款借款家庭再融资提供支持；2008 年 2 月，《经济刺激法案》通过为中低收入家庭和企业减税，释放 1680 亿美元的支持；2008 年 7 月，美国国会批准《住房与经济复苏法案》，拨款 3000 亿美元成立专款专用基金，为 40 万个面临失去房产的次级贷款家庭提供担保；2008 年 10 月，《紧急稳定经济法案》获得通过，针对金融机构不良资产开展 7000 亿美元的救助计划，向处于困境中的金融机构购买住房贷款支持债券及其他债券；2009 年 2 月，新一届奥巴马政府推出总额近 8000 亿美元的《美国复苏与再投资法》，除了减税和家庭救济，主要增加了实体经济各领域的政府开支，通过大规模刺激促进托底经济。财政刺激几乎全部由联邦政府承担，联邦政府的赤字率从 2007 的 1.1% 上升至 2009 年的近 10%。

表 2-2 美国政府为应对危机采取的积极财政政策

时间	法案	具体措施
2007 年 12 月	《抵押贷款债务豁免法案》	为抵押贷款借款家庭再融资提供税收豁免，以鼓励借款家庭和贷款机构对浮动利率进行重新协商
2008 年 2 月	《经济刺激法案》	以减税的形式向中低收入家庭和企业提供 1680 亿美元
2008 年 7 月	《住房与经济复苏法案》	提供 3000 亿美元为面临失去房产的次贷借款人提供再融资保险；成立对"两房"新的监管机构，允许财政部对"两房"进行救助
2008 年 10 月	《紧急稳定经济法案》	财政部以 7000 亿美元额度购买金融机构不良资产，包括 MBS
2009 年 2 月	《美国复苏与再投资法》	7872 亿美元刺激计划，包括 5006 亿美元的扩大支出计划和 2866 亿美元的减税计划

资料来源：美国政府官网。

（3）不良资产处置

次贷危机爆发后，美国破产银行数量从 2007 年的 3 家增加至 2008 年的 25 家，银行不良资产率和企业债违约率均大幅上升（见图 2-9）。美国政府为化解危机于 2008 年 10 月通过《紧急稳定经济法案》，核心内容是"问题资产救助计划"（TARP），授予财政部 7000 亿美元购买和担保金融机构问题资产，稳定金融系统，为经济复苏提供信贷支持。此后，奥巴马政府将 TARP 调整为一揽子救助计划，包括银行支持计划、信贷市场计划、住房市场计划等计划，实施"先救助、再处置"。救助计划较好地维护了银行体系稳定，截至 2015 年，美国财政部收回包括金融机构还款和其他渠道资金总计 2750 亿美元，净回报 299 亿美元。

此外，美国政府还实行盖特纳计划，即公私合作投资计划（PPIP），美国财政部与私人投资公司按 1 : 1 出资比例成立基金，购买商业银行的不良贷款，并由联邦存款保险公司为资金短缺的私人投资者提供融资担保，提升不良资产和债券的流动性，双方通过共担风险、共享收益机制促使问题证券市场恢复市场运作。

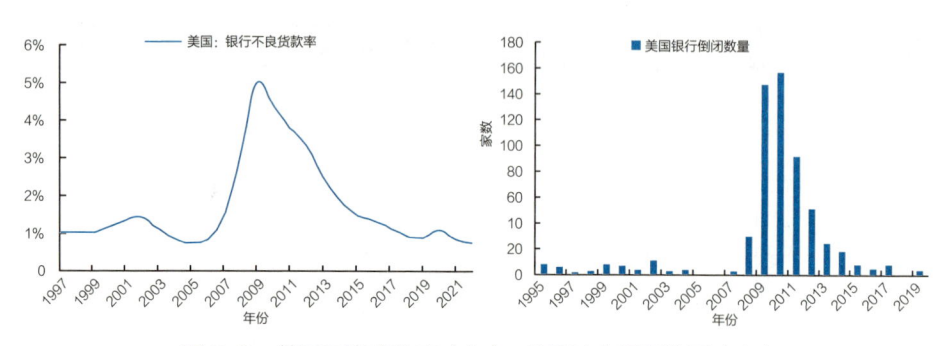

图 2-9 美国不良贷款率（左）、美国破产银行数量（右）

数据来源：Wind、东吴证券研究所。

（4）住房金融体系改革

第一，国家信用介入，稳定市场预期。美国政府于 2007 年 9 月接管"两房"，并于 2008 年 7 月成立联邦住房金融局（FHFA），将"两房"纳入监管范围。随后，美国财政部向其注资2000亿美元，"两房"通过抵押担保获得政府的信用支持，可以继续在住房抵押二级市场上发行抵押支持债券（MBS）、认购贷款，向市场注入流动性。

第二，针对基础资产借款人实施救助计划，维护金融市场的流动性和稳定性。2008年，签署《房屋所有人希望法》和《防止取消抵押赎回权法》，计划帮助部分濒临破产的购房者和出现偿付困难的家庭免遭失去房产的厄运。2009年2月，奥巴马政府推出"住房可支付"计划，通过允许借款人再融资、降低利率和延长贷款期限等方式，缓解借款人偿贷压力、提高其还贷能力。2008—2010年，"两房"为超过43万借款人提供再融资服务，并通过修改借贷条件等方式为160万户家庭避免了取消抵押赎回权。

第三，加强住房金融监管、规范抵押贷款业务。美国政府制定系列法律法规和政策性文件，重构金融监管体制，加大对信用评级机构和私募基金等机构的监管，规范银行证券化行为，设立消费者金融保护局。2014年8月，美国证券交易委员会通过《条例AB修正案》（*Reg AB II*），进一步明确资产证券化信息披露的明细要求，增强交易透明度。

综观上述美国应对次贷危机出台的救市举措，实质上加速实体企业及居民部门资产负债表修复，政府通过宽松流动性支持或直接注入等方式承接企业及居民部门的杠杆率。由图2-10可以看出，2008—2013年，政府部门大规模经济刺激计划及低利率环境使得杠杆率持续攀升，而非金融企业及居民部门的杠杆率则显著下降，其资产负债表得以修复，企业投资及居民消费意愿增强，带动经济及居民可支配收入的恢复增长，再改善企业及居民资产负债表，形成良性循环，为房地产市场复苏奠定基础。

3. 企业的破局之道

随着美国政府救市政策的奏效，房地产企业也纷纷开启自救模式，取得一定成效并逐渐走出低谷危机。从标普500房地产指数来看（见图2-11），自2009年2月底的48.6上升至2019年8月中旬的237.4，上涨388.5%，在标普500所有行业里仅次于标普500非核心消费品的涨幅（+555.1%）以及

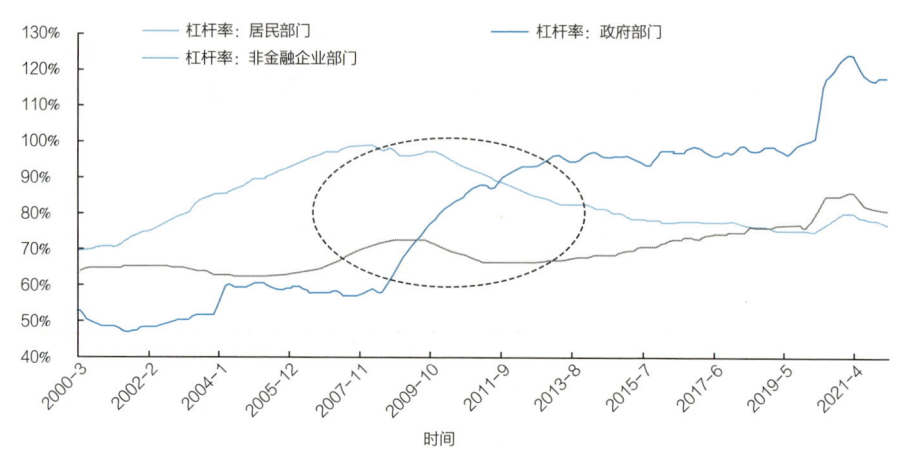

图 2-10 美国次贷危机前后的企业及居民杠杆率变化

数据来源：Bloomberg、Wind。

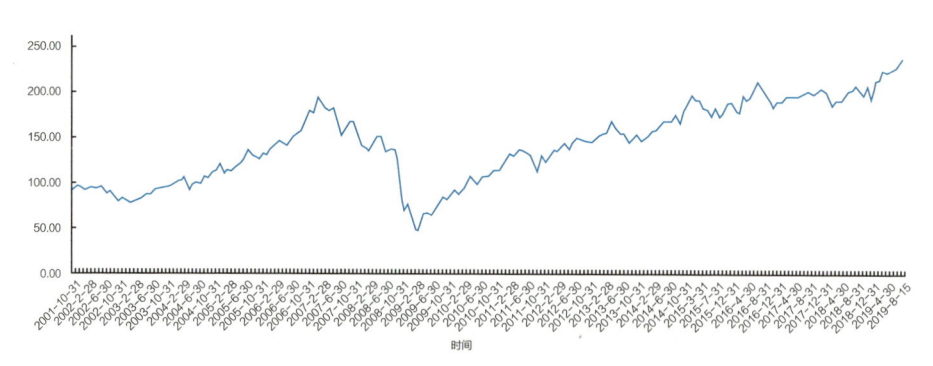

图 2-11 美国标普 500 房地产指数走势图

数据来源：Bloomberg、Wind。

标准普尔 500 信息技术行业的涨幅（+525.7%）。

通过对美国房地产行业跟踪，对标重点的房地产企业在危机时从战略聚焦、回归行活、降本增效等方式借势破局，逐渐穿越危机周期。重点经验总结如下：

（1）战略聚焦，重视调结构

①聚焦核心区域。以美国龙头房企霍顿公司为例。次贷危机时，霍顿决策将战略聚焦美国核心都会圈，包括纽约、迈阿密及洛杉矶等高能级城

市。2008年，霍顿通过削减土地存货，大幅折价转让非核心区域等土地资产，回收8.4亿美元；以2.0亿美元的价格卖出原账面价值为18亿美元的土地，"断臂求生"聚焦至核心区域发展。

实际上，美国前二十大都会圈主要位于东西岸沿海核心城市及周边，约占美国55%的国内生产总值及49%的人口。次贷危机期间，核心大都会圈资产价格下降20%，远低于全国下降36%的水平。一定程度上，反映出高能级城市及板块的资产安全垫更厚，更能抵御危机风险。

②**调整资产负债**。次贷危机时，霍顿公司流动现金仅为总资产的2.3%，资产负债率峰值达70.0%，资产周转率下降至0.5次，3年内到期借款高达29.6亿美元，现金流紧张（见图2-12）。

面对沉重的债务压力，霍顿决策降低负债率，如采取积极的促销策略，利用短期亏损走量偿还短期债务，降低企业费效成本，将资产负债率控制至50%以下。

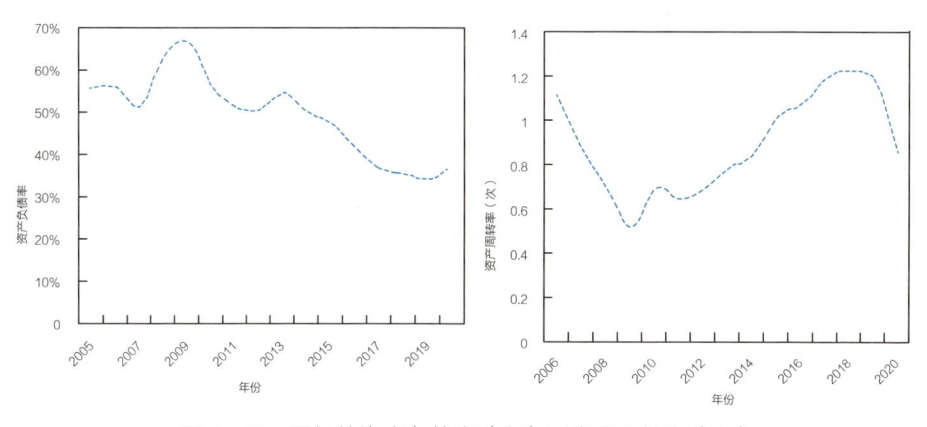

图2-12 霍顿的资产负债率（左）和资产周转率（右）

③**优化产品定位**。次贷危机前，霍顿主要定位为中低端市场，客群基础庞大，这也是其能实现快速扩张、高周转的重要原因。2005年，客户满意度调查中，公司在25个调查城市的排名均居中甚至靠后。危机爆发后，霍顿重新调整公司产品线组合，增配抗风险系数能力更高的首次置业产品，提振市场占有率和客户满意度。

2008年底，美国推行救市政策，对首次置业者给予7500~8000美元信贷优惠政策。霍顿借势此政策，将客户定位更新为首次置业及改善型住房人群，四大产品线全面覆盖不同群体客户，售价从10万美元到100万美元不等，其中传统（Tradition homes）系列是主力产品，定位为首次置业及二次换房；翡翠屋（Emerald Homes）系列定位高端需求买家，强调尊享豪华；快捷公寓（Express Homes）系列定位入门级买家，主打性价比；自由之家（Freedom Homes）系列定位老年人住宅，强调健康宜居。

霍顿优化后的市场定位更精准，市场客户基数大、支付能力足、对价格敏感，以价换量更有效。因此，霍顿的存货周转率也从低谷时的0.8提升到1.0~1.5。

（2）提升行活，精细化管理

霍顿始终坚持精细化管理，公司前首席执行官唐纳德·汤姆尼兹（Donald J. Tomnitz）认为"公司高速成长的关键是在房地产行业创造工业化标准"。

从统计数据来看，霍顿公司的房屋交付周期一直在压缩，从2012年的397天缩减到2021年的263天。霍顿的总资产周转率从2012年的0.69提高至2021年的1.29。2017年，霍顿公司88%的竣工住宅为独栋住宅，从出售到交房仅需2~6个月，基本实现当年销售、当年回款和当年结算。此外，霍顿在次贷危机期间，还推广"能源星"计划，全部采用通过全国质量局和环境保护机构认证的电器，精细化管理重塑品牌价值。

美国次贷危机时，当外部的市场及金融红利不再，房地产企业纷纷"刀刃向内"，提升专业行活、向管理要效益。以美国四大房企之一的普尔特为例，公司通过精细化操盘管理，大幅实现降本增效。普尔特建立"生命周期与支付能力矩阵"客群分析模型（见图2-13），通过对客群的精准画像，进行精准设计、营销及服务，并在此工具模型的基础上，提出"价值重塑"理念打造产品设计，将原仅增加成本但不增加价值的赘余设计环节从2000个户型大幅削减至600余个，大幅提升原材料标准化。同时，公司提供 25 种标准化封装设计图，为客户量身定制产品的同时，亦提供包括墙体、楼板在内的各种住宅建造设施的标准化生产能力，针对不同地域、客户进行模块化开发。

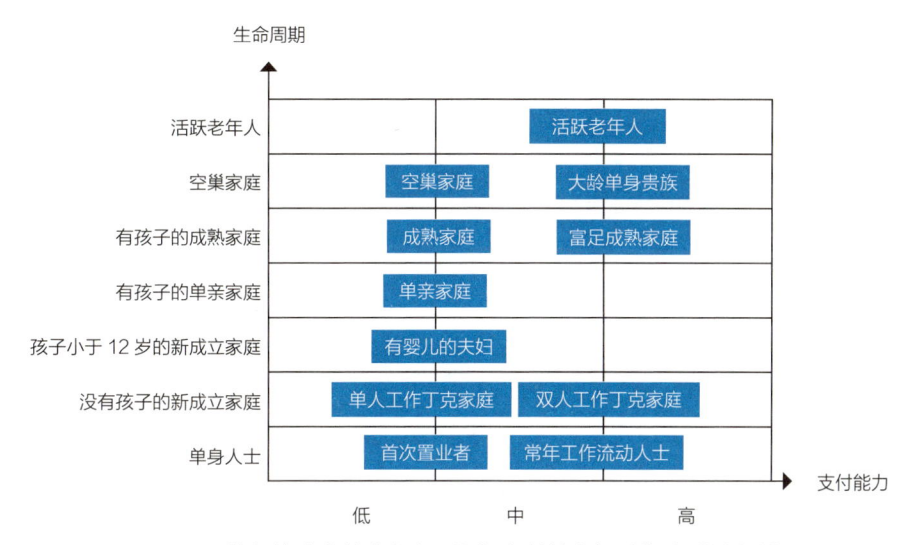

图 2-13 普尔特建立的"生命周期与支付能力矩阵"客群分析模型

（3）现金导向，土地期权化

土地储备在市场单边上行时是香饽饽，危机中则是毒药。虽然公司处置土地、应用土地期权，短期会造成报表计提资产减值损失、利润率下滑，但对长期摆脱企业信用风险可发挥关键作用。

霍顿创始人唐纳德·霍顿（Donald Horton）曾说过，"破产的房地产开发商，所有的墓志铭上都写着：长期错误地持有土地。"霍顿按前述的聚焦城市战略，坚定处置低效土地资产，优化现金流健康度。2008 年底时，公司的土地储备已较峰值减少 70%，其中自有土地减少 50%；公司全年房屋销售 35.63 亿美元，盘活土地资金近 3.5 亿美元，大幅度降低公司账面成本。

普尔特也同样在危机中通过减少土地购置，降低存货占用资金，优化现金流的健康度。2008 年，公司房屋及土地库存较 2006 年减少 55.2%；同期总资产亦大幅缩水 41.5%；库存/总资产由 2006 年的 71.1% 下滑至 2008

年的54.5%，2009年则进一步优化至49.2%（见图2-14）。

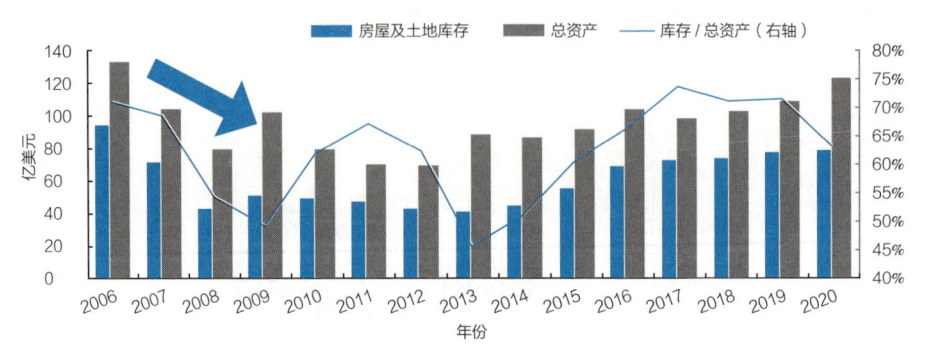

图2-14 普尔特2006—2020年的房屋及土地库存、总资产等指标

资料来源：Bloomberg、平安证券。

另外，普尔特逐渐摆脱危机后，则加大力度应用期权提前锁定土地价格，只需支付土地总价10%~20%的期权费，降低资金占压。截止2020年末，公司18.03万幅地块已有49.36%属于土地期权协议，相较危机前大幅上升。

同样，另一家美国四大房地产商之一的莱纳，也推崇轻土地资产战略，大量以土地期权形式购地，控制成本的同时避免囤积土地存货。公司在危机初期购地大幅减少，后期因住房销售大幅下降，则进一步通过出售土地自救。2007—2008年出售土地损失分别达到1.66亿美元及1.33亿美元。在2008年第3季度，公司尽管卖地损失计提减值0.29亿美元，但仍然持有8.6亿美元现金，通过优化后的流动性度过危机。2022年，公司63%土地储备为通过期权或合作方协议锁定。

综上，太阳底下没有新鲜事——美国房地产行业穿越周期的策略，尤其是2006年至2011年的标杆房地产企业的破局策略包括：聚焦区域及业务，坚定去杠杆，优化债务结构；狠抓行活，精细化操盘，提升产品周转率；减少支出、出售资产，拓展土地期权工具，改善现金流。

2006—2011年美国房地产行业泡沫及次贷危机期间，头部房地产开发企业的赢利能力大幅受损，净利率由危机前10%一度大幅下挫至近-40%，净利率和营业收入均近10年才恢复至危机前水平，霍顿、莱纳在危机中坚定的自救表现也使得其在新周期内屡创收入新高（见图2-15）。

图 2-15 美国龙头房地产企业的危机前后的净利率及收入的变化

第 2 节 日本的经验

2.2.1 日本房地产发展模式

日本作为我国一衣带水的邻邦，其经济发展、消费习惯、产业转型等对我国有一定的参考意义。从土地制度、住房市场、金融市场和税收制度四个方面看，日本的房地产市场运行有如下主要特征：

（1）土地制度

日本自明治维新启动土地改革后，逐步形成以私有为主、国家和公共所有并存的多元化土地所有制。1869 年，明治政府宣布私人可拥有土地；1872 年正式废除《禁止田地永久买卖法令》，承认土地私有，允许土地交易买卖。据日本国土交通省数据（2015 年）统计，全国、三大都市圈和地方圈的私人土地占比分别为 43.4%、50.3% 和 41.9%，而国有和公有土地占比仅为 28.3%、9.5% 和 30.2%（见图 2-16）。

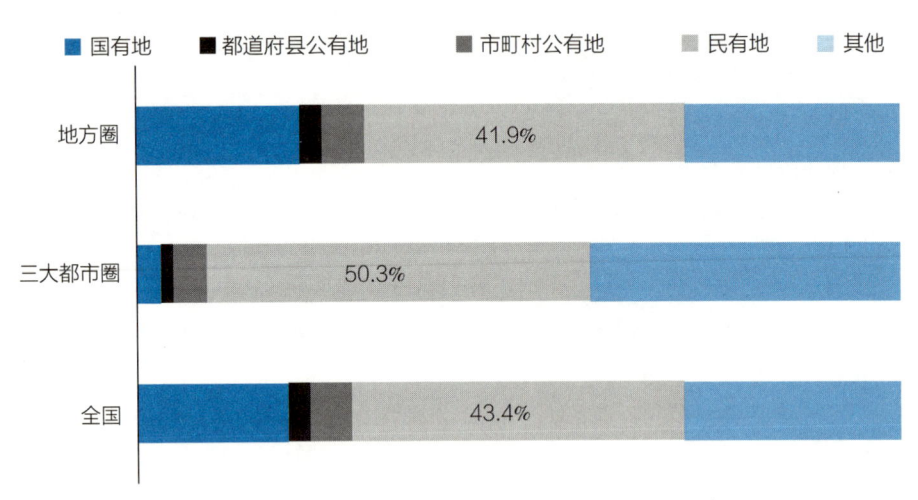

图 2-16　日本土地面积所有主体分布（2015 年）
资料来源：日本国土交通省。

另外，日本人口密度高，总人口达 1.3 亿，国土面积仅 37.8 万平方千米，且超过 3/4 被山体覆盖，全国建设用地占地仅 10.4%，绝大多数为农地和林地。虽然日本宪法包括 1951 年日本出台的《土地征用法》等赋予政府可因建设开发公共设施等原因强制征收土地的权利，但政府实际可行使强征土地范围有限，征地难度大、周期较长。因此，日本住房土地资源稀缺，城镇化开发释放居民对商品房的旺盛需求，强化居民对土地价格只涨不跌的心理预期，赋予日本住房土地的金融属性与投资功能。

自 20 世纪 90 年代，日本遭遇房地产泡沫后，更加谨慎对待土地交易，出台相关政策予以约束土地金融化属性：一是改革税制，1992 年新设地价税，增加土地保有环节的税负，降低投资土地的利得价值；二是限制土地交易，根据《土地利用计划》，日本政府将土地投机集中、地价迅速涨跌的区域划为"限制区域"，管控区域内的土地交易审批手续。

（2）住房市场

在住房体系方面，日本既未完全依赖自由市场机制来调节其住房市场，也未全面依靠政府干预来管理，而是融合市场与政府调控优势的独特住房模式，形成多层、多元、多主体供给的现代住房结构。

日本的住房模式自"二战"后历经显著变革：① 20 世纪 60 年代，日本"二战"后面临住房紧缺的"房慌"窘境。日本政府出台住房政策"三支箭"：《住宅金融公库法》（1950 年）、《公营住宅法》（1951 年）、《住宅公团法》（1955 年），有效增加住房供给，奠定日本"多主体协同模式"雏形。② 20 世纪 80 年代末，日本经济泡沫破裂倒逼住房体系再次迎来变革，包括改组住宅公团（1981 年），改组都市基础整备公团（1999 年），转型促进都市再生（2004 年），政策重点聚焦在改善居民环境、推进都市再生等。③ 21 世纪以来，面对人口老龄化和环境挑战，日本再度优化住房政策，尤其强调改善老年人居住条件、完善存量房翻新市场、保障租赁住房品质及服务。2006 年，日本出台《居住生活基本法》，并由各都道府县制订推行计划。确定强调质量，自 2024 年 4 月，日本正式实施"建筑物销售和租赁节能性能标识制度"，其目的是优化住宅及租赁市场的节能环保、提升居住品质。

因此，日本住房体系经过上述演变，形成自有住宅和租赁住宅均衡发展：自有住宅主要靠市场供给；住宅租赁市场层次分明，政府主导的具有保障房性质的公营租房、UR 租赁住宅（原公团住宅）、公社租房和民营租房、雇主为雇员提供的给予住宅等五种方式共同构成日本住宅租赁市场。

（3）金融市场

金融监管方面，日本大藏省（Okurasho）曾话语权过高，央行缺乏独立性，金融政策修订及监管传导不及时。在日本的政府体系中，大藏省的角色相当于其他国家的财政部门。大藏省起源可追溯至奈良时代（710—794 年）的大宝律令制度，当时设有负责国家财政和物资管理的官署，直译为"大仓库"，象征着负责管理国家财富和税收的重要机构。

1997 年之前，日本银行的任务是根据国家政策进行货币、金融调节及维护信用秩序，以有效发挥国家整体经济力量，大藏省拥有对日本银行一般业务的命令权、监督命令权以及官员解雇命令权。1997年新《日本银行法》出台，明确规定央行政策目标是"通过保持物价稳定，促进国民经济健康发展"，并强调"尊重日本银行货币政策自主性，确保经营决策透明性"。然而，大藏省对央行仍有较大影响，必要时大藏省有权要求日本银行提供信用支持，且日本银行在人事、预算、国际金融活动、外汇市场操作等方面并非完全独立。

住房金融方面，日本先后主要经历了政策性金融为主（"二战"后至1965年）、民间金融与政策性金融并行（1965—2000年）、民间金融主导（2000年以后）的市场化住房金融体系这三个阶段（见图2-17）。① 1965年以前，日本住房金融体系以政策性机构（主要是住房金融公库）为主，1965年住房金融公库在新发放住房贷款和贷款余额中分别占比50%和68%，而民间金融机构多采取先存后贷、多存多贷的模式开展个贷业务，参与度较低。② 1965年以后，千叶银行创新贷款模式，采取个人住房抵押贷款代替之前的贷款模式，极大简化贷款流程，促使地方民间银行积极参与，民间资本加速进入房地产市场。1968年新增住房贷款中，民间金融机构贷款占比超过住房金融公库，住房金融体系中，民间金融机构和公库并重。③ 2000年以后，随着住房金融公库改组并退出个贷市场，民间金融机构开始扮演主导角色，住房金融体系逐渐形成以民间机构为主、政策性金融为补充的市场化格局。

整体看，日本金融监管央行独立性不够、货币政策定力不足，住房金融体系在摸索中逐渐成熟，诸多政策未充分见效或达预期。

（4）税收制度

日本房产相关税种丰富，包括但不限于不动产取得税、固定资产税、都市计划税、转让所得所得税等（见表2-3）。整体看，日本房地产税种对保有环节的税率较轻，而就短期交易的税率偏重，目的是强化住房居住属性，鼓励居民长期持有，遏制短期房地产交易的投机行为。

同美国类似，日本房地产类别税收主要归地方政府所有，是地方财政

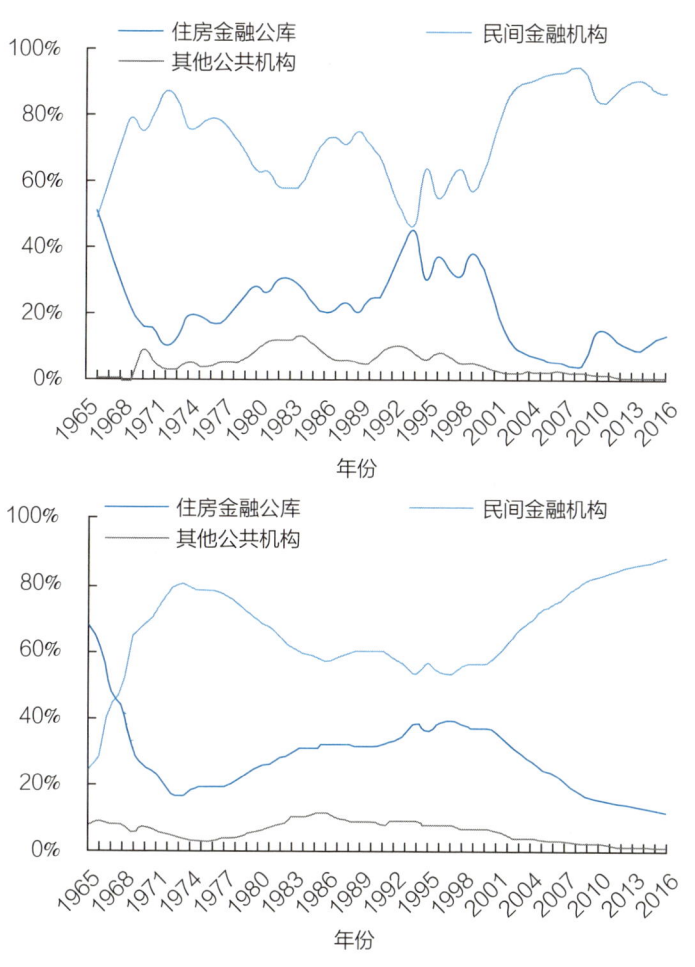

图 2-17　日本新发放住房贷款结构组成（上）和住房贷款余额结构组成（下）
资料来源：日本住房金融支援机构。

收入的重要来源。以 2016 年为例，尚不考虑居民税、地方消费税等，仅固定资产税（土地与房屋部分）和都市计划税合计 8.5 万亿日元，占市町村政府税收收入的 40%，占地方政府税收的 22%。

表 2-3　日本房地产相关税收占比（2016 年）

税收科目	收入（万亿日元）	占税收总额比重（%）
税收总额	98.7	100.0
其中：国税总额	59.3	60.1

续表

税收科目	收入（万亿日元）	占税收总额比重（%）
地方税收总额	39.4	39.9
其中：道府县税总额	18.1	18.3
市町村税总额	21.3	21.6
地方税收总额	39.4	100.0
其中：房地产相关税收（部分）	8.8	22.3
其中：不动产取得税	0.4	1.0
固定资产税（土地+房屋）	7.2	18.3
都市计划税	1.3	3.3

资料来源：日本总务省自治税务局。

另外，日本房地产类别税收设置不合理，部分政策调整不合时宜，加速房地产市场危机的产生与爆发。具体体现在以下两方面：

一方面，20世纪90年代以前，日本房地产税收倾向于保有土地成本低，交易成本高以限制转让，使得市场土地流转及供给不足，变相推高地价。如1970年后，日本为保护农业，对大部分长期经营农业的城市农地实施免税，且土地继承人继续经营超20年也免征遗产税。此外，交易环节需缴纳转让所得税及复兴特别所得税、不动产取得税、消费税等，若持有不到5年，仅转让所得税的综合税率就高达39.63%。以上税种设置的低保有成本、高成本交易降低农地转让意愿，反而降低市场供给、推高土地价格。

另一方面，1991年，日本房地产危机已显现，政府则通过加强土地税收抑制过热的土地交易市场，包括实施地价税和加重特别土地保有税。其中，地价税税率为每年0.3%；特别土地保有税自1973年起征收，1991年下调三大都市圈的免税标准，并将长期持有土地也列入征收范围，征收力度增加，旨为遏制土地投机行为。但此时日本房地产市场已经处于下行期，此举导致日本房地产的土地税负大幅攀升，从1991年的7276.3亿日元跃升至1992年的9137.7亿日元，税收制度收紧导致房地产市场预期骤冷，房地产市场出现抛售挤兑，加速土地价格下跌和泡沫破裂（见图2-18）。

第二章 美国及日本的启示

图 2-18 日本房地产危机前后的税收调控政策

资料来源：Wind，东吴证券研究所。

整体看，日本房地产税收多样，贡献地方政府财政，调整房地产及土地税收政策，可抑制短期过热的投机风险，但却不合时宜地加速泡沫形成及破裂，也未能为房地产的长期稳定提供保障。

2.2.2 日本 20 世纪 90 年代房地产危机的启示

2.2.2.1 危机的起因

日本房地产市场运行过程中，其实产生过两次危机（见图 2-19）：第一次发生在 20 世纪 70 年代，但短暂回调后，市场重拾上涨；第二次发生在 20 世纪 90 年代，深度回调后却一蹶不振，陷入"失去的二十年"。本文侧重讨论后者。

第一次危机（1973—1975 年）产生于全球石油危机冲击下的货币收紧，叠加国内税制改革遭创。1970 年代前，日本处于快速工业化阶段，工业化和城镇化推高了土地价格。在工业化和城市化双重推动下，土地价格不断飙升，1955—1974 年全国城市地价指数上涨 28 倍、六大城市上涨 34 倍。但 1973 年中东战争爆发引发第一次"石油危机"，日本国内恶性通胀，

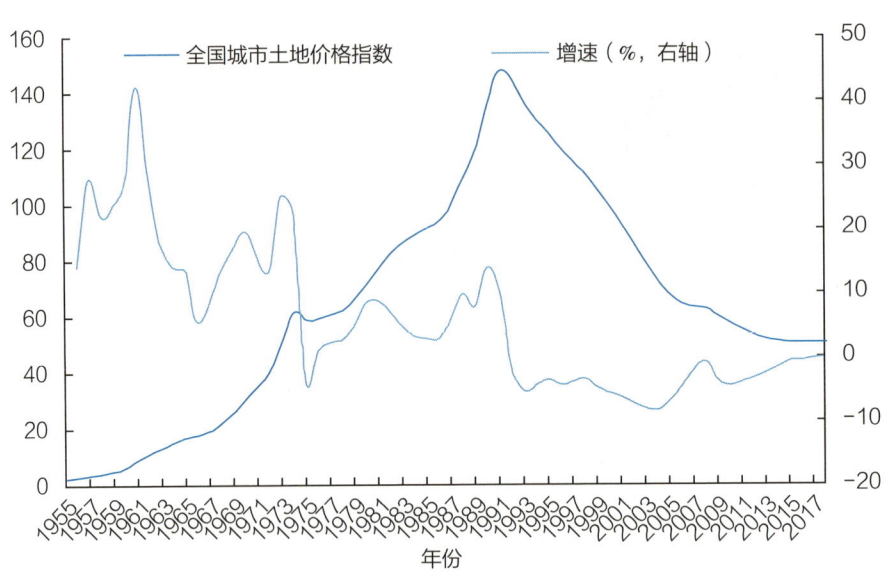

图 2-19 日本两次房地产危机前后的房地产市场

资料来源：日本不动产研究所、恒大研究院。

央行多次加息；同时日本税制改革，对 5 年内短期交易的土地加征 20% 土地转让所得税，并创设特别土地保有税。日本房地产市场受此影响，1975年日本全国和六大城市地价指数分别小幅下跌 4.4% 和 8.1%，地价从 1976年起重回上涨通道。

第二次危机（1986—1991 年）产生于日本金融自由化时期宽松的货币环境。1979 年土地税收政策放松，将 15% 低税率优惠范围扩增至 4000 万日元，降低法人长期持有土地的税负成本，这导致地价上涨开始提速，房地产市场再次过度繁荣。1984 年"日元—美元委员会"成立，日本金融市场对外开放和日元国际化步伐不断加快，东京的国际金融中心地位逐渐确立，大量国际金融机构及资金入驻东京，抬升商业地产需求及价格，并蔓延至日本其他主要城市。1985 年《广场协议》签署，日元升值、出口下降，国际热钱快速流入，政府多次降息至 1986 年的 3%。1987 年《卢浮宫协议》签署后，日本 1987 年 2 月再次下调贴现率至历史最低位 2.5%。1986—1989 年 M2 增速高达 10.2%，远高于同期经济增速。

20世纪90年代，在低利率、国际资本流入、出口受困、制造业利润水平下降等环境下，日本法人企业倾向于拿到银行贷款后并非投入实体行业，而是大量投资购置土地、抵押套现后再炒地，循环往复助长房地产泡沫。1985—1990年全国和六大城市地价指数年均涨幅高达8.3%和20.6%，"买下美国""日本可以说不"等说法在当时日本盛行，仅东京都的地价就相当于美国全国的土地价格（见图2-20）。

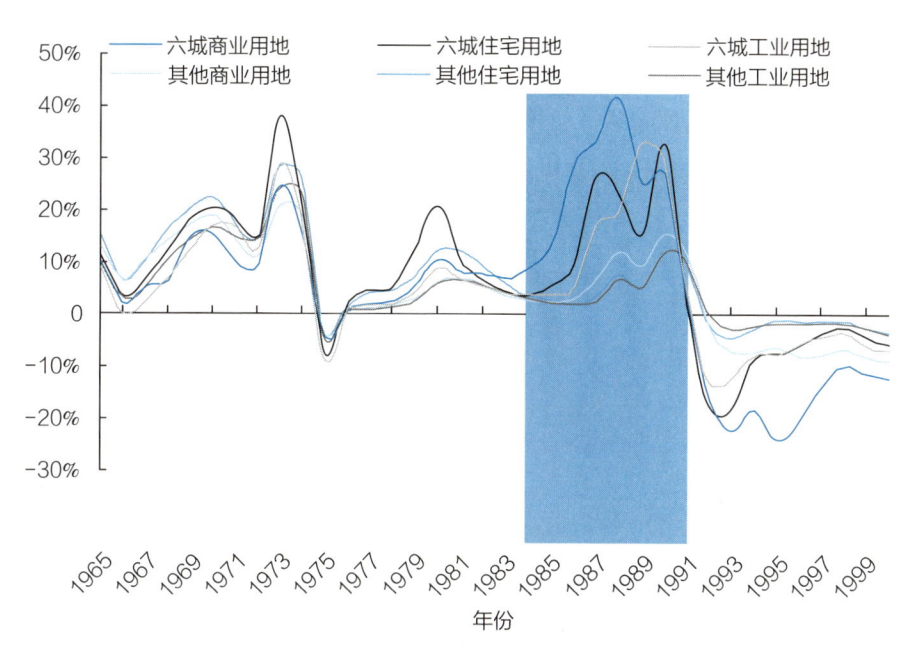

图2-20 日本六大城市地价上涨明显高于其他城市
资料来源：日本不动产研究所、恒大研究院。

1989年，日本政府主动实施：①上调政策利率，紧缩货币。1989年5月后，连续5次升息回调至1990年8月的6.0%；同期M2增速由1990年10月的11.8%将至1991年4月的3.8%。②大藏省控制房地产融资上限。1990年3月，大藏省颁布《关于控制土地相关融资的规定》，严控房地产贷款额度增长率，切断房地产输血渠道。③加征土地税收，进一步遏制短期交易及投机。如1991年开征地价税，按土地评估价0.3%征收；扩大土地保有税，将持有10年以上的土地纳入新征对象，且降低城区起征点；提高土地价格评估标准，固定资产税提高至公示价格的70%，遗产税则提高至公示价格的80%。

此外，从地产基本面看，日本于20世纪90年代城市化进程已基本完成、置业需求结构见顶，房地产长周期拐点出现（见图2-21）。一方面，日本自"二战"后迅速进入城市化发展阶段，其城镇化率到1975年已达75.9%；且增长主要由于行政区域的调整及乡村中老年人口的减少，而非人口的主动迁入或自然增长，标志着日本城市化已步入尾声阶段。另一方面，20世纪90年代，日本的人口增长率长期保持在约0.3%的低水平；1975年，20~49岁的适龄买房人口达到顶峰后开始下降，导致实际购房需求持续减少；1993年，日本的住房供应超过需求，套户比达到1.11，且已呈现9.8%房屋空置率。

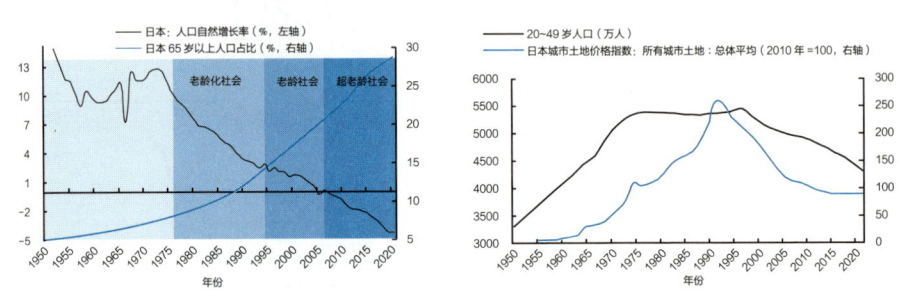

图2-21 日本人口增速情况（左）及适龄置业人口变化（右）

资料来源：日本统计局。

日本受制于国内外环境等因素影响，叠加政府实施上述一揽子政策，以期主动刺破泡沫、实现经济"软着陆"，却造成股市、房地市场危机。随后，日经225指数在1990年大跌56.7%，全国城市地价指数20年内持续大降62.7%，六大城市跌幅高达76.0%。由于股票、房地产等资产大幅萎缩，企业的资产负债表遭遇被迫修正而衰退，新增贷款需求减少，社会再投资生产的动能不足，日本GDP、CPI等增速几乎为0，经济长期处于低迷，经济陷入"失去的二十年"（见图2-22）。

直到2012年底，安倍晋三再次成为首相后，通过实行一系列被称为"安倍经济学"的政策，日本经济得以呈现复苏的迹象。"安倍经济学"核心的三支箭策略概括为：大规模货币宽松、财政刺激和结构性改革，旨在

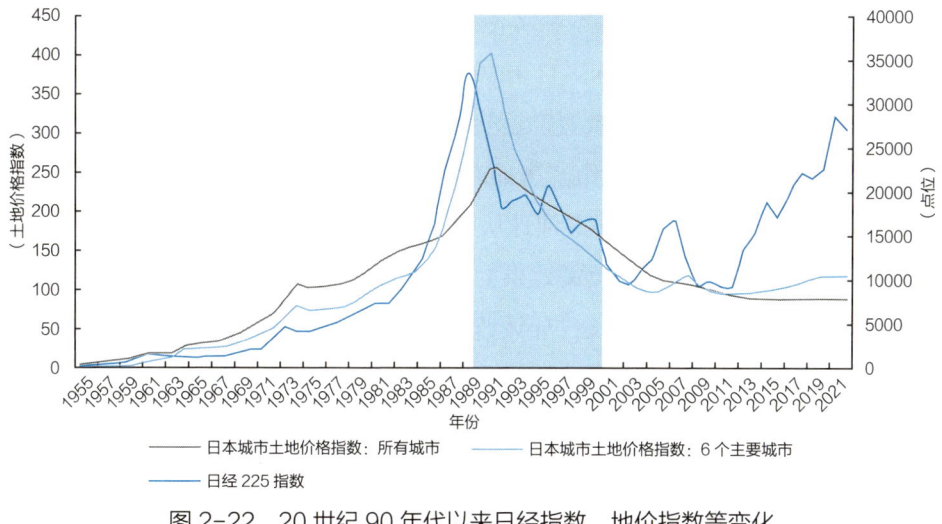

图 2-22　20 世纪 90 年代以来日经指数、地价指数等变化

资料来源：东京证券交易所、东吴证券研究所。

刺激经济增长、结束长期的通缩以及提高日本的国际竞争力。

2.2.2.2 政府的救市政策

相较于美国面临次贷危机的表现，日本政府在应对 20 世纪 90 年代房地产泡沫与危机时，推行救市政策出台滞后，落地过程的定力不够，诸多政策未充分见效或达预期。政策应对主要包含以下四个方面：宽松的货币刺激需求；增加就业等一揽子财政政策；立法并成立专门机构加快处置不良资产，强化金融监管；调整土地税制政策，取消地价税和超短期持有税等。

（1）货币政策

货币政策方面，日本央行施政理念不连贯，其调控目标在经济增长和稳定物价之间不断切换，危机后实行"多次少量"的温和降息政策，"货币放水"不够坚定，错过最佳救市时机（见图 2-23）。

① 1985—1989 年，日本呈现经济疲软迹象，过度刺激经济。日本央行经连续 5 次降息后仍维持超低利率，引发过剩资金流入股市和房市，导致泡沫累积。

② 1989—1990年，日本经济泡沫累积、出现危机端倪，日本货币政策急转刹车、主动刺破泡沫。自1989年，美国开始进入加息周期。日本央行为应对国内的通胀压力及资产过热风险，央行连续5次加息，贴现率由2.5%提升至6.0%。日本股市与房地产经此霹雳政策后迅速下挫。

③ 1991—1995年，日本泡沫破灭后，日本货币政策时而犹豫不决，时而转向温和，使得宽松政策效果大打折扣。1990年，尽管日本股市经大幅回调，但经济仍保持增长，导致监管机构对国内景气度过于乐观，延迟至1991年6月才开始降息，实施宽松货币政策。日本银行连续7次下调基准利率至1.75%，但此时资产泡沫已广泛波及房产市场，积重难返、宽松政策刺激效果不佳。

④ 直到1995年9月，日本央行再次下调，将基准利率降至0.5%，并于1992年2月实行"零利率"政策；1991年底，日本取消不动产行业融资总量控制，房地产行业信贷回暖，才使得行业渐出谷底。

图2-23 "广场协议"签订后的日本央行的货币政策

○ 资料来源：Wind。

（2）财政政策

财政政策方面，日本在危机时通过紧急措施、多次扩大财政支出，"大开大合"，宏观审慎调节不足，且与货币政策疏于配合，导致政策调节失效，未能迅速扭转经济衰退（表2-4）。

1992—1995年，日本政府为遏制泡沫破灭对经济的冲击，以"紧急经济对策"或"补充预算"等方式扩张财政支出，增加了400万亿日元的公债，用于扩大公共事业投资和加强社会保障体系，甚至直接采取减税措施以进一步支持经济复苏。

"物极必反"，由于税收减少和财政支出的增加，日本财政状况急剧恶化，加之大藏省错误判断日本已走出经济谷底，采取紧缩措施，包括1997年提高消费税、增加社会保险费用、停止特别赤字国债的发行和削减政府支出。但未料东南亚金融危机随之而来，触发日本的银行业危机，大量金融机构破产，导致1997—2002年出现更严重的经济下行。

日本1998年11月后，再次出台缓解借贷、追加基础设施投资、增加就业等一揽子财政政策，释放资金、刺激日本经济。

表2-4 20世纪90年代日本主要财政政策

时间	投放资金规模（万亿日元）	主要内容
1992年8月	10.7	扩大公共投资，扶持中小企业，促进民间设备投资
1993年4月	13.2	扩大公共投资，扶持中小企业，促进民间设备投资
1993年9月	6.2	整建社会基础设施，扶持中小企业
1994年2月	15.3	扩大公共投资，扶持中小企业，减少所得税
1995年4月	7.0	阪神大地震赈灾，紧急防灾对策，扶持中小企业
1995年9月	14.2	扩大公共投资，扶持中小企业，减少所得税
1998年4月	16.8	扩大公共投资，减轻租税负担
1998年11月	23.9	缓解借贷，扩大公共投资，增加就业
1999年11月	0.5	增加就业紧急对策
1999年11月	18.0	基础设施投资，支援中小企业、风险企业等
2000年2月	48.0	基础设施投资，支援中小企业等
合计	173.8	

资料来源：日本财务省。[1]

---

[1] 2001年6月，中央省厅重新编制，大藏省改制为财务省和金融厅。

（3）不良资产处置

处理不良资产方面，日本政府同样响应迟缓。大藏省试图掩盖金融机构深陷不良资产困境的问题，错失解决不良资产的最佳时期。20世纪90年代资产泡沫破灭初期，日本政府并未意识到问题的严重性，企图通过财政扩张和货币宽松的举措来刺激经济，以期依靠内部消化庞大的债务问题。例如，大藏省出台政策引导金融机构通过间接冲销的方式化解不良债权，并鼓励大型银行兼并陷入危机的中小金融机构。该政策不仅加剧不良资产的风险扩散和传染，还将风险转嫁叠加至大型银行进而诱发连锁破产。

自1993年后，日本政府正视不良资产的处置经验，调整优化策略，尤其加速推动不良资产的市场化处理，主要措施包括以下四个方面（见表2-5）：

①制定并实施相关政策法规，明确不良资产的处理原则。自1998年起，日本政府推出"金融再生计划"，通过《金融再生法》《早期健全法》《民事再生法》三个核心法律文件，设定破产机构处理的原则与方法。

②立法设立专门机构，提升不良资产的处理效率。1993—1997年，相继组建共同债权收购公司、住专债权管理公司、东京共同银行等，通过这些不良资产管理机构（AMC），购买并处置银行及其他金融机构剥离的不良债权。

③建立并完善存款保险体系。1996年和1997年对《存款保险条例》进行两次修订，允许存款保险机构通过购买资产的方式为面临破产风险的金融机构提供融资，并由专门机构负责资产的整理回收。

④政府对关键金融机构进行资金注入和托底接管，以防风险的二次扩散。1998年1月，日本国会批准60万亿日元专项用于处置银行不良资产；1998年2月，日本政府筹集13万亿日元建立公共基金，专项为陷入危机的银行注入资金；1998年3月，日本政府向21家银行注入总额约1.8万亿日元的资本金。

表 2-5　日本不良资产管理机构及其运作模式

机构名称	出资方	运作模式
住宅金融债权管理公司	日本银行	受让"住专"的 6.1① 万亿日元资产；日本银行及其他金融机构以低息贷款方式提供流动资金
共同债权收购公司	162 家民间金融机构	评估收购各金融机构的不动产抵押不良债权；出售担保物；损失由各债券银行承担
东京共同银行	日本银行民间金融机构	承接两家出现问题的信用合作社，负责转接存款兑付、资产回收等业务
整理回收银行	存款保险机构 东京共同银行改组	接管已破产的金融机构，收回处理不良债权；接受存款保险机构委托，以优先股及次级债券方式向资本充足率低的银行注资

资料来源：日本政府官网。

（4）调整税制政策

前述已介绍日本 20 世纪 90 年代房地产类别税收政策，部分政策调整不符合当时客观的市场行情，助推当时的房地产泡沫累积。实际上，直至 1998 年日本政府才全面放松地产政策，包括取消地价税和超短期持有的追加税，调高交易环节的个人所得税征收点等措施（见图 2-24），在 2003 年时大幅削减土地流通环节课税，取缔特别土地保有税。但由于上述措施实施相对滞后，已无法有效阻止地价的持续下跌。

除土地税收政策外，日本政府还尝试推行税制改革，推行特别减税政策，推广地域振兴消费券，引导居民刺激消费。1994 年，日本政府实施 4.5 万亿日元的"特别减税"政策，1995 年改为 3.5 万亿日元的永久减税和每年 2 万亿日元的"特别减税"。1999 年，日本采用税制改革大纲取代之前的临时减税，主要包括个人所得税和个人居民税税率下降、增加扣除额

---

① 日本"住专"风波是 20 世纪 80 年代中期日本"泡沫经济"中，母体银行将不够贷款条件的客户和零星的小额贷款业务大量转向日本住宅金融公司，使日本住宅专业金融公司的业务宗旨逐渐转向不动产公司的房地产抵押贷款而引发的呆账事件。

（如房贷、子女抚养）等。1999年3月，向特定家庭发放"地域振兴券"，每人2万日元，使用期限6个月。

但整体而言，日本政府调整税收时机相对滞后，房地产行业已进入深度下行通道，泡沫破灭影响已积重难返，未能及时阻止房地产价格的持续下跌。

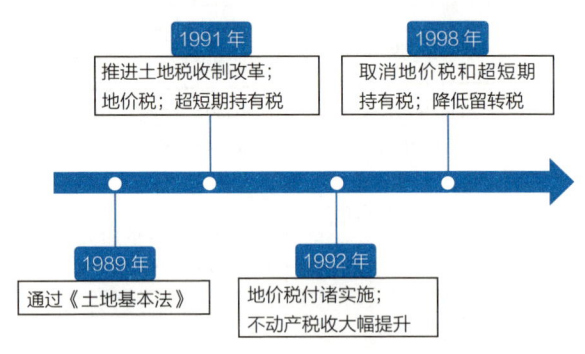

图2-24 日本地税制政策调整

资料来源：日本政府官网。

2.2.2.3 企业的破局之道

日本房地产行业在泡沫破灭后，经历长达20年的"至暗时刻"，1991—1992年内迎来行业"破产潮"，申请破产倒闭2323家，所留下总负债达3万亿日元。日本整个房地产行业深度洗牌，行业经常利润率为负数，震荡下调5年后才逐渐扭亏为正，大多数中小房企退出历史舞台（见图2-25）。

图2-25 日本不动产业的经常利润率

资料来源：日本财务省。

当前仍活跃在日本房地产市场的企业，主要有以下四类：

①财阀系：依靠强大的背景资源，多元化布局，持续穿越周期，如三井、三菱、住友和东京建物。

②轨道系：专注于轨道交通及其周边地产的开发与经营，如东急不动产、小田急不动产、阪急不动产和近铁不动产。

③金融商社系：隶属日本六大财团的核心房地产企业，如野村不动产、伊藤忠都市开发、三菱商事、丸红不动产等企业背靠野村控股（日本证券公司）、伊藤忠商事（综合贸易公司）、三菱商事（日本综合商社）和丸红商事（日本综合商社）。

④存活房企及新兴地产商：经历危机仍存活下来的企业以及后来崛起的新企业，擅长灵活经营，精细化管理，如大京不动产、森大厦等。

日本曾经前20强的房企名单中，仅三井不动产、三菱地所、住友不动产等少数几家存活至今，通过研究它们在危机后的转型策略与化解举措，总结出其核心打法为将原高杠杆、高周转模式切换成低杠杆、低周转的精细化运营模式，通过修复资产负债表，持有租赁性资产及经营业务，延展轻资产业务是日本房企度过危机、实现转型的关键。重点启示总结如下：

（1）降低杠杆，修复资产负债

日本在20世纪90年代地产泡沫被刺破后，大量房企由于销售物业的量价齐跌进入连年亏损状态，而过往高企的负债率带来巨大的现金流压力。日本上述三家财阀系房企也未能幸免，在危机周期底部时，三井、三菱、住友的被动负债率、权益乘数等均上升，且将降低负债作为优化资产负债表的中长期目标。

通过杜邦分析发现，日本三家龙头房地产企业的降负债效果逐渐显现。自2000年以来，权益乘数和资产周转率呈下降趋势，但由于销售业务的利润率修复和高利润率的轻资产业务占比提升，企业的归母净利率呈上升趋势，对冲前两者的负面影响，从而带来净资产收益率的稳定；同时公司强化内部精细化管理，消管费率也有显著下降（见图2-26）。

以三井不动产在危机后举措为例，其灵活变卖盘活资产，有效降低负

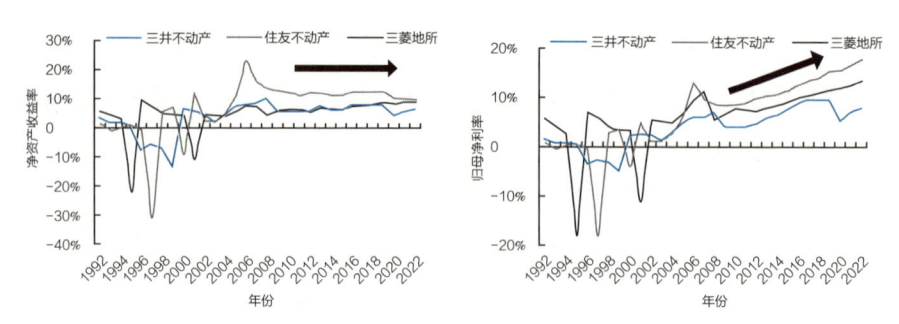

图 2-26　日本三家龙头房地产企业的财务指标（净资产收益率—左；归母净利率—右）

数据来源：Bloomberg。

债，实现逆周期破局。2000 年 5 月，三井不动产提出为期三年的管理计划目标："有息负债小于 14500 亿元，债务股本比率低于 3.2"。在此战略牵引下，公司陆续完成债务重组，包括对部分压力资产进行计提减值、剥离出售或折价转让等，实现了资产结构重组。例如，2000 年 304 亿日元出售合资子公司 OrientalLand 股权（与京城电铁合资成立，拥有东京迪士尼乐园经营权），每股售价仅为 IPO 价格的约 60%。该举措有利于公司的未实现收益增加，且净利润自 2001 年起扭亏为盈，进而提升留存收益与所有者权益，实现管理计划中关于降低有息负债率和债务股本比例的目标（见图 2-27）。

图 2-27　三井不动产有息负债率及债务股本比率的变化（1998—2008 年）

数据来源：Bloomberg。

2003年，三井不动产再次提出"Challenge 2008"计划，制定降修复资产负债表的量化目标："有息负债低于9900亿元，债务股本比率降至1.2。"2005年，公司将可转债换成股票，优化资本组合结构，将资产负债表中的长期借款科目从2004年末的10395亿日元降至9676亿日元，降低长期负债、提升普通股占比。2014年公司通过股权融资进行资本扩张，所有者权益由2013年的13254亿日元大幅增长至19321亿日元，负债率由72.0%下降至63.1%（见图2-28）。

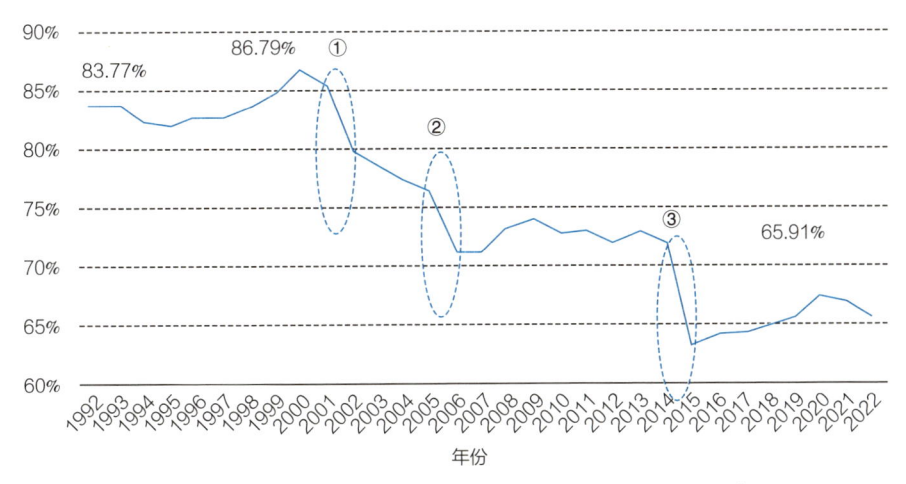

图2-28 三井不动产的资产负债率（1992—2022年）

○ 数据来源：Bloomberg。

（2）抓住窗口，积极布局房地产投资信托

1997年亚洲金融危机后，日本出台《特殊目的公司实现特定资产流动化法》，为日本房地产投资信托（简称"J-REITs"）的上市提供法律框架。

2001年3月东京证交所开设J-REITs市场，三井不动产、三菱地所积极试水，抓住政策窗口期，于9月首次发行NBF、JRE两支J-REITs，总市值约为2200亿日元，吸引日本央行等金融机构大量购入，标志着日本房地产投融资渠道进入多元化发展时代。依据公司次年财报披露，这两支率先发行的J-REITs贡献资产负债率分别下降5.0%和6.8%。

J-REITs 通常采取公司型 REITs 结构形式，一般交易步骤为开发商成立特殊目的投资公司（Special Purpose Company，简称 SPC），SPC 为证券化特别设立的载体公司，在东京证券交易所发行证券向投资者公开募集资金，资金募集完成后用于购买不动产，通过运营不动产产生现金流从而分配给投资者（见图 2-29）。

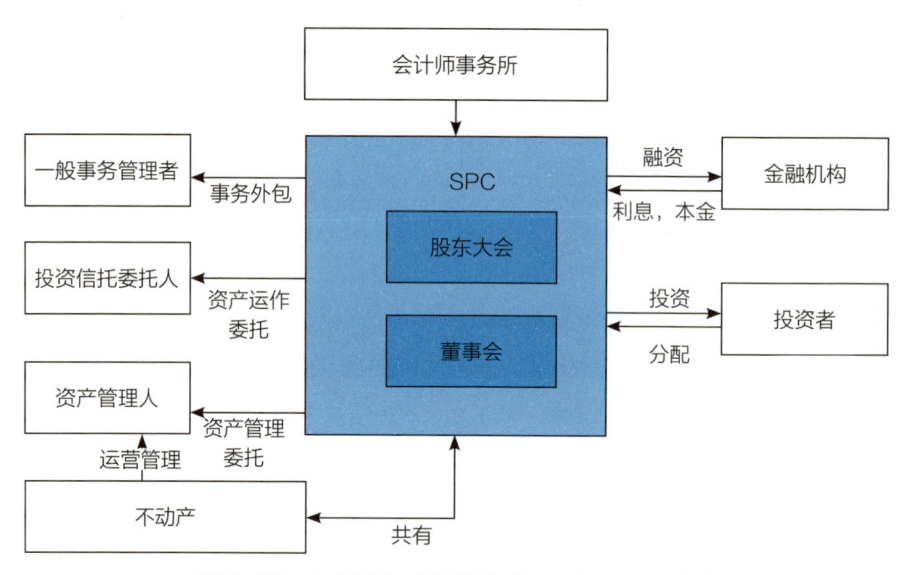

图 2-29　J-REITs 交易结构（1992—2022 年）

数据来源：东京证券交易所。

对于投资者而言，J-REITs 在 2013 年之前股息率可高达 6.0%，2013 年之后基本在 3.0%~4.0%，高于东京交易所 2% 左右的股息率以及十年期国债 0% 左右的利率，且波动率远小于股票，因此资本市场追捧。房地产企业纷纷踩准政策窗口期，提升发行 J-REITs 数量与质量，实现公司"投融管退"的流程闭环，有效解决融资难等问题。

三井不动产抢占 J-REITs 先机的动作明显，在 2001 年发行首单写字楼 REITs—NBF 后，推出租赁公寓 REITs—NAF，并在 2007 年收购零售物业 REITs—FREIC，2016 年推出物流地产 REITs—MFLP，形成多元化 J-REITs 版图。截至 2022 年，公司一共管理 4 支 J-REITs 基金和 2 支私募基金，在管资产规模超 4.3 万亿日元。

J-REITs 市场经过 20 年发展完善，截至 2021 年 6 月，东京证券交易所已有 62 支 J-REITs，总市值 17.53 万亿日元，市值规模居亚洲第一、世界第二，推动日本房地产行业的良性复苏（见图 2-30）。

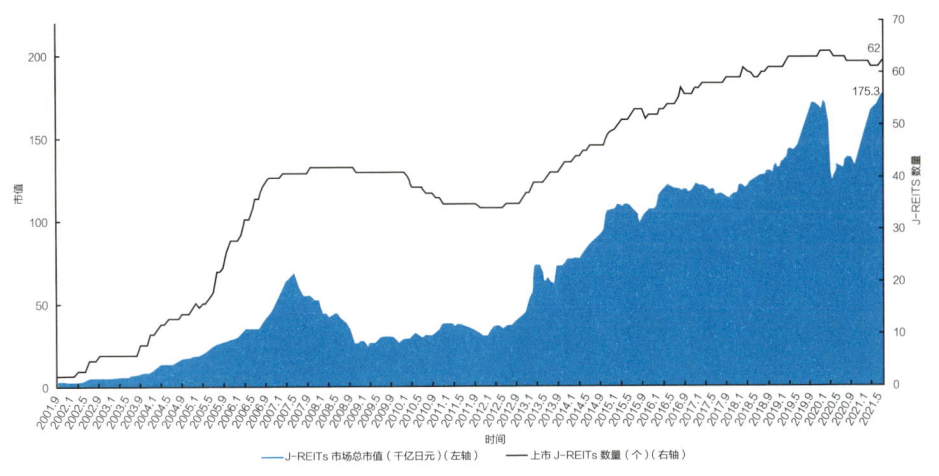

图 2-30 日本 J-REITs 的市场总市值及上市数量
数据来源：东京证券交易所、Bloomberg。

（3）运营租赁，对冲销售亏损

日本房地产行业步入存量时代，头部房企积极应对，调整业务结构适应行业新常态，持有及运营租赁物业成为重点战略方向。2019 年三井不动产租赁业务的营业利润占比 52%，三菱地所和住友不动产则为 63% 和 72%，租赁业务收入等成为资产价格深度下跌阶段的现金流"压舱石"。

三井不动产以租赁业务起家，曾持有经营购物中心、写字楼、奥特莱斯、主题乐园、游艇码头等物业，积累了丰富的运营管理经验。公司通过持有及运营核心地段的物业、新建或翻新改造物业，稳步提升租金及回报。三井不动产的销售业务放缓增长，运营租赁业务则扩容明显，1997—1998 年三井不动产开发销售业务实现收入 3014 亿日元，同比减少 25%，而租赁业务仍保持同比 3% 增长，实现收入 3147 亿日元，首次超过开发销售业务。2010 年后将独栋住宅建设、住宅和商业物业翻新、租用物业的租赁管理收入划分至三井家园板块，该收入新增占比约为15%。

同样，住友不动产2016—2021年销售占比维持在3成左右，租赁业务则稳步由36.6%上升至43.4%，且营业利润率达39%大幅领先于传统销售业务（20%）（见图2-31）。进一步说明房企持有型及租赁业务可带来稳定的租金收入，熨平逆周期下的销售折损等波动，可成为公司穿越周期的有力保障。

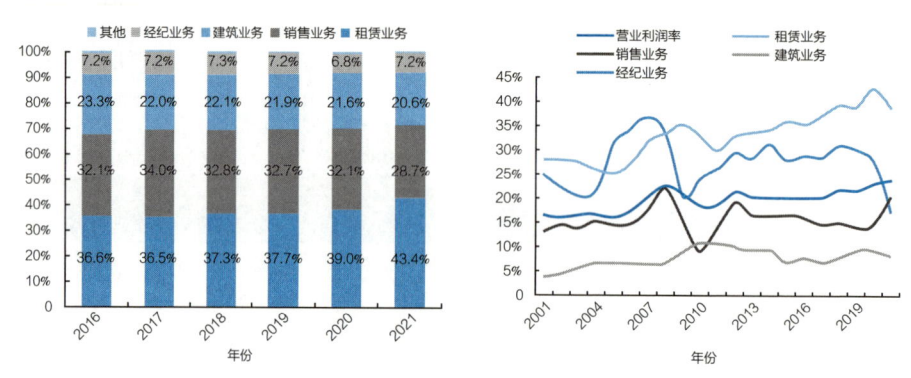

图 2-31 住友不动产收入结构（左）及细分业务利润率（右）

数据来源：Bloomberg。

（4）稳步创新，开辟轻资产赛道

日本头部房地产企业除了守住销售及租赁等基本盘外，在危机时也积极探索转型，寻求"第二曲线"业务增长点，尤其是通过为客户提供运营、管理、咨询等各类服务获得收入与利润，摆脱过往开发或持有业务对资金密集地依赖，实现"轻资产"模式，并取得一定成效。

2003年，三井不动产制定"Challenge 2008"并进行商业模式改革，核心为发展轻资产业务模式，计划到2008年将管理业务营业利润提升110%至465亿日元。实际上，2008年年底时，公司该板块实现营业利润523亿日元，超额完成目标的112%。三井不动产通过轻重结合战略，形成"销售＋租赁＋管理（轻资产）的综合开发模式"，实现协同均衡发展，助力公司应收稳步增长，2010—2022年营收复合年均增长率达4.1%。根据公司2022年年报，未来发展方向将为"销售利润：租赁利润：管理（轻资产）利润＝40%：40%：20%"。

住友不动产也同样分阶段实施中期管理计划，大力发展轻资产创新业务：①在1998—2001年发展定制建设及经纪业务；②2005—2007年提出将未来业务增长放在房地产收费业务上；③2016年以后持续投资租赁事业，致力于将住宅定制、公寓租赁、酒店等非核心业务发展成集团第五项主航道业务。此外，2005年三菱地所也制订类似的中期发展计划：以资管、物管及租赁服务，咨询顾问及经纪业务和其他业务三大模块来发展地产服务板块。

上述探索布局的轻资产方向，核心拓展的轻资产赛道及策略有：

①**中介经纪**：基于母公司积累的行业资源，广阔的客群覆盖面，为客户提供多样化服务。例如三井不动产的经纪业务，协助集团新房销售，与开发、物业、停车场管理等板块联动；还直营中介模式，以高服务质量著称。2003年，公司重新将旗下销售公司定位于存量房市场，提升经纪业务和咨询业务收入，现已发展为东京二手房交易量第一名的中介公司。住友不动产交易规模仅次于三菱经纪板块，深入自有社区，以客户至上为原则，2020年在日本拥有249家直营门店，收入670亿日元。

②**工程代建**：充分利用集团在建造、设计和品质等方面口碑，开展对外承接的建设业务。市场化承揽住宅房屋新建、翻新改造，以及公共建筑（如保育院、医院等）等施工建造，利用管理、品牌及资源（包括建材）优势，输出代建能力。例如住友不动产代建板块重点聚焦两类产品，尤其强调抗震能力：一是定制化房屋，主推"美式舒适"线，聚焦中高端标准化；二是改造房屋，其在不重建的前提下，强化个人独立式房屋抗震能力、改造厨卫等。2021年，住友不动产实现2043亿日元代建收入，贡献占总收入22.0%。

③**建筑设计**：通常起源于内部设计团队，逐步转化为覆盖多领域的市场化、国际化业务。三菱地所原为合资会社建筑科，曾策划丸之内综合改造等地标项目，于2001年成立株式会社三菱地所设计，将设计监理事业部分离，并在新加坡和中国上海等设立分社，承接城市规划、建筑设计、结

构设计等服务。2021年，三菱地所实现560亿日元建筑设计收入，占总收入5.0%。

④**基金管理**：J-REITs除可贡献基金管理费收益外，还可贡献销售收益和物业管理费。三井不动产开发销售业务除涵盖个人客户住宅外，同时覆盖机构客户的商业物业，旗下管理J-REITs和私募基金即为其重要机构客户来源。公司销售部门将资产置入基金后，除可获取开发销售利润外，还将继续负责该类物业的管理运营，并从中获取物业管理费和基金管理费。

综上，日本房企通过落地上述破局策略，逐步回血复苏，走出自20世纪90年代初开始20余年的低谷周期。从日本主流房企股价及利润走势上看，房企凭借开发模式转型带来的精细化管理红利，实现业绩修复，并通过发展多元化业务及提升市场占有率进一步扩大利润增幅。

例如三井不动产、三菱地所、住友房地产2003—2007财年、2011—2014财年的归母净利润累计涨幅均值分别达425.6%、30.3%，期间股价涨幅均值分别为403%、137.4%（见图2-32）。尽管股东权益回报率（ROE）与20世纪90年代危机前基本保持稳定，但利润增厚仍可驱动股价上行走势。由此可见，穿越周期的优质房企，在业绩交付及资本市场均仍可走出独立行情。

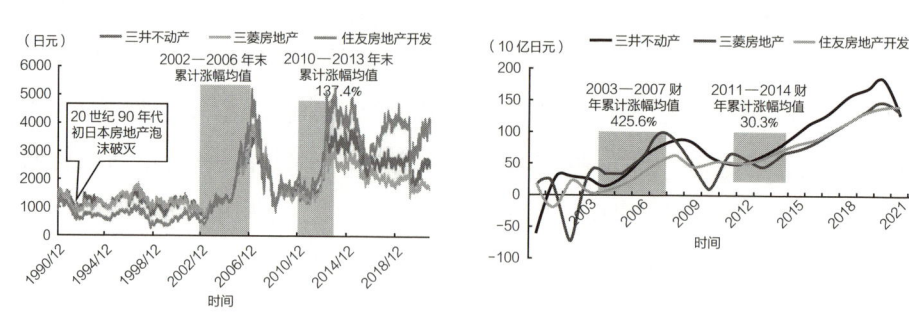

图2-32 日本头部房地产企业的股价（左）及规模净利润（右）变化情况

○ 数据来源：Bloomberg、平安证券研究所。

第3节 核心启示与分析

复盘美国与日本地产危机的爆发、应对及恢复，总结政府救市的核心条件是：

①政府快速介入危机至关重要，避免政策落实的迟滞。政策的传导具有迟滞性，政策落实到位、市场二次反馈也均需时日。在救助举措实施到位的基础上，市场的恢复通常需要较长时间。日本在20世纪90年代面对危机时，未能及时调整其土地税政策，失去控制危机的最佳时机，导致紧缩的税收政策加剧了地价的下跌。

②解决债务的关键在于政府信用的有效干预，筛选针对性的救助市场主体，有助于稳定和恢复市场预期。日本在处理不良资产时，采取政府保障和接管失败金融机构的措施，并向关键金融机构注资，有效遏制风险的扩散并稳定市场信心。美国在2008年的次级贷款危机中，通过成立专门机构来集中处理不良资产，利用政府信用介入的方式，加速资本市场的信心恢复。

③解决债务危机时，应果断采取扩张政策而不是紧缩，也非"时松时紧"。在次贷危机后，美国政府采取降息和大规模购买国债等措施，为资本市场注入大量流动性，同时通过减税和扩大支出计划稳定家庭资产负债表，这些措施为美国成功摆脱危机奠定坚实基础。

其次，通过对比美国与日本实行救市政策及传导机制，发现具体传导路径如下（见图2-33）：

①货币政策应通过降低利率、创新金融工具以及实施量化宽松策略来营造低利率的环境，为金融市场提供必要的流动性，保障信贷和融资的通畅。同时，财政政策应确保居民部门资产负债表的稳定，通过增加公共开支来刺激经济并托底经济，促进公共土地价格回暖。

②政府需加速处理不良资产，通过设立专门机构来购买和处理金融机构的不良资产，并确保政府信用的支持，为关键金融机构提供流动性支持，

协助清理不良资产的负担。此外，应迅速而准确地修订和优化土地税收政策，改革住房金融系统，并加强住房金融的监管，规范抵押贷款业务，利用国家信用保障房屋交付，从而稳定并提升市场对于房价的预期和信心。

③房地产企业通过获得信贷支持来逐步恢复其投资和施工活动；同时，家庭或居民部门通过获取信贷支持，促进住房消费需求，进一步稳定资产价格，实现市场回暖。

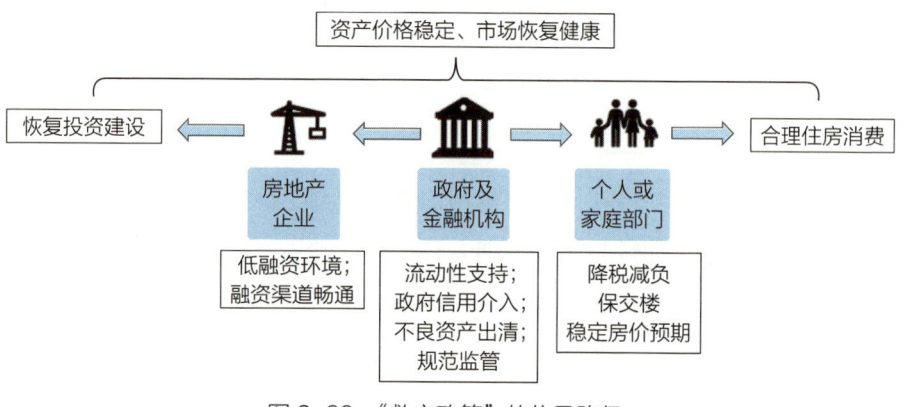

图 2-33 "救市政策"的传导路径

最后，从美国及日本房地产企业在面对危机时的表现及策略，有如下重点启示：

①现金流是房企的"生命线"，应不遗余力地在下行周期盘活资产、降低负债，内外挖潜、开源节流。在面临风险时，应积极降价出售土地、物业等压力资产，优化资产及负债结构，唯有"先活下去"才能"活得更好"。

②租赁物业及经营收入是房企的"压舱石"。"晴天修屋顶"，甚至在销售行情佳时，不要盲目追求销售规模，适时通过沉淀持有或收购核心物业，并积累运营经验，培育出的持续型租金收入，可熨平周期对冲下行压力。

③轻资产等创新业务是房企的"第二曲线"。尤其在存量房时代，过往"重资产"投资为主导模式失灵，利用过往优势资源，精准切入细分赛道，稳步孵化创新业务，通过业务创新贡献现金流，形成综合商业模式及护城河。

第三章

新加坡及中国香港的启示

第1节 新加坡的经验

3.1.1 新加坡房地产发展模式

（1）土地制度

新加坡是东南亚的一个岛国，于1965年独立。虽然新加坡国土面积仅724.2平方千米，其人口密度约为0.79万人/平方千米，人口密度仅次于摩纳哥，位列世界排名第二，但该国房屋自有率高达91%，与其他亚太地区大都市城市相比处于超高水平（表3-1）。

表3-1 亚洲部分城市主要都市人口、土地及房屋自有率等指标

指标/城市	东京	新加坡	中国香港	深圳	首尔
人口数量（万）	1374.3	579.4	746.8	1302.7	1002.6
土地面积（平方千米）	2191.0	724.2	1106.0	1996.9	605.2
人口密度（人/平方千米）	6272.4	7866.0	6752.6	6523.6	16 566.3
房屋自有率（%）	46.4%	91.0%	49.9%	34.0%	49.3%

数据来源：各地区统计局（2016—2018年）。

新加坡采用公有制和私有制共存的混合型土地制度，形成"公共组屋为主、私人住宅为辅"的双轨制，土地资源管理有如下特征：

一是土地制度规范政府可低价获得土地用于组屋建设。1966年政府通过《土地征用法令》，赋予建屋发展局（Housing and Development Board，简称"HDB"）及其他为国家公共建设等政府机构可为国家发展强制征收土地的权利，也对土地征收的价格和补偿明确指导，通常强制征收土地的价

格仅为市场价格的1/5。1985年，新加坡政府已拥有全国约76.2%的土地，而1949年该值仅为31%。1987年，新加坡成立土地部门，逐步收回HDB征收土地的权利，令其可按低于市场价向土地部门购买土地用于建造组屋。2001年新加坡土地管理局（Singapore Land Authority，简称"SLA"）成为唯一拥有土地征用权的政府机构，2007起，政府规定SLA要以市价作为征地价格，目前政府拥有90%以上的土地。

二是城市重建局（Urban Redevelopment Authority，简称"URA"）始终坚持"科学集约"的理念，擅长前瞻性规划及高效利用土地。新加坡通过填海造地等方式，较独立后扩展近30%国土面积。1995年，URA提出"白色地段"规划理念，允许开发商在地段区位条件良好区域灵活调整用地性质，且经政府许可后不用补缴土地溢价，优化土地资源高效使用。1999年起，HDB在重点交通点附近、区域商业综合体周边建设高密度、高楼层组屋，集约化开发利用土地资源。

三是实行土地的"二次出让"，降低土地财政依赖。新加坡政府分两步走：①土地管理局（SLA）负责征收收储土地，采用拍卖、招标、有价划拨和临时出租等方式，将土地使用权直接出售给国家的不同的法定机构。土地管理局将住宅用地出让给建屋发展局，产业用地出让给裕廊镇管理局，城市开发重建等公用设施用地转让给城市重建局，出让价格以首席估价师所定价格为主；②以上法定机构获得土地使用权后，再代表政府向企业或私人出让土地，出让方式包括出售（10年以上）和租赁（10年以内）。由此，新加坡土地出让金不能被政府部门和法定机构直接支配使用，必须作为政府储备资金交纳到国库，政府储备资金须经总理和总统两人共同签署方可使用，这项规定使政府无法通过大幅出让土地而增加财政收入。

因此，虽然新加坡国土资源及可开发用地都极为稀缺，但政府通过一套行之有效的土地资源和规划管理体系，支撑新加坡双轨制住房市场的良好运行。

（2）住房市场

当前，新加坡实行多层次、阶梯化的双轨制住房供应体系实现人有所居。自20世纪80年代，新加坡政府创造性地提出以"廉租房—廉价组屋—高端组屋—私人住宅"为代表的阶梯化住房结构，"组屋为主，私宅为辅"的双轨制住房供应体系也应运而生。据新加坡统计局数据，2018年住房市场达132.5万套，其中政府组屋约104.3万套（占比近79%），私人住宅占比近21%（包括16%含公寓类型的无地私宅，以及5%含别墅或排屋类型的有地私宅，见图3-1）。

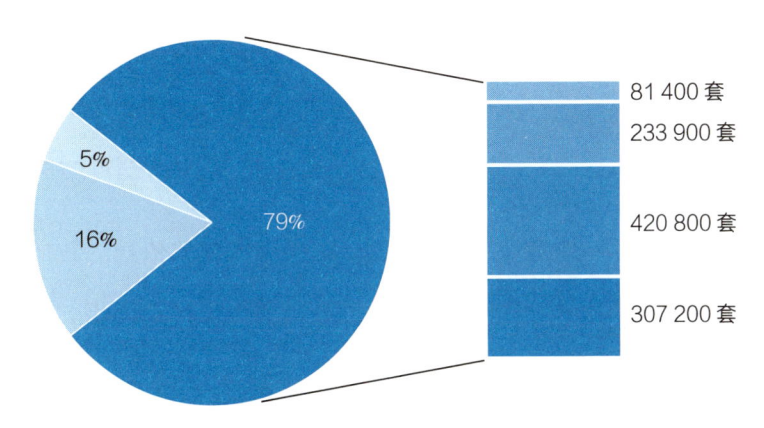

图3-1 2019年新加坡住房类型结构

○ 数据来源：新加坡统计局。

以政府为主导的组屋机制

新加坡作为城市国家，经济实力强劲且住房政策连贯，政府对住房市场保持绝对话语权是其打造双轨制体系的基础。自1964年新加坡政府"居者有其屋"计划推出，至1995年推出介于组屋与私人住宅之间的执行共管公寓（EC），再到2001年推出的按订单生产（Build To Order，简称"BOT"）供应模式，组屋制度经历"满足基本需求—改善型提升居住质量—打造生态化公共社区"阶段。

新加坡建屋发展局负责所有组屋的投资、规划、开发、运营、管理等，是组屋相关经营管理的唯一权威机构，主力产品涵盖 1~5 房式灵活组屋、三代同堂组屋（3Gens F）和公寓式组屋（EF），供给满足多层次居住需求。新加坡新组屋价格通常由建屋发展局直接定价，一般新组屋价格仅为私人住宅市场价格的 1/3；二手组屋由转售市场转卖价格由买卖双方协商决定，通常二手组屋价格高于新组屋价格。新加坡政府对组屋的转售及交易市场进行有效调控，1977—2018 年供应建造 3.2 万套，过去组屋价格涨势相对温和，一手组屋和二手组屋价格年均复合增长率控制 10% 以内（见图 3-2）。以上"屋美价廉"的组屋供应策略使得新加坡住宅自有率极高，其住房租赁市场占比仅有不到 10%。

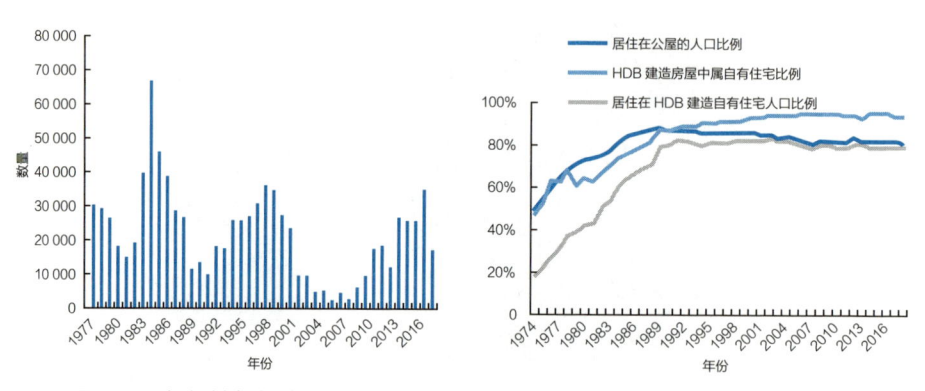

图 3-2　新加坡每年建造的组屋套数（左）及组屋人口及自有组屋比例（右）
○ 数据来源：新加坡统计局，万和证券研究所。

从覆盖人群来看，新加坡新组屋的分配主要是符合条件的新加坡公民及无房家庭，每个家庭只能购买一套新组屋，且仅有两次购买机会；单身人士需 35 岁以上才可购买新组屋。新加坡单身公民及和永久居民仅能购买二手组屋，外籍人士仅能购买交易私人住宅。

从申购机制来看，新加坡组屋的申请条件严格，且匹配补贴政策。如政府提供的新组屋仅能由主申请人 21 岁以本地公民的家庭申请，且要求在新加坡没有购买过私人住宅，或已有私人住宅卖出时间超过 30 个月。另外，新加坡政府对居民申购组屋还提供相应补贴，补贴的额度与家庭条件及组屋类别等相关。政府统严格把关申请条件、适度发放补贴等措施，保证组屋资源的合理且公平的配置。

从退出机制来看，新加坡组屋交易市场分层管理，严控转售环节。新加坡组屋产权年限通常为 99 年，到期后建屋发展局有权征收或按市价买回，用于重建组屋。屋主需至少持有及实际居住组屋满 5 年，原组屋才可进入市场交易，二手组屋也需要持有满 2.5 年才能转售且政府要征收 10%~15% 附加费，此后组屋获得完整产权不再受限。若不满 5 年转让组屋，政府规定屋主只能将组屋以原价回卖给政府。目前除早期建成"老破小"房源用于租赁，其余大户型的组屋自有率均超过 95%。

以市场为主导的私宅

新加坡作为全球国际化航运、金融及商业中心，永久居民与外籍人士总数逐年增长，占总人口接近 30%。由于新加坡政府组屋仅面向本国公民开放，且本地居民对高端住宅购买力提升，推动私人住宅市场量价齐升，目前约占住房总市场两成（见图 3-3）。

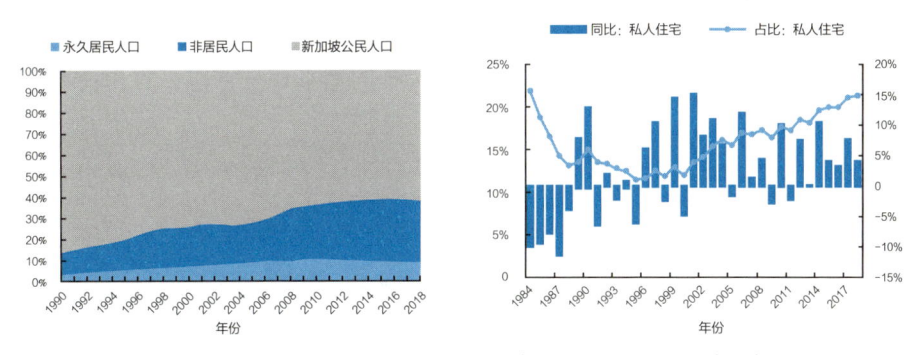

图 3-3 新加坡外来人口占比（左）及私人住宅占比（右）

数据来源：新加坡统计局，华泰证券研究所。

新加坡私人住宅包括有地住宅和非有地住宅，前者是主要分布在指定 58 个有地住宅区，含别墅、排屋、洋房及少量商住两用住屋等，后者则主要是私人公寓单位；前者主要面向高收入本国公民家庭，后者则面向永久居民及外籍人士；两者产权期限可分为 99 年、999 年或永久性。

相较政府长期对组屋市场的调控与指导，新加坡私人住宅市场则有序竞争，私人住宅价格呈不断走高趋势。以 1975 年至 2023 年为例，新加坡私人住宅价格指数上涨近 21 倍，由 8.9 一路攀升至 196.0；有地私宅与中央区以外私宅价格增幅较高，年化涨幅超 10.0%；其非中央区私宅的房价较低但成交活跃，价格涨幅较核心中央区的私宅更高（见图 3-4）。

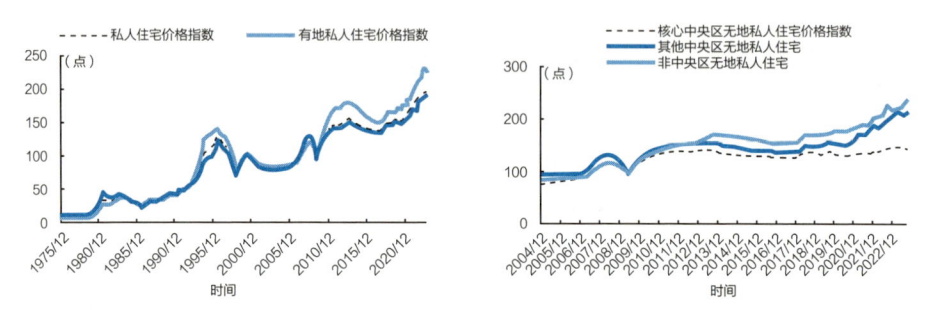

图 3-4　私人住宅价格指数（左）及分区域的私人住宅价格指数（右）
数据来源：新加坡市建局（URA）。

综上，新加坡政府较早将推行组屋制度作为"国策"，且始终保持政策定力与持续性，必要阶段结合市场需求适度优化，也并没有采取不当政策挤压私人住宅市场等，而是以组屋与私人住宅双轨制供应为基础对房地产市场实施差别化调控，既保障中低收入人群的基本住房需求，也保持私人住房的市场化活力。

（3）金融市场

新加坡作为全球前列的国际金融中心城市，有效发挥政策性住房金融工具，形成"中央公积金为主，商业贷款为辅"的住房金融体系，为居住方和房屋建设方双向配置资金。

中央公积金为主

新加坡于 1995 年实行储蓄型中央公积金制度，强制要求企业和员工将工资的 37%（雇主缴纳 17%，员工缴纳 20%）存入职工个人的中央公积金账户。该比例远高于中国香港地区（10%）及中国内地地区（最高 24%），且征收范围覆盖所有新加坡公民和获得永久居留权的居民。目前，新加坡中央公积金采取封闭式管理，会根据用途分别分配到普通账户（资金分配比例最大）、特别账户、保健账户以保证专款专用，并且强调贷存分离，具有高存低贷的特点；其中，普通账户资金可用于住房支出，并且住房支出占公积金年度提取额的比例超过 50%（见图 3-5）。

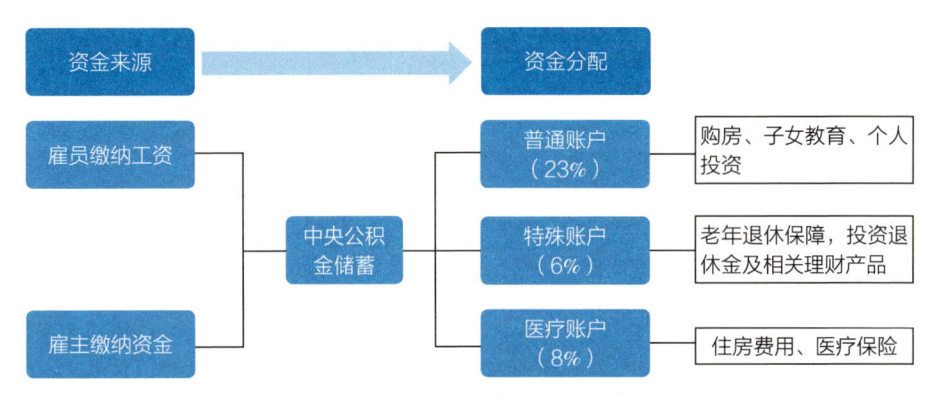

图 3-5　中央公积金资金来源与分配

资料来源：新加坡中央公积金局（CPF）。

注：该资金分配比例为 35 岁以下分配方案，雇员与雇主缴纳资金占比 37%。

新加坡的中央公积金局（Central Provident FundBoard，简称"CPF"）负责公积金的归集、管理和使用工作，其中约 20% 的公积金供会员提取使用，剩余 80% 大致有两类运用方向：

一是用于住房和基础设施建设。住房建设资金主要通过建屋发展局进行管理，它通过两种方式获得资金（见图 3-6）：其一是直接从中央公积金局获得贷款，其二是通过中央公积金局购买的非交易型政府债券，政府再将这些资金以补贴和贷款的形式提供给建屋发展局；但建屋发展局贷款的利率仅比公积金利率高出 0.1%，如此小幅利差不足以支撑建屋发展局的投资和建设需求，因此建屋发展局仍需向银行贷款以筹集建设资金。

二是用于投资增值保值。中央公积金的资金被分配给两个主要的投资机构：新加坡投资公司（GIC）和中央公积金投资计划（CPFIS）。新加坡投资公司是成立于 1981 年的新加坡主权投资机构，管理着近 8000 亿美元的资金。中央公积金投资计划则分为普通账户投资计划（CPFIS—OA）和专门账户投资计划（CPFIS—SA），截至 2018 年年底，这两个计划的投资

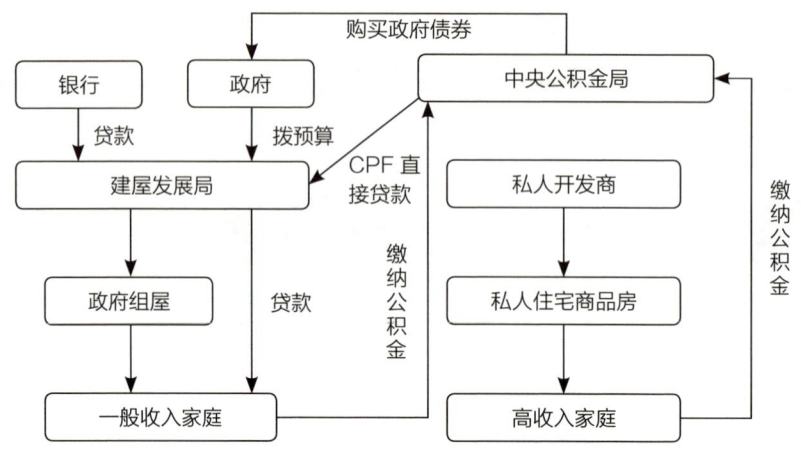

图 3-6　新加坡中央公积金的运用及建屋发展局的融资方式

总额分别达到了 174.3 亿美元和 53.8 亿美元。

新加坡居民可在以下情况申请使用中央公积金：一是支付住房首付，即在贷款购买建屋发展局新组屋，中央公积金的普通账户支付 10% 房款（首套新组屋首付比例为 20%），剩余部分需自有资金支付；二是还房贷按揭、印花税、律师费及其他手续费；三是支付家庭保障计划。

商业贷款为辅

随着新加坡商业银行利率的持续下行，银行贷款占比逐渐提升。一方面，近年来私人住宅等改善住房无法享受公积金贷款优惠，商业贷款成为替代品；另一方面，由于公积金利息率的长期稳定，其贷款利率稳定在 2.6%，逐渐失去相对于商业银行贷款的利率优势。

（4）税收制度

新加坡财政收入主要来自税收，以 2016 年为例，新加坡当年所得税以及货物和服务税的占比超过 50%。新加坡房地产相关税收相对简单，主要设立保有环节的财产税和交易环节的印花税与所得税度并实施差异化的累进税率，对本国公民、首套住房均实施减免优惠（见图 3-7）。整体而言，对于房价更低、持有期更长、房屋套数更少的家庭，其对应的房地产综合税率就更低，反之则越高，以此保障居住刚需、抑制短线投机。

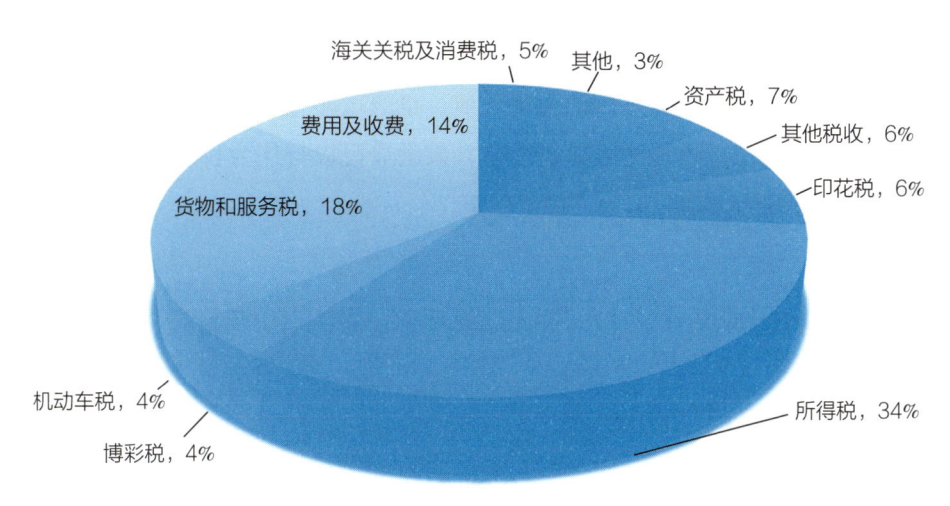

图 3-7　新加坡财政收入组成结构（2023 年）
数据来源：新加坡财政部（MOF）。

保有环节：多套住房实施累进的财产税

在住房保有环节，新加坡政府通过采取以市场价值为税基的累进税率政策来促进社会公平。该政策对自住住房实施优惠税率，鼓励购买非限购房产，而对于拥有多套房产的家庭，无论房产是被出租还是空置，均适用较高的累进税率，最高可达 20%。此举旨在通过对不同住房状态的税率区分，从住房持有的角度推动社会公平。

同时，新加坡财产税的征收基于资产年度价值，覆盖政府组屋和私人住宅，包括自住和出租的房产。新加坡政府对自住型住宅采取的是相对较低的整体税率，这不仅扩大税收的覆盖范围，还体现对居民自住需求的财政支持及促进社会公平的作用。

交易环节：买卖双方缴纳累进的印花税

在住房交易环节，新加坡政府对买卖双方均实行基于累进制的印花税，以交易价格为税基。买方的印花税根据成交价的累进税率确定，并对购置多套住房的买家及非本国居民购房者征收额外印花税，旨在遏制投机购房。卖方的印花税率则依据房屋的持有时长来定，持有时间越短税率越高。但自 2017 年起，新加坡对持有期限达到或超过 3 年的住房销售免征卖方印花税。

该税收政策既覆盖住房的租售环节，也通过印花税和所得税的精确征收，有效抑制房屋市场的投机行为，并鼓励居民以自住为目的购房，从而促进住房资源的合理分配和市场的稳定。

3.1.2 新加坡1997年亚洲金融危机的启示

3.1.2.1 危机的起因

20世纪90年代初，亚洲经济快速增长，泰国、马来西亚、印度尼西亚、新加坡等连续多年GDP增长率超8.0%，被称为"亚洲经济奇迹"，南亚经济体更大幅提高利率吸引境外投资者，全球向发展中国家的投资中有近50%流入亚洲地区，导致许多国家出现资产泡沫和过度借贷。

1997年7月2日，泰国宣布取消泰铢对美元的联系汇率制，实行浮动汇率制，当天泰铢兑美元的汇率暴降多达17%，紧接着菲律宾、印度尼西亚等亚洲国家外汇市场相继失守。1997年8月，马来西亚放弃保卫林吉特的努力，连一向稳健的新加坡元也受到冲击，新加坡元一度贬值近8%。

1998年，危机已席卷整个亚洲，波及日韩、中国香港等地。亚洲金融危机前后持续两年，东南亚国家主要货币在短时间内剧烈贬值，金融系统崩溃，引发资本外逃、通货膨胀和经济衰退等问题。

亚洲金融危机前，新加坡坚持对外开放政策，经济快速发展的同时，也致使大量国际资本流入房地产市场，进一步推动新加坡房价的暴涨。1990—1996年，新加坡私人住宅价格指数从40.9点一路上涨至129.7点，涨幅一度高达217.1%（见图3-8）。另外，危机爆发前经济持续向好，新加坡政府与居民均对前景乐观，且恰逢政府换届选举期，为满足居民住房需求、争取选票等因素，政府大幅增加组屋建设投资，暴增的新房组屋供应也为后期住房价格下跌埋下伏笔。

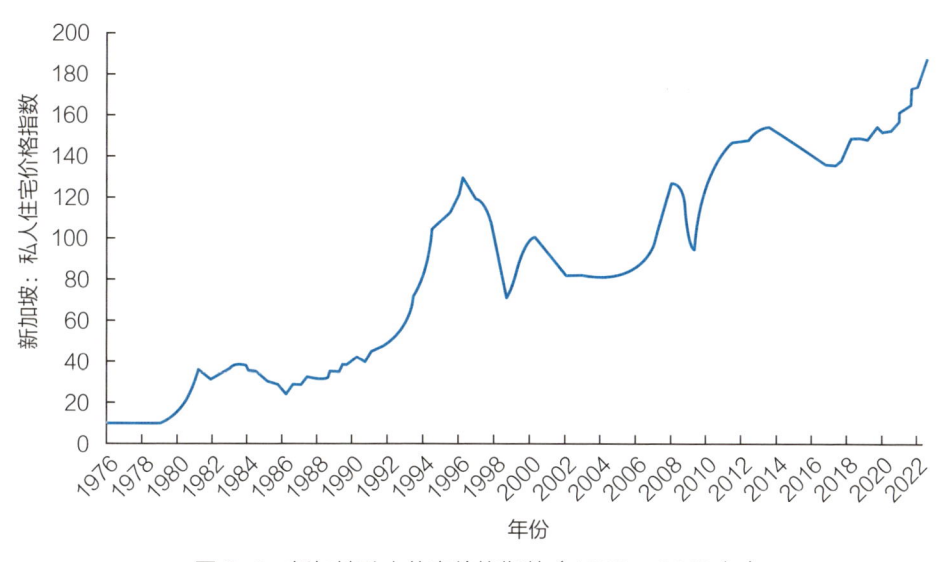

图 3-8 新加坡私人住宅价格指数（1976—2022 年）

数据来源：新加坡市区重建局（URA）。

至 1998 年 8 月，新加坡元兑换美元汇率较危机前跌幅已达 18%，而此前在新加坡投资的外资开始快速逃离，导致新加坡各类资产价格暴跌，股市一度蒸发 40% 的市值，叠加组屋转售限制放宽，房地产资产价格进一步下挫，进而导致房地产危机。1996—1998 年，新加坡私人住宅房价接近腰斩，一度暴跌 45%。

3.1.2.2 政府的救市政策

亚洲金融危机期间，新加坡的经济增速、房地产行业仅在短短数年内，经历从顶峰到谷底再到触底回升，调整速度之快可谓"冠绝全球"。从历史数据来看，无论是 1997 年的亚洲金融风暴，还是 2008 年的次贷危机对于新加坡房地产的行业影响均相对有限。新加坡政府作为调控主体，以其精准高效施政闻名，救市政策具有一定指导意义。

前文已就新加坡土地制度、住房制度、税收政策等分析，整体而言，新加坡房地产行业"地基"稳固，财政收入、金融体系及居民等对房地产的依赖度均非常有限。新加坡政府在亚洲金融危机后并没有盲目就货币、税收等制度"大开大合"改革，而是通过内外解困、产业升级、金融改革等，优化新加坡立足全球竞争力的根本"源头"。

（1）内外纾困

由于新加坡具有完善的政策和严格的管理体系，相较于东南亚其他国家，新加坡受到影响相对较小。1997年，新加坡GDP增速仍维持在7.8%；新加坡元兑换美元汇率由1.42∶1贬至1.6∶1，贬值幅度达到13%，远好于东南亚其他国家；新加坡股市当年缩水26%，相较于东盟其他国家45.5%的下跌幅度，情况也较好。

但到1998年，随着亚洲金融危机的持续恶化，新加坡经济遭遇更大影响，GDP呈现负增长，失业率升至3.2%。国家财政收入下降7.8%，外汇市场交易额下降16%，对外贸易总额下降7.5%。新加坡政府分析原因之一在于：周边东南亚国家进一步衰退，新加坡的外部需求减弱；东盟区域货币大幅贬值，新加坡的成本竞争力下降，外贸出口降幅扩大。

为缓解亚洲金融危机冲击，新加坡向受灾严重的东盟国家提供大量支援，包括向泰国提供20亿美元、向印度尼西亚提供50亿美元的资助贷款，及时有效援助周边经济体，协同度过危机低谷，也为加速打造国际金融中心等营造良好的地缘环境。

国内方面，新加坡政府同样采取多项纾困措施，如投入105亿新加坡元帮助企业降低成本，通过在两年内削减10%的公积金贡献率来降低雇主企业支出；同时降低对企业的税务和房地产税，以及减少水电和电话费用。新加坡政府通过减轻企业雇主负担，改善失业率走高问题，为后期发展总部经济、实现产业升级等打好基础。

（2）产业转型

自1965年建国后，新加坡的经济发展实现从劳动密集型到技能密集型，再到资本密集型与技术密集型（见表3-2）。新加坡经济在经历1997年亚洲金融危机阶段性衰退后，反思其过度依赖制造业、依赖外贸出口的发展思路，开始着力发展现代服务业，提出要将新加坡建设成"知识型产业枢纽"产业转型。

表3-2 新加坡产业升级的过程

发展阶段	1960—1978年	1979—1985年	1986—1998年	1998年至今
产业发展重点	劳动密集型产业如：服装、纺织、玩具、家具、电子部件	技术密集型产业如：集成电路、计算机、工业电子设备	资本密集型产业如：石油化工、晶片制造、信息传播	知识密集型产业如：生物医学、信息产业、媒体资讯
主要产品	糖、肥皂、啤酒、其他饮料、家具、电视机、原油提炼、基础化学品、汽车组装、家用电器、半导体组装、水泥、建筑用钢	工业电器、外围设备、集成电路测试和其他精确度较高的工程部件、精制化学品、石油化学产品和医学设备	晶片构造、集成电路设计、生物技术研发、石油化工中心、信息和媒体服务、教育和其他	生物医学、生物科技、医疗保健、资讯传播、媒体

受1997年亚洲金融危机冲击，国际市场对电子工业品的需求下降，新加坡开始退出低端电子制造业，转向生产微笑曲线两端的高端电子产品，同时一方面加强对生物医学、信息产业等世界级科学工程的基础研究；另一方面建设新加坡科技研究中心纬壹科技城，扩大产业升级腹地等，并设立全国科学奖学金，补贴吸引年轻人才。据统计，1997—2012年，新加坡人口增加40%，其中非本地居民大幅上升，约占总人口的27%。

新加坡政府产业升级政策取得成效，1998年GDP增速为-2.19%，1999—2000年迅速回暖反弹至5.72%及9.04%。随后，新加坡政府制订"产业21（Industry 21）计划"等经济发展战略，其中高科技产业重点瞄准生物医药产业，目前部分世界顶级的生物医学公司，如GlaxoWellcome、Merck等均已在新加坡设立研究机构或生产基地。而部分传统产业如建筑工业等也通过信息化的改造，成为知识经济中的"智能企业"，大幅提升产出效率。

自此，新加坡在亚洲金融危机后，逐步完成经济转型，摆脱危机前以电子制造业及依赖外贸出口等为主导的产业结构，升级至以知识经济为基础、高端服务业和现代制造业齐头并举的发展阶段，增强抵御外部增长放缓的外溢风险，稳固房地产行业良性发展的"基本盘"。

（3）金融改革

1997年亚洲金融危机导致大量资金流出东南亚市场，新加坡本地银行业的不良贷款率显著上升，大量外资银行陆续撤离。1999年新加坡离岸外资银行98家，较1998年减少9家；亚洲货币单位银行减少11家。

为及时控制住银行业下滑趋势，新加坡金融管理局于1999年5月实施为期五年的银行业自由化计划，具体包括三个方面的措施：一是重组新加坡银行业，提高集中度。鼓励新加坡银行合并重组，提供政府资助或费用津贴等，参与国际同业竞争。二是进一步开放银行业，取消外资银行对新加坡银行不得持有40%以上股权的上限要求；允许设立不超过10家满足条件的外资银行分行。三是完善监管政策，引导金融资本有序投资。禁止本国银行参与非金融类业务，银行在非金融企业持股的比例不可超过10%等。通过以上措施，新加坡提升了银行的竞争力，完善了银行业的金融结构。

同时，亚洲金融危机令新加坡意识到其须加速国际金融中心城的建设，新加坡的地理区位、法律制度等优势正适合作为全球财富的风险避险地。1998年2月，新加坡正式出台建设世界级金融中心的蓝图，并由金融管理局（Monetary Authority of Singapore，简称"MAS"）整体负责推进工作。1999年底，MAS将其目标确定为"促进新加坡共和国之经济可持续且无通货膨胀地增长，使新加坡成为一个制度完善且先进的金融中心"，立《MAS法令》为"国策"推进。

目前，新加坡不仅是全亚洲最大的外汇交易中心，也是亚洲领先的资产管理、私人银行和财富管理中心。截至2020年年底，新加坡的财富管理规模达到4.2万亿新加坡元，较同期增长了18%，其中资产的75%来自境外、69%投资在亚太区域，共有900多家资产管理机构。根据2022年发布的《全球金融中心指数（GFCI）》，新加坡从全球第十位逐年攀升至全球第三、亚洲第一（见表3-3）。

表 3-3　全球金融中心指数排名及得分

金融中心	GFCI 34 排名	GFCI 34 得分	GFCI 33 排名	GFCI 33 得分	较上期变化 排名	较上期变化 得分
纽约	1	763	1	760	0	↑3
伦敦	2	744	2	731	0	↑13
新加坡	3	742	3	723	0	↑19
香港	4	741	4	722	0	↑19
旧金山	5	735	5	721	0	↑14
洛杉矶	6	734	6	719	0	↑15
上海	7	733	7	717	0	↑16
华盛顿	8	732	11	713	↑3	↑19
芝加哥	9	731	8	716	↓1	↑15
日内瓦	10	730	23	701	↑13	↑29

数据来源：英国 Z/Yen 集团、中国（深圳）综合开发研究院。

新加坡打造国际金融中心、推行银行业改革等，有效化解危机时资本撤离的风险蔓延，夯实新加坡的作为国际金融及财富中心地位，回流的金融集群、财富资本、高净值人群等通过有序管理，进一步支撑新加坡房地产产业的稳健发展。

3.1.2.3 企业的破局之道

新加坡建屋发展局作为组屋的投资、规划、建设及运营的官方机构，也是新加坡房地产行业的"最大主体"。相较美国、日本等房地产行业，新加坡房地产市场容量、企业数量等偏小，且每年销售额及营业收入也随推市节奏等波动较大。新加坡政府精准施策，危机后房地产市场复苏及时，大多房企"痛感"不强，破局措施相较不明显。

据 Realestate MY 分析，新加坡前 10 房地产开发商见表 3-4。我重点拆解凯德集团在后危机时代的发展战略，如何成为新加坡以及亚太地区资产管理规模最大的上市房地产投资管理公司，跻身全球资产管理规模前三大房地产投资管理公司。

表 3-4　新加坡十大房地产开发商

序号	英文名称	中文简称	成立时间
1	CapitaLand	凯德集团	2000 年
2	CityDevelopments	城市发展	1963 年
3	UOLGroup	华业集团	1963 年
4	MapletreeInvestments	丰树投资	2000 年
5	KeppelLand	吉宝置业	1890 年
6	OxleyHoldings	豪利控股	2010 年
7	GuocoLand	国浩地产	1978 年
8	HongLeongHoldings	丰隆控股	1968 年
9	BukitSembawangEstates	武吉三巴旺	1911 年
10	ChipEngSengCorporation	集永成	1960 年

数据来源：Realestate MY。

受亚洲金融危机冲击，1998 年新加坡政府投资平台淡马锡控股的两家房企发展置业（DBSland）和百腾置地（Pidemco）各亏损 1.9 亿新加坡元和 3.8 亿新加坡元；1999 年下半年市场回暖，年末则各盈利 3.3 亿新加坡元和 1.1 亿新加坡元，企稳复苏的市场及扭亏为盈的经营成为合并两家公司组为凯德集团的基石。由于新加坡本土市场空间有限，且危机期间暴露原先的"拿地—开发—销售"传统盈利模式受阻，新加坡政府通过两公司的实际控股人淡马锡控股着手兼并，百腾置地与发展置地于 2000 年 7 月宣布合并（见图 3-9），同时两者旗下公寓运营商雅诗阁（Ascott）和盛捷控股（Somerset Holdings）也宣布合并。

2000 年 10 月，凯德置地正式成立，总资产达 180 亿新加坡元，成为东南亚最大房地产集团。2018 年末，淡马锡控股仍为凯德集团的第一大股东，持股比例 40.4%；原第二大股东星展银行逐步退出，花旗银行接手为第二大股东，持股比例 14.9%。

（1）转轻资产，定位"资管角色"

凯德集团组建前的百腾置地与发展置地的融资方式以银行等机构

第三章 新加坡及中国香港的启示

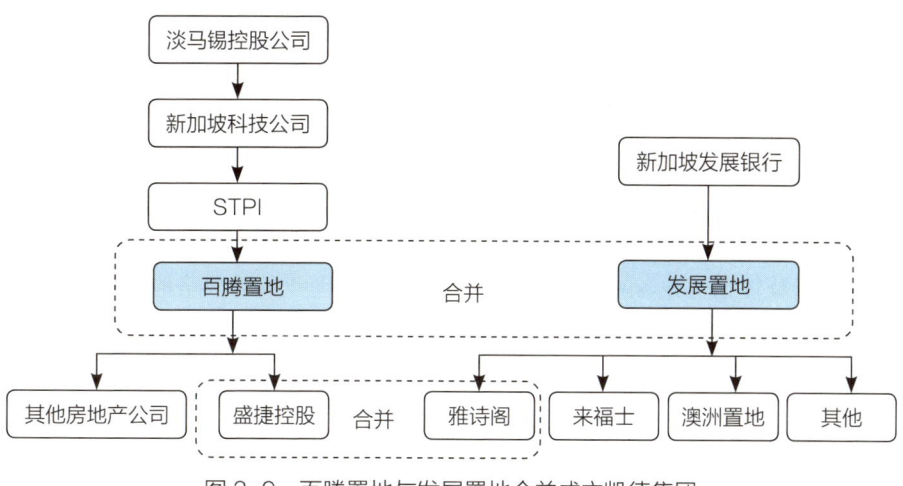

图 3-9 百腾置地与发展置地合并成立凯德集团

贷款为主，整体债务沉重、利润表现不佳，且着危机后地价再度不断攀升、但物业租金涨幅尚不明显，原有重资产模式有两大问题逐渐暴露（见图 3-10）：① 2001 年有息负债达 90.6 亿新加坡元，企业净负债率高企达 92%，超越财务安全红线；②账面虽有盈余，但租金收入无法覆盖负债利息，2001 年公司利息费用达 4.3 亿新加坡元，侵蚀股东权益利润，资产回报率仅 1.6%。因此，凯德集团组建后亟须采取战略优化资本结构。

图 3-10 凯德集团在亚洲金融危机前后的负债指标情况

○ 数据来源：公司公告。

125

自 2000 年，凯德集团制定并实施轻资产策略，优化资产结构：

一是剥离非核心资产。2001—2003 年，集团剥离总价值 30 亿新加坡元的非核心资产，套现核心资产偿还负债，净负债资本比例从 2000 年的 92% 下降至 2001 年的 87%；其后不断减少负债；到 2007 年，集团彻底剥离物业服务和酒店管理两项重要业务。2021 年 3 月，凯德集团宣布剥离房地产业务、实现投资及住宿等业务重组，巩固集团的资产管理业务的战略地位。

二是轻资产转型战略。2001 年 10 月，成立凯德金融（CLF）推动发行新加坡首支 REITs，2002 年 7 月成功发行凯德商用信托（CMT）。2004—2010 年，公司又成功发行凯德商务产业信托、雅诗阁公寓信托等 4 只公募 REITs。

公司从"重资产、开发业务"向"轻资产、资产管理"转型（见图 3-11），运营模式重点在于：凯德集团在 REITs 中的角色既是资产管理人，负责商业地产的市场营销、招商租赁、物业服务等环节，收取物业管理费；也还是基金管理人，负责决定 REITs 资产收购和处置计划、融资决策等，收取基金管理费。

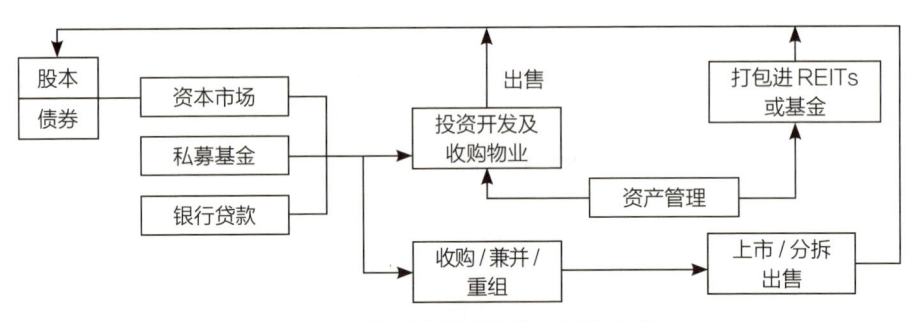

图 3-11 凯德集团的轻资产运营模式

资料来源：公司公告。

凯德集团利用 REITs 募集资金，公司开启包括对北京望京地区的凯德 MALL 等中国优质物业的快速收购，集团资产结构及质量均迅速提升，2002—2007 年资产增长 56.9%，资产负债率大幅下降；2001—2017 年，资产负债率从 55% 下降至 48%，净负债率从 112% 下降至 56%，轻资产转型战略成效显著，形成"地产开发+资产管理"双翼驱动商业模式。

（2）双基金运作，"PE+REITs"

凯德集团自 2002 年发行新加坡首支 REITs，凭借新加坡政府开放金融创新优势，完善构造"PE+REITs"双轮驱动的金融地产创新模式。截至 2023 年，凯德集团管理资产管理规模约为 1330 亿新加坡元，管理持有 25 支私募基金及 6 支 REITs，旗下不动产类别高端住宅、购物中心、办公楼、产业园区及数据中心等。

凯德集团独特的"PE+REITs"双基金核心模式为（见图 3-12）：私募基金（PE）投资于收购、开发或改造及培育早期项目，REITs 投资于成熟运营项目，形成"拓展基金储备开发项目—PE 基金收购及培育物业—物业成熟产生稳定的现金流—打包或注入 REITs 退出"的不动产全链路的投资运营。具体而言：

开发型 PE 投资于开发阶段的住宅类项目，如 2003 年设立的凯德置地中国住宅基金，先后收购开发上海天山河畔花园等住宅项目。

持有型 PE 投资于高风险高收益的培育期的商业物业，如 2005 年设立的凯德零售物业中国孵化基金，以 10.7 亿竞得宁波江北区商住用地，后打造为宁波来福士广场。

项目运营成熟、产生稳定现金流后通过向 REITs 出售资产实现退出，形成"投融管退"的价值闭环，如北京西直门凯德广场先由中国零售

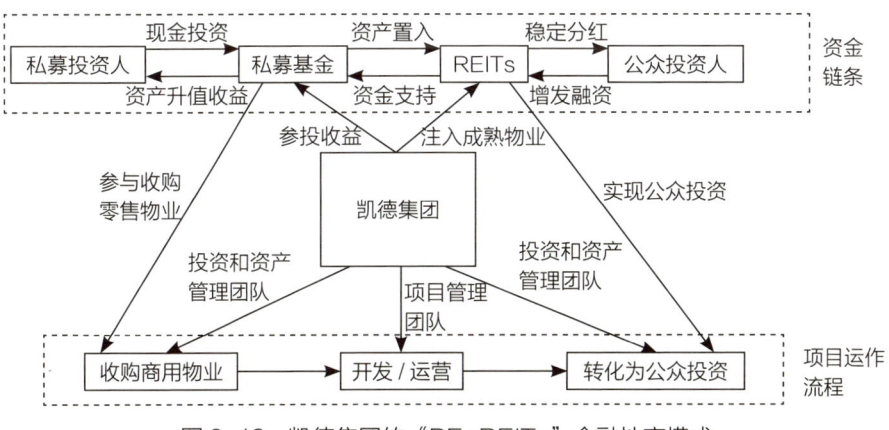

图 3-12 凯德集团的"PE+REITs"金融地产模式

物业孵化基金收购进行孵化，再于2008年定向出售给凯德商用中国信托（CRCT）实现退出。

从凯德集团角度看，其促成房地产开发、PE、REITs三者互联互补，由于PE能够介入投资建设的早期阶段，在运营培育物业成熟后将资产直接注入REITs在资本市场退出，通过证券化融资实"债务出表"，有效缓解重资产模式的融资压力，且享受项目开发回报和基金管理费用。从投资者角度看，项目收购及培育物业期风险大，适合PE投资者参与，享受项目开发成功的增值收益；物业成熟区风险小，适合REITs投资者参与，享受成熟物业的稳定收益。

（3）协同互补，"一个凯德生态"

2021年3月，凯德集团作为大型多元化不动产集团进行业务重组：将旗下投资管理平台和旅游住宿业务整合为"凯德投资"（CLI），资产管理规模约1150亿新加坡元，于新加坡证券交易所上市；将旗下房地产开发业务私有化，划由凯腾控股持有，资产净值估价约为61亿新加坡元。

自此，凯德集团形成两个实体，即凯德投资（CLI，上市的房地产投资管理业务）和凯德地产（CLD，由淡马锡控股的凯腾控股私有化的开发业务），实现"一个凯德生态"的有机发展。凯德集团可结合宏观环境、行业周期等制定最优策略，利用其不动产业务和投资平台建立横跨不动产价值链的集团核心竞争力，推动旗下凯德投资和凯德地产的协同发展、资源互补，匹配业务需求及强化竞争优势。

具体而言，"一个凯德生态"在以下方面发挥显著作用（见图3-13）：一是业务发展方面，基于两家公司业务的"开发+投资"业务所处，协同拓展，也为投资者展示更清晰的投资结构。二是资金协同方面，凯德置地的自有资金主要用来开发建设，以及开拓周期较长的项目，凯德投资则是轻资产模式，更多使用第三方投资者的资金。当凯德置地的投资型物业，交由凯德投资来做商业运营，进入成熟期后需要退出时，则优先考虑凯德投资的基金等平台。实际上，通常凯德投资具备对凯德置地项目或资产的优先购买权。三是总部平台方面，在凯德集团生态系统下，两公司均可实现品牌、人才等共享，充分发挥协同作战能力和规模效应，及时应对市场波动。

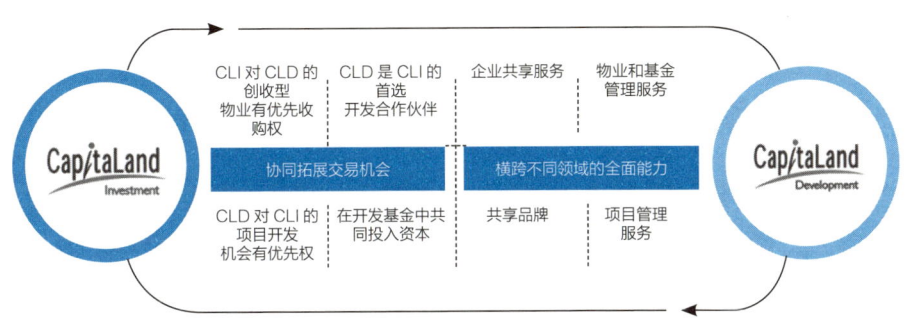

图 3-13 "一个凯德"生态模式

○ 资料来源：公司官方网站。

综上，凯德集团作为新加坡房地产行业的典范，尤其是在后亚洲金融危机时代，通过转型轻资产及资产管理定位，发挥新加坡的金融创新优势，形成"PE+REITs"双基金模式，打通"投资开发+持有运营+资产管理"全价值链条，并且通过业务界面重构，实现生态系统资源的联动互补。1997—2018年，凯德集团总资产持续走高，累计涨幅达305%（见图3-14）。

图 3-14 凯德集团的总资产规模（亚洲金融危机后）

○ 数据来源：公司公告、恒大研究院。

第 2 节 中国香港的经验

3.2.1 香港房地产发展模式

（1）土地制度

香港受地貌及生态保护等因素，可开发用地稀缺，土地供给长期不足。香港地区林地、湿地等占比高达 66%，超过 415 平方千米（占比 37%），郊野公园与特殊地区受政府保护，无法开发利用；且因环保人士抗议填海，2005 年后填海造地项目基本搁浅，造成土地短缺，人均住宅面积仅 10 平方米。加之香港每年人口净流入，1985—2017 年人口增长 198 万，但人均增加土地供应仅 2.81 平方米。

依据香港 1997 年 7 月《收回土地条例》及 1999 年 6 月《土地（为重新发展而强制售卖）条例》，香港特区政府有权征收土地，但由于原住民、环保人士等反对，收回土地重新开放的难度大。如 2008 年香港立项"新界东北发展计划"，但由于征询阶段即遭部分社会团体等反对，直到 2017 年启动，计划于 2031 年完成所有工程。

（2）住房市场

香港的住房发展模式形成"双轨制"体系，市场住房与公共住房供应体系相分离，公共住房逾 4 成，住房市场以租住为主、出售为辅。对于私营房屋市场政府不予干涉，但行使调控职能；对于保障性住房，香港兴建大量的公营房屋，包括公营租住房屋与资助出售房屋两种。截至 2018 年底，香港共有永久性屋宇 280.5 万间，占香港永久性房屋比重 43.57%，其中公营租住房屋单位 81.3 万个，资助出售单位 40.9 万间，公共住房单位合计 122.2 万个，另有私人房 158.3 万间（见图 3-15）。

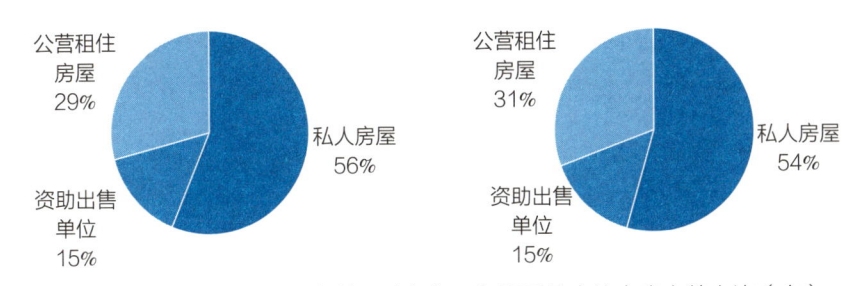

图 3-15 香港各类型住房数量（左）及各类型住房的家庭户数占比（右）

数据来源：Wind。

香港开始兴建公屋后的公共住房政策可划分为四个阶段。① 1973—1987 年：开启十年建屋计划，住房条件显著改善；② 1987—2001 年：鼓励购房，自置率提高，公屋轮候时间缩短；③ 2002—2013 年：以市场为主导，减少公营房屋供给，房价屡创新高；④ 2014 年至今：以供应为主导，但建设进度不能满足住房需求，公屋轮候时间走高公共住房多由房委会提供，租住为主、出售为辅。

公共房屋供应的主要机构为香港房屋委员会（简称"房委会"）和香港房屋协会（简称"房协会"），其中，房委会是主要管理机构，房协会作为非牟利的社会力量对其予补充和协助。房委会是成立于 1973 年的独立法定机构，负责制订、推行香港的公营房屋计划，包括各类租赁型公共房屋的规划、兴建、管理、维修等工作和推展居者有其屋计划。同时，房委会也拥有和经营一些分层工厂大厦及公屋的附属商业设施和其他非住宅设施。

香港公共住房体系以廉价租赁住房即公屋为主，供居民购买的资助出售单位在保障房体系中所占的份额则偏小。据万和证券研究所统计，截至 2019 年年末，香港房委会和房协会提供的公屋数量分别达 79.69 万间及 3.32 万间，提供的资助式出售单位数量则为 40.26 万间和 1.62 万间，公屋租金为 390~5359 港元 / 月，平均月租金约为 2240 港元，常年维持在香港居民住户的可负担水平。

相较新加坡，香港住房体系有一定相似性，均实行政府主导公屋及市场主导商品房的"双轨制"；但香港住房结构中的公营房屋比例不及新加坡高，房屋自有率远小于新加坡，尚未实现"居者有其屋"的目标。此外，香港特区居民的收入增长速度远不及房价，租赁公屋成为主导，基本可保障"居者租其屋"。

（3）金融市场

香港作为全球瞩目的国际金融中心，面临住房短缺、房价高企等难题，充分利用货币政策、住房金融、利率调控等工具，在维持市场稳定、支持居民购房需求与控制金融风险方面发挥关键作用。

货币政策及汇率制度方面，香港于1983年10月实行联系汇率制度，其货币政策盯紧美元，维持美元兑港元的汇率约为7.8：1。该制度掣肘香港无法实行独立的货币政策，市场利率被动跟随美国利率。自2009年以来，受美国量化宽松政策影响，香港市场利率长期保持低位，进而影响房贷利率水平。

香港的按揭贷款产品灵活多样，如"一按""二按""加按""转按"及"楼换楼按揭"，提供灵活的还款方式，满足不同购房者需求。香港按揭贷款以浮动利率为主，主要参考香港同业拆放利率（HIBOR），整体按揭贷款利率较低。

香港商品房供给稀缺，按揭业务灵活多样，叠加利率宽松，刺激居民加杠杆购房意愿，导致香港居民杠杆在国际上处于较高水平。此外，香港积极引导房地产REITs改革，2020年12月修订《房地产投资信托基金守则》，令REITs在获得单位持有人的批准和符合其他条件下，对于物业发展的投资的总额由不得超过REITs资产总值的10%提高到25%，以此推动香港REITs市场跻身全球发展。

截至2022年12月末，香港市场上有11只REITs上市交易，总市值超过200亿美元，平均股息率约8.0%。虽然香港REITs市场规模不及新加坡市场50%，但依靠香港成熟的资本市场及连接中国内地的区位优势，香港REITs市场也吸引了诸多内地和国际REITs市场参与者及优质资产。近年来，香港资产国际化也不断加速，香港REITs市场上市值最大的两只

REITs 均已在英国、澳大利亚等地区收购部分资产。

（4）税收制度

香港地区房产税的显著特征是"存量征收，固定税率，租金为基"。其房地产税种主要包括差饷、地租、物业税、标准印花税、额外印花税以及租约印花税。在交易阶段，香港通过多级印花税来抑制房地产市场的投机行为；而在持有阶段，设立的差饷及地租的税率（占物业价值的 0.2%~0.5%），相较于欧美国家 1.0%~2.0% 的物业税率，显得较为宽松。

香港从 2012 年开始对税制进行改革，根据征税对象不同，将差饷纳入财产税范畴，将物业税纳入所得税范畴。其中，差响税与物业税的主要区别为：后者仅在出租的情况下需要纳税，而前者无论出租、自用或是空置都需要征税。

房产税对于香港特区政府而言是重要的财政收入补充。在香港特别行政区，房地产相关税收构成财政收入的一个关键部分。以 2019 年为例，该地区的房产税贡献总财政收入的 7.8%。自 1989 年起，有多个年份该比例超过 10%，峰值达到 12.8%，平均而言，该比例维持在 7.6% 左右。物业税仅对出租物业征收，因而其税收规模相对较小。相比之下，差饷作为房产持有阶段中最重要且覆盖范围最广的税种，它为政府提供稳定且可靠的收入来源，该税收主要用于公共服务的支出。此外，土地租金也占相当比重。在 2019 年，房产持有环节的税收总体上仅占香港财政收入的 7.87%，其中差饷占 3.5%，物业税仅占 0.5%，而体现为物业及投资收入的土地年租占 3.9%（见图 3-16）。

总体而言，香港地区的房产税主要目的是为财政创收，而非作为调控房地产市场的重点工具。这种策略部分源自香港个人所得税率相对较低（最高税率仅为 17%），在全球范围内属于较轻的收入税负，因此需要通过财产税领域进行相应的财政补偿。

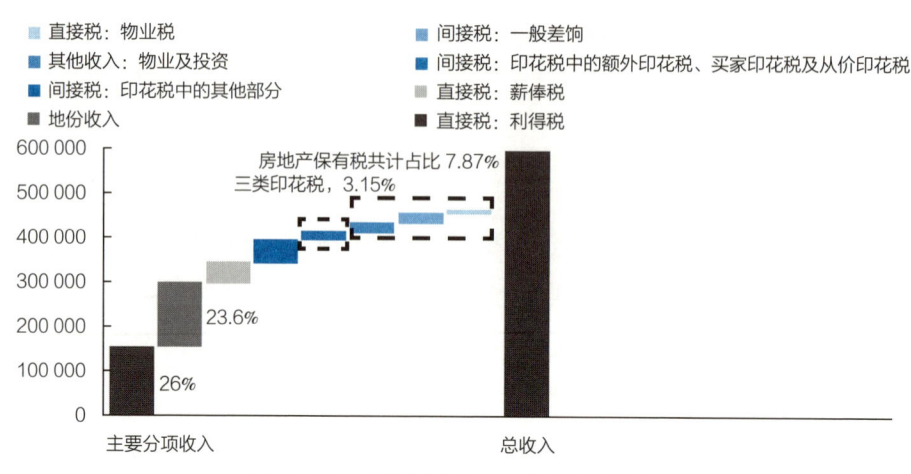

```
■ 直接税：物业税                    ■ 间接税：一般差饷
■ 其他收入：物业及投资                ■ 间接税：印花税中的额外印花税、买家印花税及从价印花税
■ 间接税：印花税中的其他部分          ■ 直接税：薪俸税
■ 地份收入                          ■ 直接税：利得税
```

图 3-16　香港财政收入结构（2019 年）

数据来源：Wind、浙商证券研究所。

3.2.2 香港 1997 年房地产危机的启示

（1）危机的起因

1997 年香港回归不久，亚洲金融危机爆发，国际投机者三度狙击港元，通过汇市、股市互相施压，利用 3 个月或 6 个月的港元期货合约买入港元，然后迅速抛空，冲击香港联系汇率制度和股票市场。恒生指数从 1997 年 8 月的高点至 1998 年 8 月，最大跌幅超过 60%，8 月香港金融管理局投入资金，全力托底股市，股市从底部开始反弹，出现"大奇迹日"触底反弹，全年跌幅为-6.3%。

虽然香港当时整体状况好于亚洲其他经济体，但其房地产行业也存在如下问题加深危机影响。

一是香港经济结构依赖于金融房地产行业。20 世纪 70 年代后期，香港逐步转型为以金融、贸易和服务为主的经济体，房地产行业在刺激调整得到迅速发展。据 1998 年数据，香港房地产业对 GDP 的贡献高达 20%，房地产投资占固定资产投资的近 50%，而政府财政也有 35% 来源于房地产业。

二是控制供应土地，房价快速上涨。受 1985 年 5 月正式生效《中英联合声明》要求每年批地不超过 50 公顷、人口增长超过预期、居民购房热潮等影响，香港房价一路上涨。1986—1996 年，按面积段来看，香港面积段大的房价涨幅更高，160 平方米以上房价涨幅达 728%、40 平方米及以下房价涨幅则为 324%（见图 3-17 左）；从区域来看，港岛、九龙、新界的私人房屋均价涨幅分别达 615%、466% 及 505%（见图 3-17 右）。同期，香港房地产价格增长率与 GDP 增长率之比平均值达 2.4，而 1997 年 8 月在香港楼市高峰期，该指标高达 3.6~5.0。

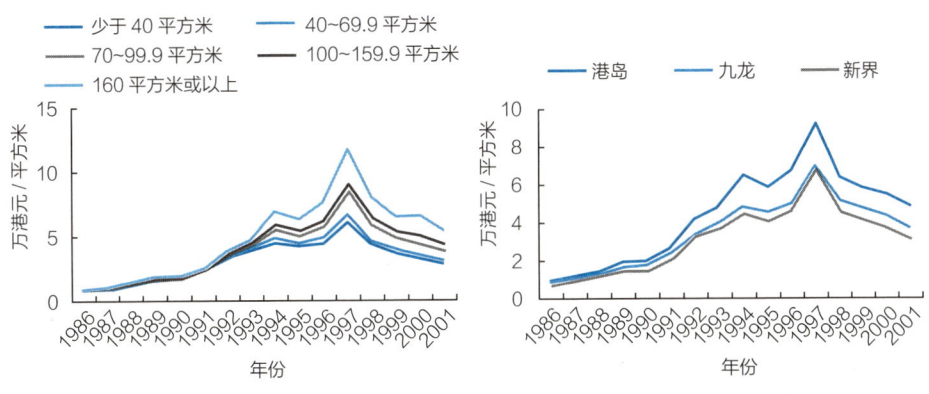

图 3-17 香港按面积（左）、按区域（右）统计各年的私人房屋均价

三是投资客大量资金流入楼市。1996 年第四季度，香港银行业放松对住房按揭贷款的审查标准，大量投资房地产资金入市，导致 1997 年房价再度暴涨。香港房地产价格的暴涨引起市场的投机行为急剧升温，许多企业及居民纷纷向银行贷款转向投资房地产，市场充斥着浓厚的投机风气。

由于危机前香港前期房价上涨过快，房地产业在经济结构的比重严重失衡，且市场上对房产多是投机性需求，危机爆发后借贷成本的上升、居民支付能力减弱和对市场的悲观预期造成楼市"跳水式"下跌。1998 年，中国香港楼价急剧下跌 50%~60%，成交大幅萎缩，房屋空置率上升。由于危机前香港特区政府依赖土地及房地产税收，导致危机期间政府财政收入减少 20%~25%。据估算，1997—2002 年，香港房地产和股市总市值共损失约8万亿港元，高于同期香港生产总值。

（2）政府的救市政策

①**货币政策**。1997年10月，亚洲金融危机波及香港资本市场，造成香港银行同业拆放利率一度狂升至300%，恒生指数和期货指数下泻超过1000点。1998年8月初，国际炒家对香港发动新一轮进攻，重点冲击香港的联系汇率制。香港特区政坚定动用980亿美元的外汇储备，确保汇率稳定，有力"打击国际炒家、保卫香港股市和货币的战斗"。

货币政策方面，香港特区政府重点推出"一揽子"住房信贷政策，有效释放流动性，避免大规模"断供潮"现象。1998年1月，推出"首次置业贷款计划"，旨在为月收入低于6万港元且10年内未购房的家庭，提供最高60万港元或物业价值30%的低息住房抵押贷款，且计划至2002年3月，连续5年投入2亿港元；同年8月扩增该计划，将每年投入资金大幅增加达72亿港元，将名额从原6000人翻番至1.2万人，随后数年又逐渐扩大覆盖收益范围。

1998年7月，香港金融管理局撤销银行物业贷款占总贷款的"四成指引"，该指引原为平抑1994年香港房价快速上涨的背景下提出；同年8月，为夹心阶层贷款计划（Sandwich Class Loan Plan）增加8.9亿港元低息贷款额度；1998年12月，香港按揭证券公司（HKMC）于按揭保险公司合作住宅按揭担保计划向银行提供占物业价值最高15%的按揭担保，让购房者能够获得银行提供的最高85%的按揭贷款（绕过银行承担风险不能超过70%上限的约束）。

②**房地产政策**。香港特区政府为稳定地价房价，从土地供给、期房预售、限售政策等方面精准调控。

减少土地供应：自1998年6月，香港特区政府暂停9个月供应土地，2003年再度暂停勾地出让1年。2000—2010年全面采用勾地方式出让土地，年均供应住宅土地的面积仅7.2万平方米。实际上，该政策也重塑香港房地产市场的格局，中小开发商补充土地储备难度更大，有利于头部房企的集中度进一步提升（见图 3-18）。

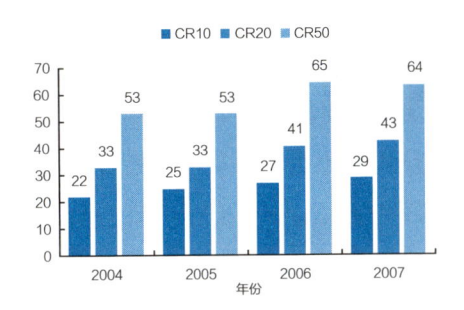

图 3-18　香港特区政府出让土地面积（左）及房地产集中度（右）

数据来源：Wind、香港统计月刊。

解绑预售条件：1998 年 5 月，预售期从 15 个月延长至 20 个月，取消对签订销售购房合同前转售期房的等限制；1998 年 12 月，再度放宽预售条件，如取消签署销售购买合同后，最少支付 20% 房价款的限制；将签订预购协议的定金从 10.0% 放宽至 5.0%，且暂停对未竣工住房进行转售的限制。

放宽限售政策：1999 年 2 月，将居屋的不可转售时间由 10 年内缩短至 5 年内，转售时按照初始购房的折扣比率支付住房价格溢价。香港特区政府通过上述房地产政策"组合拳"调控，避免房价深度下跌。

③**公屋政策**。香港特区政府适时调整公屋供应，优化公屋政策，维护市场价格稳定。1997 年 7 月香港回归后，特区政府推出"八万五计划"，其目的是通过增加公共房屋供给，平抑房价泡沫、改善居民住房条件，特区政府计划"十年内令自置居所比率达到 70%、年均提供不少于 85000 个新住宅单位"。可惜危机袭来，此措施反而加速香港房地产市场下跌，迫使特区政府转变住房策略，放弃"八万五计划"。自此，特区政府转变原作为住房发展商的角色，在公屋供给上由直接提供实物变为辅助者，标志着香港自 20 世纪 70 年代起在公屋供给上扮演的积极干预角色结束。

此外，香港特区政府为维护房地产价格平稳，控制居屋供给。2000 年 1 月，香港特区政府出台以贷款替代资助自置居所，降低居屋兴建数量；同年 6 月，将居屋转为租屋，降低可售房源流通；同年 11 月，减少居屋销售量，限制每年最多销售 2 万套，次年进一步较减少至 1.5 万套。

2002年7月，香港特区政府依据《公营房屋架构检讨报告书》，成立房屋及规划地政局，负责香港整体房屋政策，明确目标为维持公平和稳定的环境，且支持私营物业市场可持续发展。2002年11月13日，香港房屋及规划地政局发布《有关房屋政策的声明》，正式提出"无限期中止'居者有其屋计划'以及'自置居所资助计划'"。自此，香港特区政府实现在保障底层人士资助公营房屋之外，"积极不干预"甚至鼓励私营房屋市场自我调节和定价，提振香港危机后低迷的房地产市场。

④**税收政策**。香港采取积极务实的减税政策，鼓励居民及单位交易或持有房地产，维持房地产价格稳定。1998年2月，特区政府出台减免所得税政策，量化减免个人及公司的所得税目标：1内年免税18亿港元，4年内免税129亿港元。1998年3月，减免按揭利率税，明确1998年及此前的购房者可获得5年每年最多10万港元的应纳税所得额减免。1998年6月，减免物业税，削减5亿港元的物业税额度。

香港特区政府多策并举，及时在货币流动性、土地供应、公屋政策等供给端发力，精准调控、力度恰当，让香港楼市逐渐企稳止跌，1998年11月香港房价跌幅开始收窄（见图3-19）。

图3-19 香港房价（物业）价格指数同比增速

数据来源：Wind、信达证券研发中心。

（3）企业的破局之道

亚洲金融危机冲击下，香港出现市场利率攀升、信贷萎缩、失业增加等问题，并导致市场信心下降，对香港房地产市场造成剧烈冲击，房地产市场面临楼价下跌、成交萎缩、空置率上升等困境。自1997年10月，香港楼市价格出现"跳水式"调整，至1998年10月，房价急剧下跌50%~60%；房地产成交量方面，也面临大幅萎缩的局面，1998年1—10月，香港月平均成交宗数及金额分别收缩至8142宗及257亿港元，分别比1997年同期大幅下降55.4%及67.2%；租赁楼宇空置量方面来看，受外资撤离等影响，楼宇空置量增加，仅截至1997年底，住宅空置单位达35980个，远高于过往空置率。

从资本市场指数来看，恒生地产类指数从危机前的1995年初持续攀升，到1997年达到最高点28867，较1995年低点增幅高达155.8%（见图3-20）。危机爆发后，1997年8月恒生地产指数下跌至6698最低点，在两年内跌幅超过77%。2004年市场随着"非典"疫情影响消散，才迎来新一轮上涨行情，但上涨行情较亚洲金融危机前相比，呈现更理性的幅度小、攀升慢的特点，直到2007年金融危机前才回升至1997年高点。

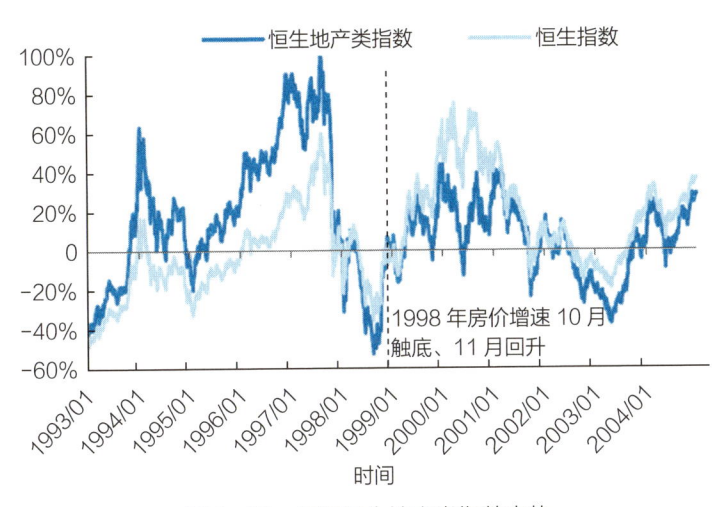

图3-20　香港恒生地产类指数走势

数据来源：Wind、信达证券研发中心。
注：1998/11/30=0。

香港土地资源稀缺，政府推行勾地出让模式，对资金体量、开发实力等门槛高，行业集中度逐渐走高，前十大地产商形成垄断格局，四大家族独占香港市场的半壁江山。据 2018 年年报及统计研究（表 3-5），新鸿基、长实集团、新世界发展及恒基地产，其总资产规模占到港交所上市房企（主要业务在内地或非香港地区的除外）总资产规模 45%，前十房地产商合计占比 72%；四家企业的营业收入占比接近 60%，前十房地产商合计占比 77%。

表 3-5　香港前十房地产企业的资产规模等指标

公司名称	总资产（亿港元）	净资产（亿港元）	营业收入（亿港元）	房地产开发	房地产投资	其他收入
新鸿基地产	7155	5484	868	45.8%	22.4%	31.8%
长实集团	4759	3410	504	69.0%	14.8%	16.1%
新世界发展	4815	2552	607	38.5%	5.1%	56.3%
恒基地产	4411	3180	223	59.8%	27.0%	13.2%
太古地产	3336	2813	149	7.1%	81.2%	11.7%
九龙仓置业	2727	2130	209	28.3%	63.8%	7.9%
恒隆集团	1986	1507	100	12.3%	87.7%	0.0%
嘉里建设	1702	1109	216	66.9%	22.4%	10.7%
信和置业	1591	1404	114	47.9%	27.9%	24.2%
希慎兴业	870	776	39	—	90.2%	10.3%

数据来源：Wind、2017—2018 年公司年报及公告。

①**踩准周期，投资高度自律**。纵观香港开发商的发展历程和周期中的投资表现，发现其在捕捉投资时机、执行投资纪律方面有以下特点。

一是精准判断投资周期。以陈启宗先生领导下的恒隆集团为例，充分展示香港地产商敏锐的投资洞察力和精准的投资策略。

1992—1994 年，恒隆集团抓住香港房地产上升周期的机遇，通过淘大置业融资 27.9 亿元，先后收购九龙丽港城商场、中区渣打银行总行大厦、上海徐家汇地铁站等多宗香港核心优质物业，得到资本市场广泛认可。

1995—1998 年，香港房地产市场过热上涨，恒隆集团却采取保守策略，停止购地并开始售出部分物业，选择持有大量资金在手，静待下一轮抄底机会，尽管该策略在当时遭到投资者质疑。

1999—2000 年，恒隆集团利用市场现金短缺和地价低迷的时机，再次出手购置土地，以 25 亿港元购买君临天下土地，该项目后期为恒隆集团贡献超过 100 亿销售额。

2001—2004 年，面对包括"9·11"事件和"非典"疫情等全球不利经济环境，恒隆集团再次暂停投资，转而积极筹措资金，为未来转向内地扩张做准备。

2005—2006 年，上海恒隆广场等项目约贡献集团 30% 的收入，恒隆集团向内地核心二线城市扩张，购入天津、沈阳、济南等优质地块。

2007—2008 年，全球金融危机前夕，随着恒隆集团在内地"400 亿港元投资计划"阶段性达成，再次选择停止购地，曾表示"当前地价不高不低，所以不如不买不卖，把钱放口袋里"。

2009—2011 年，恒隆集团在市场修复初期，果断分别以 12.3 亿港元、5.7 亿港元购入大连、无锡等优质土地。恒隆集团拿地价格仅占总投资成本 15%~20%，同时期行业中，商业地产的土地成本一般 1/3，甚至达到 40%~45%。

随后 10 余年，恒隆集团仅出手数次，明显放缓投资，但投资风格依旧是"快准狠"。分别在 2013 年以 33 亿元在武汉市硚口区、2018 年以 107.3 亿元在杭州市下城区、2020 年以 25.7 亿元在香港港岛南区拿地。

复盘以上恒隆集团近 30 年的拿地具体动作，借鉴香港开发商对市场周期、出手时机的精准把握及投资纪律的严格执行，保驾公司能在变化莫测的市场环境中穿越周期。

二是严格筛选核心标的。香港开发商偏向在成熟核心区域拿地，一向秉持"宁缺毋滥""优中选优""地段为王"等原则投资。拿地前，香港开发商通常进行精确商圈人口及购买或消费能力估算，投资导向要求 20 分钟商圈之内的客源要做 80% 的生意，尤其对含商业购物中心或写字楼的项目，优选含地铁或快速交通工具的换乘站项目。

香港开发商在投资项目时，有严格筛选量化标准，例如从城市量级、板块筛选、地块素质、投资指标、敏感性分析等多维度推演，即使对于满足投资刻度的项目，也需结合财务状况、谈判地价、商务条件等因素，综合决策是否获取。

1993年，新鸿基与北京东安集团合作开发新东安广场（北京APM商场），进军内地房地产市场，1998年加快投资以北京、上海、广州为核心的布局速度，所开发项目大多定位高端、业态丰富，如上海IFC商场和IAPM商场。2013年，新鸿基以217.7亿元竞得上海市徐家汇商圈核心地块，刷新当时总价记录，被誉为"上海中心城区最后一块黄金地皮"和"浦西第一高楼"，地块衔接上海3条运营中的地铁线和2条在建中的地铁线，周边人口密度及消费能级高，总建筑面积超80万平方米，涵盖超甲级写字楼、星级酒店、高端零售、地下商业等。

三是把握时机调改用地。香港特区政府允许房地产开发商补缴土地出让金，可将原农业或工业用地等升级成商业或住宅用地，以及调整建筑面积等，但通常该流程涉及香港市规划委员会沟通谈判、审批核定等周期较长。1998年，长实集团灵活把握谈判周期，在市场谷底期降低政府的土地价格预期，6月获批额外增加海逸豪园开发项目的可建楼面面积约3.94万平方米；12月获取额外增加东涌地段的住宅楼面面积约10.56万平方米。

恒基地产曾计划于2003年底前，推售约9500套房源，楼盘大部分均位于市区旺地，在地价低点时与政府磋商价格及增加容积率。实际上，包括恒基地产、新恒基等头部房企均在香港储备大量农地，部分处于规划中及交通渐趋便捷地区，将根据市场时机、规划进度等情况申请调整为开发用地。

四是适时调整合作策略。1997年亚洲金融危机前，长实集团倾向与"有地无钱"公司合作，通过合作协议进行利润分配。该策略在市场上升期对长实集团有利，由于它无须投入大量资金购地，即可扩张操盘及实现销售规模、分享利润，且通过权益法记账合作公司的收益和损失，而不合并财务报表，即使合作公司财务杠杆高，长实集团的财务风险也不会受牵连。

自1998年开始，长实集团及时调整合作策略，采用直接投标、收购优质物业等方式获取项目，如图3-21所示，合作开发公司销售额及利润显著降低，减少合作开发比例，增加集团及附属公司的股权比例，增加权益后股东收益及并表利润。

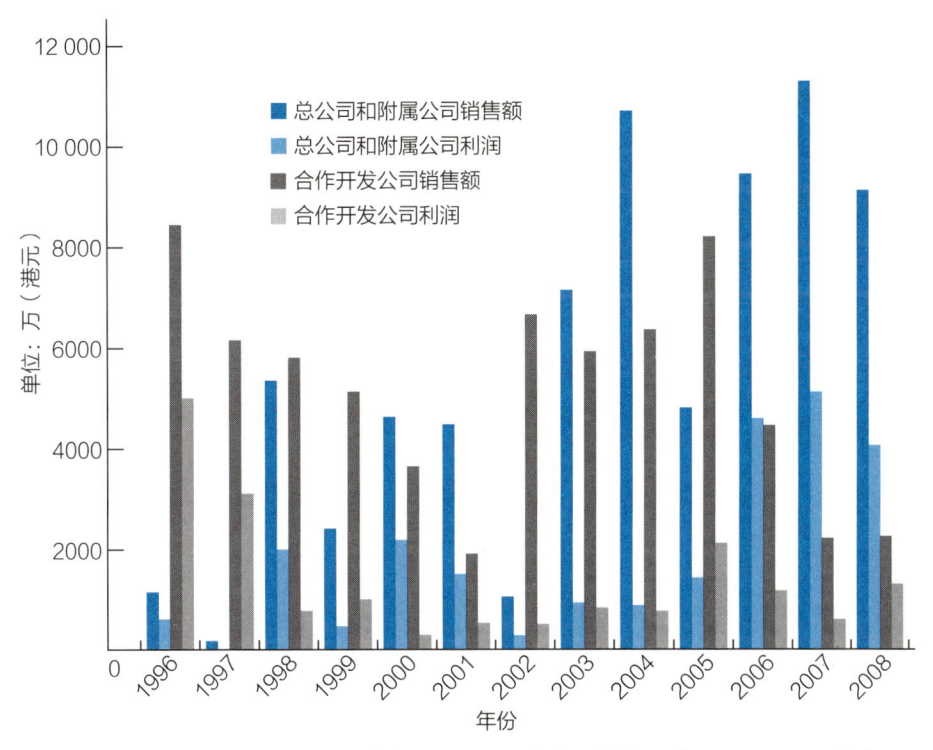

图 3-21 长实集团的总公司销售额、利润及合作开发情况（1996—2008 年）

2002 年后，长实集团转向内地市场投资开发，通常选择与和记黄埔（关联公司）合作，再次通过合作开发方式储备土地，避免股权比例过高而不能用权益法记账。

②**处置资产，恪守现金为王**。以长实集团为例，李嘉诚坚持"现金为王"的长期主义理念，在 1997 年金融危机中的表现堪称模范，总结其处置资产、现金流策略等方面有以下策略：

一是严控负债，现金流管理。1997 年前，长实集团的非流动资产的比例更高达 85% 以上，长期严格奉行"高现金、低负债"财务纪律，资产负债率仅保持在 12% 左右。李嘉诚曾表示"现金流、公司负债的百分比是最注重的环节；任何发展中的业务，一定要让业绩达致正数的现金流。"

同房地产行业大多数开发商类似，长实集团的实际现金流并不宽裕，但严格遵守融资纪律，始终严控资产负债率在15%内。若考虑剔除流动资产存货（含土地、在开发及待售项目），长实集团的流动资产净值分别在1998年和2007年出现拐点，由正转负，说明在两次金融危机冲击下，其在手现金难以支付一年内到期债务。

从长实集团现金流来源看（见图3-22），以2001年为分水岭，呈现出两种不同情况：1996—2001年，长实集团融资前的现金流入净额始终为负数，于2001年末，账面现金仅相当于总资产的0.8%，现金流压力大；2001年之后，长实集团融资前现金流波动加大，呈现出忽高忽低的情况，说明其在依靠外部融资产生的现金流，才维持账面现金的稳定。

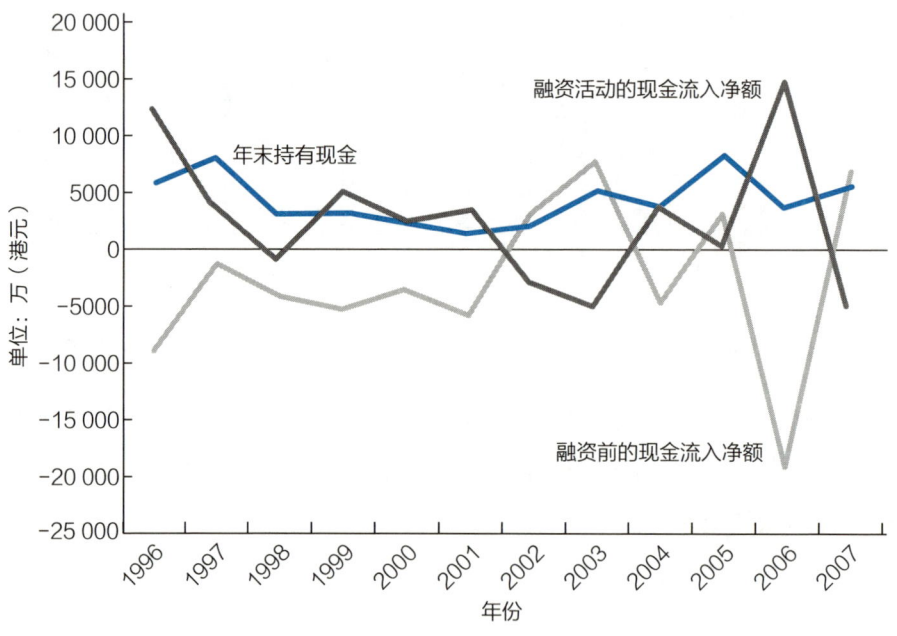

图3-22　长实集团的现金流情况（1996—2007年）

长实集团不仅设立总负债与总资产比例红线，还将总负债与地产业务的流动资产挂钩管理，避免其风险扩散到其他业务，维系集团整体信用。长实集团得益于长期良好的现金流管理、资本市场信用维系，在亚洲金融危机期间，仍筹措到银团贷款并发行票据，并得到资本市场的超额认购。

1999年2月，长实通过发行浮息票据融资12.5亿港元，并获得银团贷款25亿港元，使可用于地产开发的资金相对充裕。

二是折价销售，迅速回笼资金。1997年第四季度正值亚洲金融风暴席卷，香港股市及资产价格大幅缩水，房地产投资意愿低迷。但据长实集团公告，"在第四季度发售的鹿茵山庄及听涛雅苑二期项目，在淡市中仍然取得理想的销售业绩"，李嘉诚也坦承是因为采取"灵活和掌握市场动向的营销策略"。

实际上，长实集团首次开盘鹿茵山庄时，正值1997年10月股灾之后，开盘以分层单位约12 000港元/平方英尺[①]、独立洋房约16 000港元/平方英尺的价格推售，但是市场认购冷淡。因此，长实集团决定推迟4天公开发售，并宣布直接降价两成促销。长实集团推盘听涛雅苑二期时，定价平均每平方英尺5181港元，最低价不到4700港元，最终获得高达3倍的超额认购，被当时香港媒体称为"为市场之震撼价"，"威胁同区楼价，对市场雪上加霜"。

此外，长实集团在减价促销的同时，还推出各种优惠措施加以配合，如在推售嘉湖山庄美湖居剩余房源时，推出"110%信心计划付款方法"，采取期权的概念以"保价升值"来促销换量。

三是内部资金协同，统筹调度。1997年时，长实集团另一优势在于持有近50%的和记黄埔的股份；后者主要从事港口、地产、零售和制造、电信、能源和金融等业务，收入和利润构成比较分散，国际化和多元化程度高，一定程度上减轻了房地产行业的衰退冲击。即使扣除和记黄埔的非经常性收益，1998—2000年其对长实集团的利润贡献也达65%左右。此外，长实集团借助和记黄埔的全球性网络，可向中国内地、新加坡、英国等地，利用协同资源拓展房地产业务。

由于和记黄埔的资金由集团总部统一管理，当集团现金流动性紧张，和记黄埔可出售旗下部分投资项目或资产的方法支持集团资金。如1997年，和记黄浦向宝洁出售10%的宝洁和记股份，于当年及次年分别获得特

---

① 1平方英尺约为0.09平方米。——编者注

殊溢利 14.3 亿港元和 33.32 亿港元。和记电讯于 1997 年和 1998 年分两次出售持有的全部 54% 的股份，扣除成本为集团增加特殊盈利 23.99 亿港元。1998 年，和记黄埔将和记西港码头 10% 的股权售予马士基，一次性获得 4 亿港元收益，并计入当年营业利润。

此外，"长和系"内不同公司的派息策略明显不同，位于股权"金字塔"架构底层的公司派息率较高，而位于顶端的长实集团则偏低。长实集团通过此策略便于统一调配"长实系"资金，使其现金流保持充裕。

③**长线操盘，吃透土地溢价**。与中国内地追求"快周转"开发商明显不同，香港开发商操盘更讲究"慢工出细活"，所以总资产周转率偏低（见图 3-23）。由于香港土地稀缺，开发商为充分挖掘项目价值，享受土地升值红利，形成"轻速度、重品质"，"轻开发、重升值"，"轻标品、重精品"的操盘理念。

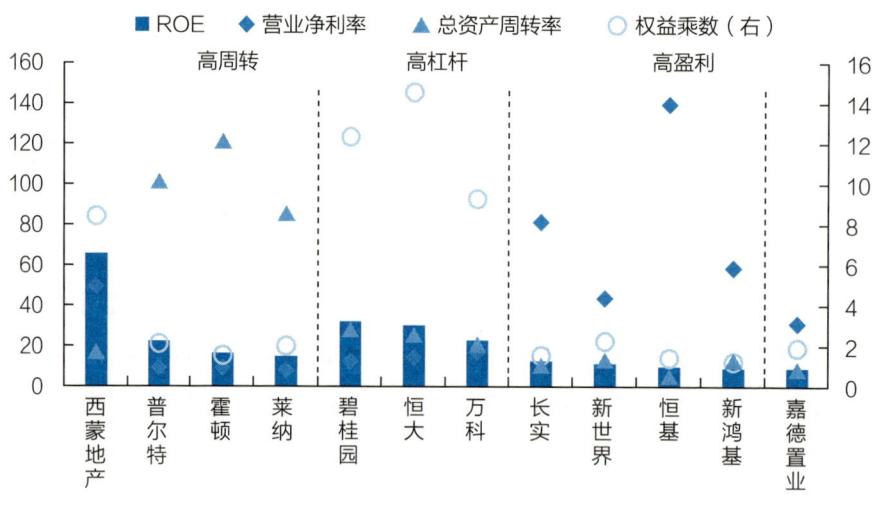

图 3-23　主要地产开发企业的典型特征及指标对比

资料来源：恒大研究院。

香港房地产企业的长线开发策略导致其总资产周转率偏低，除部分开发类企业总资产周转率高于 0.1 外，大部分物业投资类企业仅为 0.05，均值不足美国房企 1/10，也远低于中国内地房企。

以香港新鸿基地产的上海徐家汇中心项目与中海地产的上海普陀区红

旗村项目为例，两者总开发体量均接近百万立方米，且均含有超高层写字楼、购物中心等综合体业态。前者产品线更高端，打造上海市地标性项目；后者定位中高端，区域副中心项目。项目简介及规划情况如下：

新鸿基·上海徐家汇中心项目实行"一次规划、分期实施"。项目包含：华山路地块占地1.4万平方米，恭城路地块占地1.1万平方米，宜山路地块占地0.8万平方米，虹桥地块占地6.6万平方米，总建设规模近100万平方米。其中，可租售商业面积28.5万平方米、办公面积38.8万平方米、酒店3.2万平方米，自持运营比例近60%。该项目将打造一个功能集聚的高端新型城市生活枢纽，重塑并提升徐家汇商圈的商业能级，成为上海中央活动区的新地标（见图3-24）。

中海·上海普陀区红旗村项目实行"统一规划、分批出让"，项目整体由8宗地块，分三次出让成交：总占地面积18.5万平方米，总建筑面积97.1万平方米，地上计容总建筑面积约62万平方米，主要功能为办公、商业、文化及高端住宅，包括建筑高度为20米、230米的两栋塔楼地标。其中，商业办公及文化面积等占比超50%，自持运营13万平方米。该项目为轨交11号和14号线真如站上盖，是上海西北部最大的商业综合体，也是上海市首批"城中村"改造试点（见图3-24）。

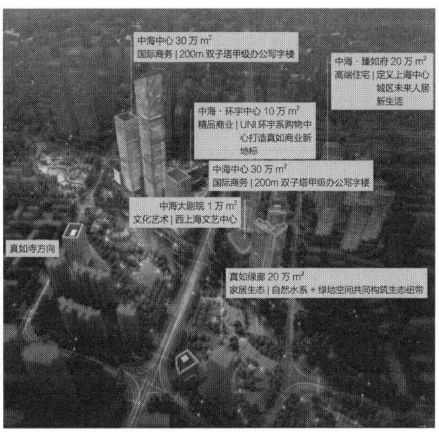

图3-24 新鸿基·上海徐汇中心（左）及中海·上海普陀红旗村项目（右）规划图

对比该两项目的开发节奏（表 3-6），中海地产的开发速度大幅领先于新鸿基，如拿地后一周内公示方案、住宅 10 个月开盘、30 个月实现首栋超高塔楼封顶，开工 3 年项目内全部建筑完成结构封顶。中海地产开发全周期仅用约 5 年时间，新鸿基前后耗时逾 10 年。

实际上，新鸿基地产等香港开发商从拿地、设计、开发、运营全程精雕细琢，选择"十年磨一剑"的操盘策略，有以下优势：一是产品溢价：打造高端产品线，通过精细化、个性化开发，提升项目溢价率；二是土地溢价：拉长项目开发周期，等待增值后再出手，吃透升值空间；三是融资利差：分阶段控制投入，维持低负债率和融资成本，保障项目长线开发，形成良性循环。

表 3-6　上海徐家汇中心与普陀红旗村项目的开发关键节点

新鸿基·上海徐家汇中心项目里程碑节点		中海·上海普陀区红旗村项目里程碑节点	
时间	关键节点	时间	关键节点
2013 年 09 月 05 日	217.7 亿元竞得徐家汇中心地块	2018 年 10 月 11 日	94.0 亿元联合竞得普陀红旗村四宗综合用地（一期）
^	^	2020 年 01 月 02 日	62.7 亿元联合竞得占地 4.18 万平方米两宗综合用地（二期）
^	^	2020 年 02 月 14 日	14.1 亿元竞得占地 3.04 万平方米两宗商住混合用地（三期）
2015 年 06 月 09 日	规划公示设计方案	2018 年 10 月 17 日	规划公示设计方案（一期）
2016 年 12 月 20 日	一号地块完工，首推入市	2019 年 08 月 01 日	中海·臻如府（一期）住宅首次开盘
2019 年 12 月 15 日	一期 One ITC 开业，商业面积约 3.78 万平方米	2020 年 03 月 31 日	二期商业地块开工建设
2022 年 07 月 31 日	T1 塔楼（220 米）通过综合竣工验收	2021 年 09 月 06 日	中海·臻如府（一期）通过综合竣工验收
2022 年 12 月 20 日	T2 塔楼（370 米）核心筒完成封顶	2021 年 12 月 20 日	首栋超高写字楼结构封顶
2023 年 9 月 20 日	T2 塔楼完成结构封顶	2023 年 03 月 28 日	中海中心 A 座（230 米）正式封顶

续表

新鸿基·上海徐家汇中心项目里程碑节点		中海·上海普陀区红旗村项目里程碑节点	
时间	关键节点	时间	关键节点
预计2024年12月	T2塔楼竣工投入使用	2023年12月22日	中海环宇城MAX（购物中心）正式开业

值得注意的是，倘若开发商采用极端或不当的"长线操盘"策略，可能会演变成常被诟病的"捂盘惜售""囤地炒地"，应警惕及避免此风险。实际上，与上述中海红旗村项目同在的真如区域副中心，长实集团早在2006年以22亿元底价获取巨量A3—A6地块，地价已增值近10倍，仍在中期开发阶段。1999年，我国公布实施《中华人民共和国土地管理法》，规定开发商两年不开发的土地逾期无偿收回。2019年，中国香港特区政府依据《收回土地条例》，回收784幅未开发地块，推动北部新界发展，新世界发展计划捐出27.8万平方米农地兴建公屋。

④**租售混合，加仓运营回报**。香港前十大房地产开发商，按香港交易所分类方式物业开发及物业投资类各五家，均采用"住宅开发销售＋物业自持租赁"双轮驱动的发展模式。物业开发类企业中，除新世界发展的基建、服务业务对营业收入贡献占超过50%外，其他企业的开发销售业务占比50%、物业自持租赁贡献10%~30%；物业投资类企业中，开发销售收入均不足50%，租赁收入占比则至少20%~30%（见图3-25）。

以长实集团在亚洲金融危机期间对业务结构转型调整的战略为例。1997年，长实集团的房地产业务集中于香港地价较低的市区边缘，房地产销售收入占总营业收入的79.9%，经常性利润占比达84.6%。在亚洲金融危机时，长实集团意识到"危"与"机"，主动调整业务结构，加大对租赁性物业的投资与开发。在1997年年报中，董事会主席李嘉诚表示："现虽面对经济放缓之环境，（长实集团）稳健中仍不忘发展，争取每个投资机会，继续拓展其多元化业务。"

1998年，以住宅地产为主业的长实集团加码租赁性资产的开发，当年租赁性物业陆续竣工开业，当年固定资产同比猛增423%。长实集团当年在

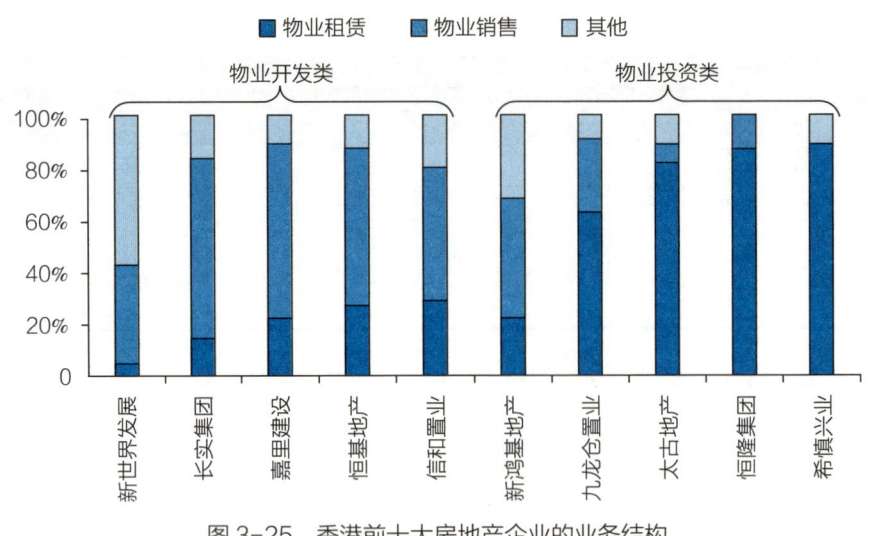

图 3-25 香港前十大房地产企业的业务结构

数据来源：Wind、公司年报。

《致股东信》中说："集团的优质楼面面积将于未来一两年间显著上升，使集团的经常性盈利基础更趋雄厚。"虽然当时香港的租赁市场，包括商业、写字楼和酒店等也处于调整期，但与住宅市场相比，需求相对刚性稳定，可为公司提供可靠的租金收益。

此外，在亚洲金融危机后，长实集团退出非主营的基建业务，转型加仓投资酒店和套房租赁业务，持续创造稳定性收益。2007年，长实集团的开发销售收入已减少至占经常性利润的75.1%，物业租赁占16.4%，酒店和套房服务占7.3%，对冲由开发销售业务不稳定所带来的波动风险（见图3-26）。

实际上，香港开发商擅长城市综合体开发，销售型物业与租赁型资产搭配，且通过不同物业之间的互补吸引人流，综合体开发遵循"金三角原则"，即购物中心、写字楼、住宅或公寓等不同类型物业，在开发节奏、资金平衡、客群导入、服务协同等方面，将综合体项目中的混合物业中"短期销售"与"长期收租"的资金流平衡、价值最大化研究到极致。

香港前十大开发商持有优质租赁资产，租金回报率远超香港市场平均水平。2005—2020年，由于地价、开发成本上涨等因素，香港商业地产租金回报率不断走低，近5年租金回报率均值降为2.7%，而前十大开发商凭

第三章 新加坡及中国香港的启示

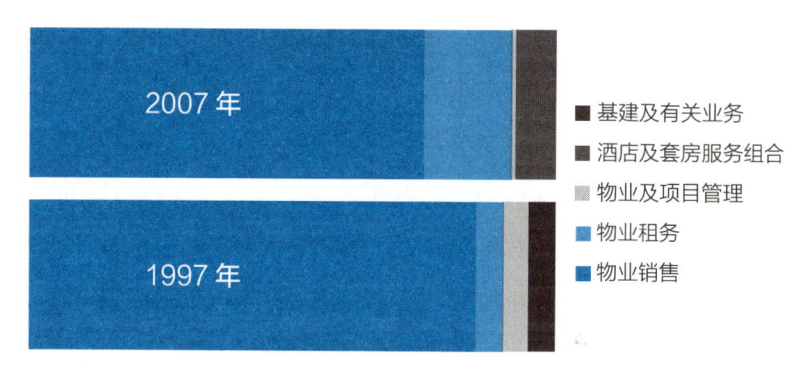

图 3-26 长实集团房地产业务的利润结构（1997年及2007年）
数据来源：Wind、公司年报。

借优质的资产与出众的运营能力跑赢大市，租金回报率均值4.9%，接近市场水平的2倍，其中嘉里建设、恒隆集团更高达6.0%以上。

综上，香港房地产企业在政府刺激政策、市场止跌企稳等环境下，通过开展上述破局举措，多数房企化解风险，平稳渡过危机，避免滑入日本后危机时代低迷期的情况。从资本市场来看，恒生地产股指数经两年下调后，于1999年初开始回升。优质的香港开发商表现的韧性更强，虽然危机期间与恒生地产股行业下跌走势基本一致，但市场复苏后，其反弹回升幅度及速度均领先于行业（见图3-27）。

图 3-27 香港龙头房地产企业股价在危机前后的表现
数据来源：Wind、信达证券研发中心。
注：1998/11/30=0。

第3节 启示与分析

新加坡和中国香港曾被誉为"亚洲四小龙"之二，其经济周期、房地产市场、企业发展等经验对于当下而言，有重要参考意义。

①相较于美国、日本，新加坡、中国香港经历的亚洲金融危机是受南亚爆发波及的"次生危机"。虽然新加坡、中国香港当时内生经济结构等存在瑕疵，但整体基本面向好，且政府救市政策及时果断，坚定维护市场稳定与国际金融中心地位。因此，两者房地产市场仅下行回调约两年，1999年即逆转反弹，修复时间短。

新加坡得益于以组屋作为房地产市场的"基石"稳固，政府救市更偏向主动出击"治本"，纾困经济体、重塑产业结构、金融改革等"源头"式施策，对房地产行业政策则相对温和。中国香港作为危机时国际投机者的狙击中心，汇率失守、资产暴跌等风险均较大，政府救市政策更偏向被动出击"治标"，包括无限期中止"居者有其屋计划"及"自置居所资助计划"等政策稳定资产价格，房地产市场长期仍存在风险敞口。

②新加坡、中国香港实行政府公营和市场私营的"双轨制"住房制度是其房地产市场稳定发展的基石，形成"低端有保障、高端有市场"的格局。虽然两政府主导供应"组屋""公屋"，执行细则略有区别，但整体既保障中低收入居民的基础住房需求，也避免市场房价或租金的大幅波动，成为住房市场的"稳压器"；以市场主导的商品房市场则有序良性竞争，满足中高端家庭的住房需求，成为住房市场的"助推器"。

新加坡政府推行组屋力度更大，面对危机时政策连续性更强，组屋体系等发展也更成熟，且填海造地、土地征收制度等保障地价及房价稳定，居民自有率高、基本实现"居者有其屋"。中国香港填海造陆节奏放缓、叠加"勾地"供应规则，在危机阶段政府为稳定房价减少土地及公营房屋的供给，造成地价及房价仍高企。因此，目前香港整体住房结构中公屋比例、居民住房自有率依然偏低，基本实现"居者有租屋"。

③本质上，新加坡、中国香港的房地产企业的破局之道与美国、日本企业也大致相当。成功穿越周期的房地产企业均有如下共性：在财务端，降低杠杆、置换资产结构，削减支出、现金为王；在业务端，降低重资产模式下的销售业务占比，增持运营型资产，提升租赁收入占比；在发展端，利用生态位优势，延展或创新资产管理等轻资产业务。

新加坡房地产市场以建屋发展局公屋为主，私人住宅房地产企业的规模有限。亚洲金融危机后组建的凯德集团，作为新加坡国资控股企业常年位列市场第一。凯德集团把握提速发展国际金融中心时机推出新加坡首支REITs，独辟蹊径构建"PE+REITs"的独特模式，打通"投融管退"产业链路，成为国际性"不动产 + 投资管理"集团。中国香港"四大家族"及恒隆集团等前十房地产企业占据行业半壁江山，在踩准投资周期，青睐核心地段及长线操盘策略，租售并举、重视持有运营资产等方面表现不俗；在危机时也高度自律，果断折价出售资产、调整合作策略等。

其实，就新加坡、中国香港等房地产企业倾向于多业态开发及资产运营、内地房地产企业则倾向于住宅开发及"快周转"开发模式，恒隆集团董事长陈启宗先生于 2008 年在《致股东书》就此曾高屋建瓴地总结比较："如果万科重量，本集团定必重质；彼等需要速度，吾等需要先行者优势；彼等之利润有时会极为吸引但周期性高，吾等之利润于租出商业物业后其稳定性会令人难以置信。"

不难看出，相较新加坡、中国香港等发达地区的房地产行业曾经受的"惊涛骇浪"洗礼，我国内地房地产行业的过往发展尚属初期阶段，受益于城镇化率持续增长、住宅行情单边上扬等时代红利。随着我国房地产行业的盘整发展，会不断在经历和穿越周期后，逐渐摆脱传统的"重资产 + 纯住宅 + 快周转"的路径依赖，破局向前、探索和重塑行业的新模式和新格局。

第四章

政策"新风口"

第四章　政策"新风口"

第1节　中央会议基调

自2021年中央经济工作会议，中央政府意识"我国经济发展面临着需求收缩、供给冲击和预期转弱三重压力"，强调"跨周期和逆周期宏观调控政策"的"有机结合"；坚持"房子是用来住的、不是用来炒的"及"租购并举"定位，首次提及引导房地产行业"探索新的发展模式"。

2022年中央经济工作会议定调"风高浪急"的国际环境及"艰巨繁重"的发展任务，强调财政政策"加力提效"、货币政策"精准有力"，并多次提及"扩大内需"；要求"有效防范化解重大经济金融风险"，确保"房地产市场平稳发展"，首次部署"有效防范化解优质头部房企风险"，"支持刚性和改善性住房需求"以及"推动房地产业向新发展模式平稳过渡"。

2023年中央经济工作会议坚持"稳中求进、以进促稳、先立后破"的总基调，指出"增强宏观政策取向一致性"，首次提及"形成消费和投资相互促进的良性循环"，防范化解"重点领域"（房地产、地方债务、中小金融机构等）风险；积极稳妥"化解房地产风险"，"一视同仁满足不同所有制房地产企业"的合理融资需求，提出城中村改造等"三大工程"，再次要求"加快构建房地产发展新模式"。

2024年中央政治局会议指出，我国经济回升面临的挑战主要是有效需求不足，强调"压实责任，做好保交房工作"，创新定调要结合"房地产市场供求关系的新变化、人民群众对优质住房的新期待"，统筹研究"消化存量房产和优化增量住房"的政策措施。

由此可知，我国中央政府对经济基本面、重点任务、房地产行业发展方向等有明确认知及有力部署，淡化先前"房住不炒"的表述，对于房地

157

产行业整体要求"防范化解风险""健康平稳发展""探索发展新模式"及"存量房产消化、增量住房优化"。

第 2 节 重点配套政策

各年度中央工作经济会议定调后，中央部委、各省市等层面也陆续出台政策，从融资端、市场供求端等持续发力，修复房地产企业资产负债表，引导新模式发展方向，"托而不举"促进行业良性企稳。其中有以下三方面值得关注。

4.2.1 "三支箭"融资政策

我国本轮地产下行起点是供给侧去杠杆过快造成房地产企业资金链的断裂，2018—2021 年"三道红线""贷款集中度管理""预售资金监管"等缩紧政策密集出台，地产融资端先行受阻，叠加疫情反复，信用风险事件频发，使得我国金融机构和居民信心受挫，资产价格下跌，最后传导到销售市场端，造成融资与销售回款双紧、行业总量缩表，带来行业下行的"负向循环"。

另外，我国房地产企业 2023 年迎来"还贷潮"，特别是境外债偿还量达新高峰，行业流动性危机犹存，融资渠道疏通迫在眉睫。从境内债看，地产境内债偿债于 2020 年 7 月—2021 年 7 月到达顶峰，但 2023 年 3—9 月也有一波到期内债需要偿还；从境外债看，2023 年 1 季度境外债到期偿还量为历年最高峰达 209.1 亿美元，房企债务偿还压力加大（见图 4-1）。

针对房企和项目资金链困境，中国人民银行、原银保监会等中央部门从融资供给端发力，全局模式举"信贷+债券+股权"合力，"三箭齐发"包含民营企业、境外债等范围，全方位纾困流动性难题，表明稳定房地产

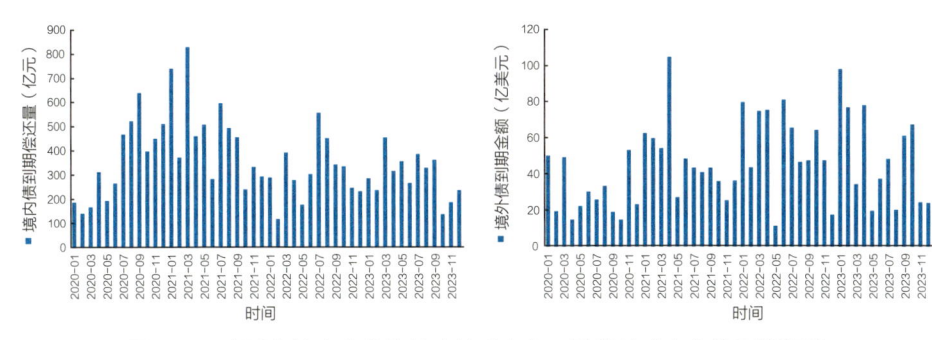

图 4-1 我国房地产企业的境内债（左）及境外债（右）的到期规模

数据来源：Wind。

市场的力度和决心。

（1）信贷融资

2022年11月21日，中国人民银行、原银保监会召开全国性商业银行信贷工作座谈会，提出要"稳定房地产企业开发贷款投放"等要求。"第一支箭"既包含开发性政策性银行发放的"保交楼"专项借款，也包括商业银行投放的开发贷款、按揭贷款、并购贷款以及供应链融资、投资房企债券、出具保函等，以及中国人民银行即将向商业银行提供的"保交楼"免息再贷款。具体看有以下亮点：

银行信用贷款

2022年11月23日，中国人民银行和原银保监会正式发布的"金融16条"是"第一支箭"集中系统的体现：强调在房地产开发贷款投放中"对国有、民营等各类房地产企业一视同仁"，支持房企发债融资、项目并购融资、存量融资展期，还鼓励通过信托等资管产品支持房地产融资需求等。

根据中指研究院统计，自"金融16条"发布实施以来，包括六家国有大行在内的多家银行宣布和房地产企业签署战略合作协议，满足包括民营房地产企业合理融资需求，已有60家银行密集给予碧桂园、龙湖集团、美的置业等120多家房地产企业大额银行授信，累计授信金额超5万亿元。

2023年11月，中国人民银行、国家金融监督管理总局、中国证券监督管理委员会（简称证监会）在联合召开金融机构座谈会提出"三个不低于"，扩围房企"白名单"，量化指标性监管要求：①各家银行自身房地产贷款增速不低于银行行业平均房地产贷款增速；②对非国有房企对公贷款增速不低于本行房地产增速；③对非国有房企个人按揭增速不低于本行按揭增速。

从2020年的"三道红线"，到2022年的"三支箭"，再到2023年的"三个不低于"，监管机构对于房地产企业的态度已明显转向；尤其对于民营房地产企业，规定银行对其融资支持程度下限，将有助于改善非国企融资难的行业共性问题。

预售资金置换

"第一支箭"实施前，我国各城市普遍对预售监管资金要求较高，如图4-2所示，保利发展、招商蛇口等重点房地产企业的受限监管资金比例超过30%，大幅削弱资金流动性。虽然自2021年部分城市调整预售资金监管政策，或放松资金监管为房企提供资金支持，或缩紧政策保障项目安全交付，但"一城一策"地方性政策的执行刻度并不统一。

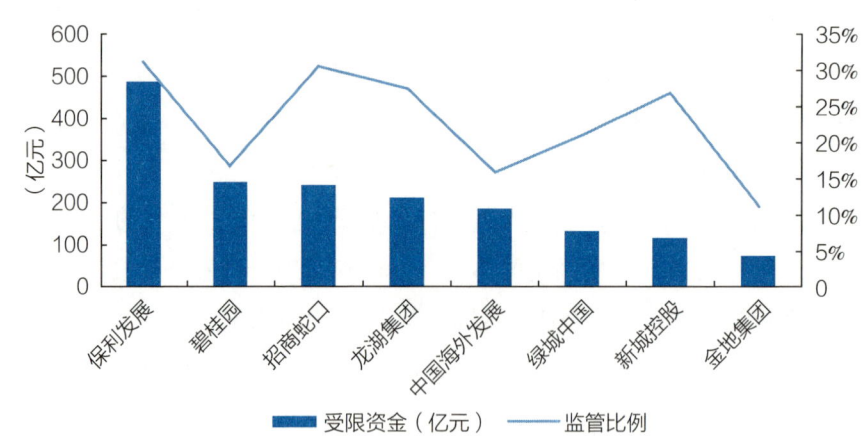

图4-2 重点房地产企业的受限监管资金额度及监管比例

数据来源：各公司公告。

11月14日，原银保监会、住房和城乡建设部、人民银行联合印发《关于商业行出具保函置换预售监管资金有关工作的通知》，向优质房地产企业出具保函置换预售监管资金，明确保函置换金额不得超过管账户中确保项目竣工交付所需的资金额度的30%。

中央多部委联合首次将保函置换上升至全国性政策，将各地政府不一致的保函置换政策进行全国统一化转变。该政策本质上是将银行信用注入房地产项目当中，帮助优质房企缓解流动性压力，提升预售资金使用效率。该政策相当于对资金尚可、仍有扩表动力的房企给予30%置换资金额度的经营杠杆，资金成本为保函的费用及保证金利息；对于资金紧张、有保交付压力的房企，给予额外的腾挪空间，能够帮助减少资金压力，保障项目后续顺利交付。

内保外贷担保

我国民营房企的海外债总规模相对更大，2023年到期海外债也迎来偿还高峰期。自2020年以来，多家房企出现境外债展期、违约事项，境外信用债融资逐渐趋于冻结，离岸融资信用及信心亟须修复。

2022年11月21日，我国央行在全国性商业银行信贷工作座谈会上提及，"通过内保外贷业务跨境增信支持房企海外融资，商业银行境外分支行要加大对优质房企内保外贷业务的支持力度"。"内保外贷"是指境内银行为境内企业在境外注册的附属企业或参股投资企业提供担保，由境外银行给境外投资企业发放相应贷款。

12月9日，中国银行利用境内外市场资源，中银香港以人民币保函为担保，为龙湖集团境外企业提供贷款融资，贷款规模为7亿元，标志着我国监管层将注入地产行业流动性的基调由境内扩展到境外，此举不仅有助于"治标"缓解房企现金流压力，更有利于"治本"修复境外融资市场的房地产信用。

（2）债券融资

2022年11月8日，中国银行间市场交易商协会（简称交易商协会）发文称，在人民银行的支持和指导下，交易商协会继续推进并扩大民营企业债券融资支持工具，支持包括房地产企业在内的民营企业发债融资，这是当年第三次推出民企增信融资新政。

"第二支箭"由人民银行再贷款提供资金支持，中债增信和中证金融通过多种方式进行增信，预计可支持民营企业发债融资规模达2500亿元，后续可视情况进一步扩容；且方式灵活，特别提出以直接购买债券的方式，将突破担保增信和创设信用风险缓释凭证对抵押物要求较高的限制，对房企的支持范围更广。

结合"第二支箭"投放后的效果，在以下三方面有显著作用：

一是一视同仁地缓解民营房企面临的流动性困境，扩增非银融资渠道。交易商协会发文一个月内，先后受理龙湖集团、美的置业、新城控股等8家房地产企业储架式发债申请，各家发债规模在20亿~280亿元不等，合计申请规模达1210亿元。如表4-1统计，2023年中债增及其他金融机构为12家民营房企发行超200亿元债券提供多种形式的担保，有效纾困房地产企业资金流动性难题。

表4-1 2023年民营房企增信发债情况

时间	企业名称	发行总额（亿元）	担保方式
2023年01月12日	新希望	10	中债增不可撤销连带责任担保
2023年01月17日	中骏地产	15	中债增不可撤销连带责任担保
2023年01月18日	雅居乐	12	中债增不可撤销连带责任担保
2023年01月19日	合景泰富	7	中债增不可撤销连带责任担保
2023年01月20日	卓越商管	4	中债增不可撤销连带责任担保
2023年03月16日	华宇集团	11	中债增不可撤销连带责任担保
2023年04月21日	美的置业	12	中债增不可撤销连带责任担保，中债增、交通银行、中信证券创设信用风险缓释凭证
2023年05月05日	新希望	8	中债增不可撤销连带责任担保
2023年05月05日	碧桂园	17	中债增不可撤销连带责任担保
2023年06月14日	新城控股	11	中债增不可撤销连带责任担保，中金及中信证券创设信用保护凭证
2023年07月12日	新湖中宝	7	中债增不可撤销连带责任担保
2023年07月24日	新城控股	8.5	中债增不可撤销连带责任担保

第四章　政策"新风口"

续表

时间	企业名称	发行总额（亿元）	担保方式
2023年08月02日	中骏地产	7	中债增不可撤销连带责任担保
2023年08月10日	美的置业	4.2	中债增不可撤销连带责任担保
2023年08月22日	金辉地产	8	中债增不可撤销连带责任担保
2023年08月30日	龙湖集团	11	中债增不可撤销连带责任担保
2023年08月31日	美的置业	15	中债增不可撤销连带责任担保，中债增及浙商银行创设信用风险缓释凭证
2023年09月21日	卓越商管	10	中债增不可撤销连带责任担保
2023年11月20日	卓越商管	5	中债增不可撤销连带责任担保
2023年11月21日	美的置业	10	中债增不可撤销连带责任担保，中债增、华夏银行及交通银行创设信用风险缓释凭证
2023年12月15日	龙湖集团	12	中债增提供全额无条件不可撤销的连带责任保证担保

数据来源：Wind、公司公告。

二是补充资金来源的同时，融资成本也进一步下降。2023年由"第二支箭"增信的21只民营地产企业债券融资成本均低于4.7%，其中龙湖拓展与美的置业发行的三年期中票票面利率均低4.0%，分别为3.5%及3.4%。以美的置业2023年发行债券为例，其凭证费仅79个基点，不到市场化凭证费率的50%，带动中票发行票面利率降低56个基点，节省逾224万元财务费用，降低美的置业的融资费用。因此，"第二支箭"有效降低民营地产企业票面利率，为发债企业显著节约综合融资成本。

三是带动金融机构发挥合力，支持民营房地产企业融资。政策发布前，民企融资受行业流动性危机、部分房企违约的影响，市场化风险分散分担机制尚不完善，金融机构的投放信心偏弱。中债增信担保发债释放对民企债券融资的政策支持信号，提振市场对民企债券投资信心，引导保险资金、养老金、社保基金、证券投资基金、政策性银行等机构积极参与投资，主承销商等市场中介机构也踊跃加入服务民营地产企业融资工作，对于提振市场信心、改善市场预期起到良好示范效应。

（3）股权融资

2022年11月28日，证监会发布调整优化房地产行业股权融资5项措施，包括恢复上市房企并购重组及配套融资、再融资等政策，标志着"第三支箭"正式落地。

"第三支箭"前，房企股权融资自2010年开始受中央调控开始收紧，2014年短暂重启后在2016年再度叫停，2017年后仅部分地方国资企业进行增发，尤其房地产民营企业的股权融资基本停滞；另外，受市场行情等因素影响，我国上市房地产企业的市净率纷纷走低，股价频频"破净"，这也使房企对股权融资更加审慎。

股权融资再次开闸

"第三支箭"中出台的5项优化措施，前3条中"恢复涉房上市公司并购重组及配套融资""恢复上市房企和涉房上市公司再融资"及"调整完善房地产企业境外市场上市政策"均为放宽股权融资渠道。

时隔6年的房地产行业股权融资"开闸"，意味着证监会等部门从供给侧进一步支持融资，将定增募资锁定用于"保交付"，有助于打消购房者对于交付的担忧，从而激活需求侧潜力，促进行业回暖修复。"第三支箭"出台两周内陆续有碧桂园、雅居乐、华夏幸福等18家房企披露再融资计划，融资方式包含配股和定向增发；基本均明确提出资金流向为保交楼、保障房、棚改房、补充流动性资金、偿还债务等。

以2023年为例，共有8家A股上市房地产企业的增发方案获得监管部门批准通过，其中3家已完成融资合计超200亿元（见表4-2）。"第三支箭"股权融资开放有效地缓解上市房地产企业的流动资金紧张的困境，改善其资产负债结构；优质民企通过增发配股等融资形式补充流动资金，市净率较低、负债率较高、有扩张诉求的地方国企则能优化负债结构，提升市场份额及估值修复。

表 4-2　2023 年部分房地产企业的股权融资情况

时间	企业名称	股票代码	实际募资总额	状态
2023 年 06 月 06 日	福星股份	000926.SZ	—	已通过未实施
2023 年 06 月 06 日	中交地产	000736.SZ	—	已通过未实施
2023 年 06 月 06 日	大名城	600094.SH	—	已通过未实施
2023 年 06 月 09 日	保利发展	600048.SH	—	已通过未实施
2023 年 07 月 12 日	陆家嘴	600663.SH	67.44 亿元	已实施
2023 年 08 月 01 日	雅居乐	3383.HK	3.90 亿港元	已实施
2023 年 08 月 25 日	外高桥	600648.SH	—	已通过未实施
2023 年 08 月 30 日	碧桂园	2007.HK	2.70 亿港元	已实施
2023 年 09 月 15 日	招商蛇口	001979.SZ	85.0 亿元	已实施
2023 年 10 月 16 日	华发股份	600325.SH	51.24 亿元	已实施
2023 年 10 月 26 日	北大资源	0618.HK	1.22 亿港元	已实施

○ 数据来源：Wind、公司公告。
注：统计时点为 2023 年 12 月。

REITs 加速推行试点

"第三支箭"的 5 项措施中，后 2 条"进一步发挥 REITs 盘活房企存量资产作用""积极发挥私募股权投资基金作用"，明确表示将推动保障性租赁住房 REITs 常态化发行，鼓励优质房地产企业依托符合条件的仓储物流、产业园区等资产发行基础设施 REITs，或作为已上市基础设施 REITs 的扩募资产；并允许符合条件的私募股权基金管理人设立不动产私募投资基金，引入机构资金，投资存量住宅地产、商业地产、基础设施，促进房地产企业盘活经营性不动产并探索新的发展模式。

"第三支箭"落地后，2023 年是我国 REITs 进入快速发展阶段，证监会、交易所等指导文件密集出台，尤其对于开发商的租赁租房 REITs 及购物中心 REITs 给予明确意见，为我国商业地产"投融建管退"全流程闭环提供政策基础（见表 4-3）。

表 4-3 2023 年我国部分支持 REITs 发展的政策

时间	监管部门	通知或会议	相关政策内容
2023 年 02 月 24 日	中国人民银行、原银保监会	《关于金融支持住房租赁市场发展的意见（征求意见稿）》	拓宽住房租赁市场多元化融资渠道；稳步发展房地产投资信托基金
2023 年 03 月 24 日	证监会	《关于进一步推进基础设施领域不动产投资信托基金（REITs）常态化发行相关工作的通知》	拓宽试点资产类型，有限支持百货商场、购物中心、农贸市场等城乡商业网点项目
2023 年 05 月 12 日	证监会	《深圳证券交易所公开募集基础设施证券投资基金业务指引第 1 号——审核关注事项（试行）（2023 年修订）》	明确产业园区、收费公路两大类资产的审核和信息披露标准
2023 年 06 月 30 日	交易商协会	《关于进一步发挥银行间企业资产证券化市场功能增强服务实体经济发展质效的通知》	大力推进不动产信托资产支持票据（银行间类 REITs）业务
2023 年 08 月 18 日	证监会	答记者问	加快推动 REITs 常态化发行和高质量扩容
2023 年 10 月 20 日	证监会	《关于修改〈公开募集基础设施证券投资基金指引试行〉的决定》	基础设施包括仓储物流，百货商场、购物中心等消费基础设施，保障性租赁住房等符合国家发展规划的基础设施

租赁住房 REITs 方面，2022 年 7 月，上海证券交易所和深圳证券交易所分别出台保障性租赁住房 REITs 业务指引。截至 2023 年，至少已有 4 支保障性租赁住房 REITs 完成发行，分别为：红土深圳安居 RETT、中金厦门安居 REIT、华夏北京保障房 REIT、华夏基金华润有巢 REIT。该政策有利于拓宽房地产企业建设租赁住房的资金来源，支持我国住房迈向"双轨制"体系建设。

购物中心 REITs 方面，2023 年 3 月，证监会发布《关于进一步推进基础设施领域 REITs 常态化发行相关工作的通知》，提出优先支持"百货商场、购物中心、农贸市场等城乡商业网点项目"。2023 年 11 月，首批消费基础设施项目获批，分别为：上海证券交易所上市的华夏金茂购物中心 REIT 以及在深圳证券交易所上市的华夏华润商业 REIT、中金印力消费

REIT，其底层资产均为核心城市的购物中心。

此外，以写字楼、产业园区、仓储物流园区等为底层资产的REITs也陆续上市，如中国金茂发行的碳中和写字楼类REIT；招商蛇口发行的产业园封闭式REIT等。

但整体来说，我国REITs发展尚处于初级阶段，在发行交易、信息披露、退市监管等环节仍需市场检验。此外，目前发行的消费设施类RETT投资标的均为央企或混合制企业为主导的运营成熟期的项目，如何更广泛地惠及民营企业或有潜力的早期项目等，还需从机制层面进一步完善。

综上，"三支箭"分别从信贷、债券及股权融资等渠道，落实中央金融工作会议中满足不同所有制房地产业企业合理融资需求，将政策触角细化到非国有房企，促进金融与房地产良性循环，补齐民营房企在融资扶持红利下的普惠短板。"三箭齐发"涉及资金落地后，房企资产负债表和现金流迎来实质性改善，但房地产行业的企稳回暖依旧取决于市场需求复苏，"三大工程"在一定程度上则成为指明探索行业"新模式"的政策风向标。

4.2.2 "三大工程"重点方向

继2023年中央金融工作会议、中央政治局会议提出推进保障性住房建设、城中村改造、"平急两用"公共基础设施建设等"三大工程"。中国人民银行、财政部、住房和城乡建设部、试点城市等跟进落地，尤其是资金来源、保障措施等配套政策频出。与过往全国推广的棚改项目不同，本轮"三大工程"推进聚焦城区常住人口较多的大城市；其中，保障性住房建设率先在城区常住人口超300万的城市试点，城中村改造和"平急两用"的基础设施建设重点在城区常住人口超500万的超大特大城市推进。

据业界中性估算分析，"三大工程"年均投资约1.25万亿元；其中，配售型保障房建设年均投资约3000亿元，租赁型保障住房年均投资约2000亿元；城中村改造年均投资规模约5000亿元；"平急两用"基建项目年均投资规模约2500亿元。

参考过往棚改政策等推进经验，"三大工程"项目落地情况主要取决于资金支持、配套政策落地节奏等情况。当前，多部门加强协同为"三大工程"领域提供土地、财税、金融等方面的政策支持，2023年12月，中国人民银行重启抵押补充贷款（简称"PSL"），净增投放量5000亿元，为"三大工程"项目提供中长期低成本的贷款资金；自然资源部及住房和城乡建设部均表示支持盘活闲置低效土地用于"三大工程"中的城中村改造及配售型保障房建设；中国人民银行及国家金融监督管理总局协同加大对住房租赁市场信贷支持力度。

（1）保障性住房

2023年8月国务院常务会议通过《关于规划建设保障性住房的指导意见》（简称"14号文"），被市场解读称为"新房改"政策，明确保障性住房是新一轮房改的核心内容，定调将房地产市场"变为保障房和商品房双轨制运行"。我国原有的住房保障体系是以公共租赁住房、保障性租赁住房为主体，此政策则将保障性住房分为配租型和配售型两种，其中：配租型包括公共租赁住房、保障性租赁住房；配售型保障性住房，按保本微利原则配售，"租购并举"为14号文的政策创新亮点（见表4-4）。

表4-4 我国主要保障性住房分类

项目名称	公租房	保障性租赁住房	共有产权房
所属保障房种类	配租型保障性住房		配售型保障性住房
面向群体	城镇住房、收入"双困难"家庭	解决符合条件的新市民、青年人等群体阶段性住房困难问题	有一定经济承受能力但又买不起商品住房的家庭
实施范围	全国	人口净流入的大城市	全国
建筑面积	40~60平方米	不超过70平方米	90平方米以下为主
土地性质及获取方式	绝大部分为划拨的国有建设用地	土地性质主要为集体经营性建设用地、企事业单位自有闲置土地、产业园区配套用地和国有建设用地，出让、租赁、划拨、自有等土地获取方式均有涉及	土地性质为国有建设用地，土地获取方式以划拨和出让为主

续表

项目名称	公租房	保障性租赁住房	共有产权房
房屋来源	采取新建、改建、收购、在市场上长期租赁住房等多种方式	采取新建、改建、改造、租赁补贴和将政府的闲置住房用作保障性住房等多种方式	采用新建、收购、回购、配建等多种方式
建设主体	政府主导投资建设	多主体投资建设	多主体投资建设
价格/租金水平	显著低于市场租金	不高于同地段同品质市场租赁住房租金的90%	按产权比计算
房屋所有权情况	政府或公共机构所有	谁投资、谁所有	政府与购买者共同所有

根据住房和城乡建设部住房保障司及重点城市的"十四五"住房规划数据，全国"十四五"期间计划筹集建设保障性租赁住房870万套，预计可帮助2600万新市民、新青年改善居住条件；保障性住房中租房平均占比超过80%，短期看仍将是未来保障房建设的重点，也是目前多地重点推进的领域；"十四五"期间300万以上人口的主要城市规划建设目标合计615.3万套，占全国筹集目标的70.72%，为14号文率先试行保障性住房的重点区域（见图4-3）。

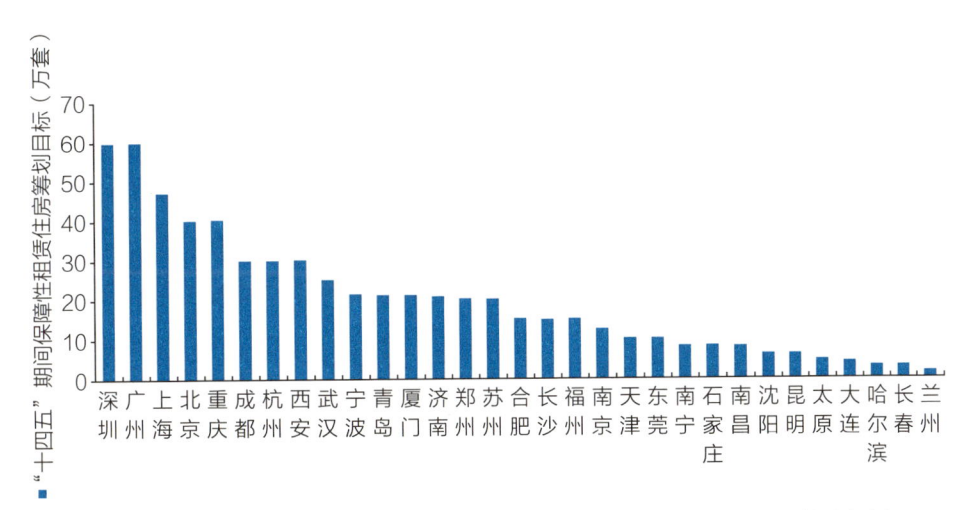

图4-3 我国"十四五"期间300万以上城区人口保障性租赁住房的筹建规划
○ 数据来源：各城市人民政府。

14号文重点提及的配售型保障房，中长期规模占比则有望得到提升，共有产权房是配售型保障房的主要供应方式。14号文发布前，重点城市十四五住房规划中对共有产权房规划较少，大多城市对其规划表述为"探索"，仅深圳市政策与14号文最为相符。14号文对配售型保障房确立"土地成本＋建安成本利润"保本微利定价的配售规则和"封闭管理不得上市交易，闲置转让由政府回购"的运营管理机制。

在城市落地方面，先行试点的深圳市于2023年5月发布《深圳住房发展2023年实施计划》：短期的规划建设方面，保障性住房中配租型保障房占比为88%，其中保租房占比78%、公租房占比10%；配售型保租房占比为12%；中长期的规划供应方面，保租房计划供应16716套，公租房计划供应3452套；配售型保障房计划供应16331套，占比显著提升。

从资金保障来看，14号文明确规定筹集保障性住房建设及运营资金的三大来源：中央补助资金、地方专项债、公积金发放开发贷。从目前投资金额来看，专项债仍为主要资金来源，中央直接补助及社会资金作为补充。从中长期来看，保障房的融资渠道将更加广泛，抵押补充贷款和住房公积金贷款再度重启，REITs发行稳步推进，TOD等城市发展模式同步配建保障房，全方位金融服务体系将支持保障房的长期建设规划。例如，2023年12月，温州市"住房公积金长租房"试点项目落地，通过向缴存公积金的职工发放"租赁消费券"，成为全国首个"住房公积金长租房"项目。同期，全国首笔配售型保障房贷款落地福州，国家开发银行于2023年底向福州市双龙新居保障房项目授信2.02亿，支持建设710套房源。

（2）城中村改造

2023年7月，国务院常务会议通过《关于在超大特大城市积极稳步推进城中村改造的指导意见》，明确主要面向7个超大城市（城区人口1000万以上）和14个特大城市（城区人口500万—1000万）。全国试点城中村改造的21城，具体各城市的城中村建筑面积、城中村自建数占比、城中村租赁户数占比等，见图4-4统计。较过往棚改政策相比，本轮城中村改造分为拆除新建、整治提升、拆整结合等方式推进，在改造对象、改造模式、

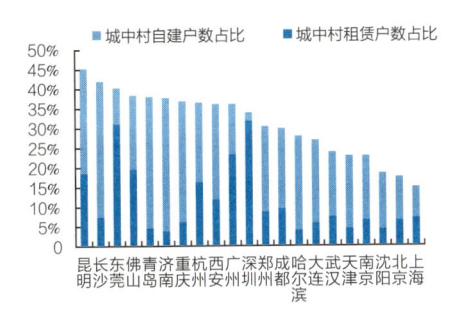

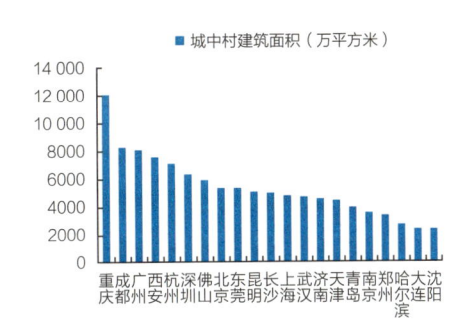

图 4-4　2020年我国各城市城中村自建户数及租赁户数占比（左）、城中村建筑面积（右）

数据来源：国家统计局、2020年人口普查资料。

参与主体等方面均显著提升，强调引导民间资本参与，限制"大拆大建"，聚焦城市品质提升（见表4-5）。根据测算，未来城中村改造将拉动房地产投资7万亿元，若能在5—7年内完成，年均拉动投资金额1.0万亿—1.4万亿元，将有效对冲销售下行带来的房地产投资下滑影响。

表 4-5　城中村改造及棚户区改造的主要差异点

主要差异	城中村改造	棚户区改造
改造对象	自建房、宅基地等集体性质土地	危旧住房、破房烂院，土地多为国有建设用地
改造范围	超大特大城市、一、二线城市为主	全国范围，三、四线城市为主
改造模式	拆除新建、整治提升、拆整结合	拆除重建为主
参与主体	政府负责、多主体参与	政府主导
资金来源	多渠道筹措资金	央行及国开行的棚改专属贷款

从改造模式来看，我国城中村改造可分为政府主导模式、市场主导模式、村集体主导模式和多元协作模式（见图4-5）。其中，北京、西安等地的城中村更新改造多采用政府主导模式；珠海则是采取市场化主导模式的典型。安置方式看，主要采用货币化安置、房票（房屋）安置和实物安置。其中，北京以房屋安置为主；上海、济南采用货币化和实物安置方式；合肥则推行货币化和房票安置结合方式。

从资金来源来看，筹措资金渠道多样化，鼓励民间资本参与。政府主导模式下，城中村改造资金通常来源于财政直接拨款、地方专项债和金融

城中村改造模式

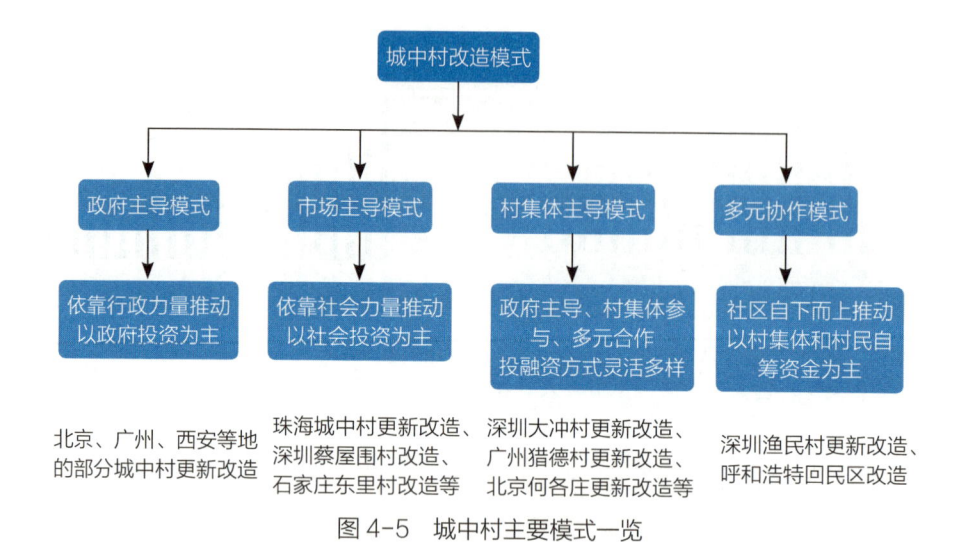

政府主导模式
依靠行政力量推动
以政府投资为主

北京、广州、西安等地的部分城中村更新改造

市场主导模式
依靠社会力量推动
以社会投资为主

珠海城中村更新改造、深圳蔡屋围村改造、石家庄东里村改造等

村集体主导模式
政府主导、村集体参与、多元合作
投融资方式灵活多样

深圳大冲村更新改造、广州猎德村更新改造、北京何各庄更新改造等

多元协作模式
社区自下而上推动
以村集体和村民自筹资金为主

深圳渔民村更新改造、呼和浩特回民区改造

图 4-5 城中村主要模式一览

机构融资；市场运作模式下，资金通常来源于主体自筹和社会资本。

财政直接拨款

2023 年 8 月，中国人民银行、国家外汇管理局会议提出将城中村改造纳入金融支持范围，加大对城中村改造持力度。对于城中村改造这类民生性项目，财政拨款为最重要的资金来源。财政可通过财政预算、直接投资、资本金注入、投资补助、贷款贴息、规费减免等向城中村改造项目直接提供资金支持，重点用于项目的前期工作、征收补偿安置和基础设施建设等。

地方专项债

2015 年全国人大会议表决首次批准 1000 亿元的地方政府专项债券，但早期专项债并无细分品种，且仅要求投向有收益的项目。2018 年时，我国专项债投放方向以土地储备专项债、棚改专项债为主。2019 年 9 月，国务院常务会议明确专项债资金不得用于土地储备和房地产相关领域、置换债务以及可完全商业化运作的产业项目。

2023 年底，中央政策则加大对城中村改造的支持力度，符合条件的城中村改造项目纳入专项债支持范围。2024 年专项债中保障性安居工程领域新增城中村改造、保障性住房两个投向，预计规模达 4000 亿元，主要用于项目前期工作、征收补偿安置、安置住房建设以及安置住房小区的配套基础设施建设等。

金融机构融资

银行等金融机构可设立城中村改造专项借款提供资金支持，资金来源于银行对外发债或抵押补充贷款（PSL）筹措，它是央行为城中村改造设立的结构性货币工具，即央行将资金定向投放至政策性银行，并引导其向特定领域提供贷款。专项借款的优点在于可解决城中村改造项目投资周期长、前期投入支出期限错配等问题，降低城中村改造的成本与风险，促进市场主体推进城中村改造。

截至 2024 年 1 月，至少已有广州、南京、苏州等 10 座城市的城中村改造专项借款已在当地投放，主要来源于国家开发银行等政策性银行，例如广州市白云区罗冲围片区潭村等 14 个城中村改造项目获得国家开发银行、中国农业发展银行首批城中村改造专项借款授信 1426 亿元，首笔发放 15 亿元。

改造主体自筹

本轮城中村改造推进试点的 21 个城市，其地方城投或国企平台的融资能力均较强，地方国企平台或房地产企业作为改造主体自主筹措资金，例如自有资金投入、银行贷款、信托、信用债和资产证券化融资等。在滚动开发模式下，城中村改造项目自身的销售回款或运营收入也可为后期改造提供资金。

金融机构正加码支持对城中改造主体的资金筹集，各类型贷款、资产支持专项计划（ABS）等产品"首单"业务陆续落地，参与方涉及银行、资产管理公司（AMC）等各类机构。2023 年 12 月，中国信达作为原始权益人在上交所发行瑞远 1 号·城中村改造资产支持专项计划，募集规模 75.8 亿元，优先级发行利率 2.97%，其中 70% 资金拟用于置换在深圳、西安等城中村改造项目投资，标志我国城中村改造资产支持专项"零的突破"。

社会资本

本轮城中村改造强调以市场化为主导，引导央企、国企及民间资本等参与运营。由于城中村改造项目复杂，投资周期长、收益存在不确定性等，因此需要低成本、有耐心、有经验的社会资本参与。

2021年6月,上海地产与招商蛇口、万科等多家大型房企和国寿等险资机构共同发起上海城市更新基金,合作规模800亿元;同年7月,广州市越秀区牵头广州地铁等市属国企发起设立广州城市更新基金,首期规模200亿元。2022年,上海市已批准的62个城中村改造项目引进社会资金达5500多亿元。以上资金主要来源包括实施改造主体出资、金融机构配套融资、由房企和保险资金共同设立的城市更新基金等,通过PPP模式、股权投资等。

实际上,前述城中村改造试点的城市效果初显,支持政策覆盖的城市持续扩容。2014年11月,住建部、财政部联合印发通知,明确扩大城中村改造政策支持范围,由超大、特大城市进一步覆盖到近300个地级及以上城市,地级城市资金能平衡、征收补偿方案成熟的项目,均可纳入政策支持范围。

(3)"平急两用"项目

"平急两用"基础设施建设重点在特大型及超大城市开展,"平"指向用途大多与传统公共基础设施相近,如民宿酒店等旅游居住设施、医疗应急服务点、城郊大型仓储基地等;"急"则指可满足疫情、地震等紧急情况发生后的应急隔离、临时安置、应急医疗、物资保障等需求。"平急两用"既有公益属性,也有商业价值。

2023年成都、杭州、武汉、大连等4个城市披露其"平急两用"项目,总投资639.4亿元,主要为医疗服务设施、旅游居住设施等类型项目,以政府主导投资为主,民营资本则相对参与不足。如武汉"平急两用"基建项目中的储备粮库总投资4.9亿元,政策性银行授信额度达3.9亿元,占比近80%(见图4-6)。

"平急两用"项目作为国家战略工程,在发债或融资过程中享受特殊通道,在审批流程和时限等方面有一定优势。2023年12月,中国进出口银行重庆分行牵头银团向重庆陆港枢纽"平急两用"公共仓储(一期)项目发放贷款7.3亿元。同期,山东健康集团发行中期票据,标的资产为智慧医药仓储物流产业园,筹集资金1.0亿元用于项目贷款和偿还其他银行借

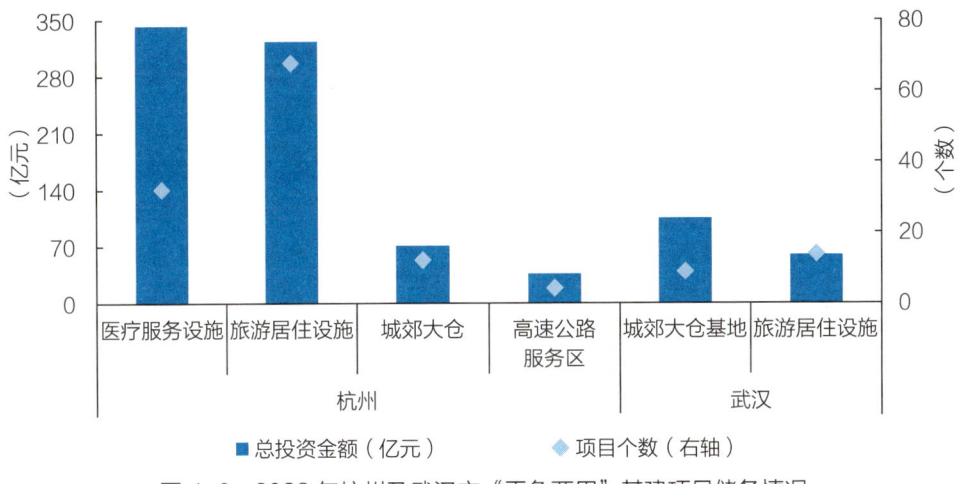

图 4-6　2023 年杭州及武汉市"平急两用"基建项目储备情况

数据来源：Wind。

款。首创证券担任计划管理人的发行全国首单"平急两用"资产证券化产品，规模 1.91 亿元，获得基金、券商等投资者踊跃认购。

综上，"三大工程"通过建立"人、房、地、钱"要素联动的新机制，从要素资源科学配置入手，供给侧落实"以人定房，以房定地，以房定钱"，系统性解决市场供需错配、需求断层等结构性问题，推动房地产市场稳定运行与探索新模式有机结合。本质上，保障性住房解决的是户籍无房户、人才群体、工薪阶层的配租型或配售型保障需求，解决商品房需求断层的问题；城中村改造解决的是新市民、当地居民等住房环境改善需求，解决升级住房品质的问题，并推动释放内需；"平急两用"公共基础设施解决的是新时期对于居住生活安全的配套设施诉求，推动城市更高质量、更可持续、更为安全发展。

4.2.3 "四个方面"专项行动

2023 年 1 月，中国人民银行、原银保监会联合座谈会提出，要有效防范化解优质头部房企风险，实施改善优质房企资产负债表计划，聚焦专注主业、合规经营、资质良好、具有一定系统重要性的优质房企，开展"资产激活""负债接续""权益补充""预期提升"四项行动。会后草拟的《改善优质房企资产负债表计划行动方案》中明确重点推进 21 项工作任务，综合施策改善优质房企经营性和融资性现金流，引导优质房企资产负债表回归安全区间。

（1）资产激活

在"资产激活"行动中，金融监管部门等通过优化政策激活企业资产，支持优质房企通过并购重组等提升资产结构，改善经营现金流，压实企业瘦身自救责任，加大保交楼力度。

行动方案中包括设立全国性资产管理公司专项再贷款，支持其市场化参与行业重组并购，加快风险出清。在推动住房租赁市场建设方面，设立 1000 亿元住房租赁贷款支持计划，支持部分城市试点市场化批量收购存量住房，扩大租赁住房供给。

（2）负债接续

在"负债接续"行动中，中国人民银行、原银保监会则鼓励金融机构与优质房企自主协商，推动存量融资合理展期；加大信贷、债券等新增融资支持力度；研究银行向优质房企集团提供贷款，合理满足集团层面流动资金需求；支持境外债务依法偿付，提供外汇管理等政策支持。

（3）权益补充

在"权益补充"行动中，金融监管部门再度支持房地产企业的股权融资，调整优化并购重组、再融资等措施；鼓励并引导发行租赁住房及购物中心等 REITs，提供融资及退出通道的同时，更鼓励房企发展多元化业务模式。

（4）预期提升

在"预期提升"行动中，将合理延长房地产贷款集中度管理制度过渡期，同时完善针对试点房企的"三线四档"规则，在保持规则整体框架不变的基础上，完善部分参数设置。行动方案仅设定优质房企条件，并未提及 30 家试点房企的具体名单，具体落地的金融机构可自主把握。

"四个方面"专项行动是继"三支箭""三大工程"后综合推动房地产化风险、保交楼、稳预期、转模式等目标同步实现的方案措施，也指明金融机构参与纾困、确保资金投放安全的具体路径。此外，各城市也纷纷出台释放需求的调控政策，包括一线城市全部落地实施"认房不认贷"、上海市青浦区等松绑限购新政、广州市推行可转让的房票安置等配套政策，进一步落实中央会议及各部委部署。

第 3 节　潜在新机会点

纵观近年我国房地产新形势下，中央会议的基调、相关部门的部署、各重点城市的落地举措等，我认为房地产行业潜在机会点如下：

4.3.1 城中村改造

据行业初步估算，本轮城中村改造计划涉及总人口达 6225 万人，总建筑面积预计达 11.2 亿平方米。社会资本尤其央企及国企将成为重要的城中村改造的主体，鼓励民间资金参与，发挥市场化决定性作用。各城市的土地收储、安置方式、项目周期等各异，且由于城中村改造体量大、周期较长、占用资金量大，对改造主体自身能力提出较高要求。

对于央企房地产公司，政府可引导公司作为开发商直接或合资参与项目开发。如华润置地实施深圳大冲村、深圳罗湖湖贝村等大型城中村改造项目；保利发展则实施广州琶洲项目、冼村项目等；中铁建集团与潍坊城投在庄家工业园片区开展城市更新合作。

对于当地国企房地产公司，可充分利用属地市区级资源，对拆迁推进、安置政策、开发节奏等更具优势。例如北京城建发展披露合计 690 万平方米涉及北京东城望坛等 8 个棚改项目；上海光明地产参与上海奉贤泰日地区城中村改造；越秀地产成立城市更新集团，落地广州南洋电器厂等改造项目。

对于有实力的混合所有制房企，既可联动其国资股东背书获取资源，也可灵活发挥其市场化的优势。例如万科 30% 股比参与广州黄埔文冲城中村改造；金地在深圳参与福田科技广场、岗厦等旧改项目；绿城管理与深圳市国资控股的前海润禾基金共同成立合资平台，布局大湾区城市更新项目。

对于有经验或资源优势的民营房企，充分发挥其资金灵活、合作方式多元等比较优势。例如俊发集团 2015 年布局上海市徐泾镇的城中村改造项目；升龙集团于 2018 年中标广州市南沙片区金洲等旧改项目；2019 年佳兆业集团竞得上海市嘉定城中村改造地块。

综上所述，随着我国城中村改造的红利释放，房地产市场行业的格局重塑，不同类型的房地产企业均能在其生态位，找准切入城中村改造的机会点，发挥其相对比较优势，参与分享城中村改造的"蛋糕"。

4.3.2 租赁住房市场

"三大工程"中的保障性租赁住房同时具有政策属性和市场属性，租金、运营期限受政府指导；建设、运营管理则更加市场化。房地产商参与租赁住房市场有如下模式（见表 4-6）：

表 4-6 房地产开发企业参与租赁住房市场的主要模式及对比

参与模式	单项目资金要求	投入比例	核心盈利点	优势	劣势	典型参与者
重资产	亿元级别	前期拿地、建安成本、装修成本	资产增值+租金收益	房源获取相对容易；享受资产增值收益	资金要求高，回收周期长	地方租赁国企；开发商；保险资金等金融机构

续表

参与模式	单项目资金要求	投入比例	核心盈利点	优势	劣势	典型参与者
中资产	百万到千万级，具体看细分模式及项目规模	租赁成本、改造成本、装修成本	租金剪刀差；增值收入	可快速复制拓展	利润对租金依赖度较大	开发商、创业租赁系、中介机构
轻资产	百万级；人员、系统配置等管理成本	部分硬件投入，总部平台搭建	收取加盟费、管理费为主，增值收入	投入资金沉淀少，可快速拓展规模	对运营能力要求高	开发商、酒店系、创业租赁系、中介系

（1）重资产模式

一是存量房源转化。开发商可将存量房源（住宅、公寓等）"销售转持有"，划转至旗下租赁运营板块，独立开展租赁运营业务。对于优质资产，除稳定的租金回报外，还可享受资产的增值收益；对于压力资产，甚至可采用"带租约销售"，化解现房的库存风险。

此外，部分城市政府为加快建设租赁住房，消化住宅库存高企的风险，甚至会出资"定向回购部分新房项目"。如2022年12月，苏州市政府计划定向回购部分新房项目，拟对6个区及4个县市共10个板块回购约1.0万套新房。

二是收购自持房源。收购自持物业是非开发型租赁运营企业获取房源的主要方式，企业通过收购闲置或运营不良的物业资产，改造后运营出租，在获取稳定租金收入的同时，还有望释放物业的增值空间。2023年上半年，中国建设银行旗下的建信住房通过租赁基金签约收购20个租赁型物业，累计出资48.9亿元。

三是新建租赁住房。土地供应端，租赁住房用地的受让方要求以政府平台公司、央企或国企等为主，但部分城市对民营房企参与租赁住房的投资建设及运营管理等也有放松趋势，民营房企主要有如下方式参与重资产新建租赁住房：

①出让住宅用地时要求配建一定比例（如5%~15%）租赁住房，或制

定地价封顶后"竞配建""竞自持"等规则，要求开发商自持或无偿移交至政府平台公司运营。

②在政策允许下，通过"非改保""纳保"等方式，将存量闲置土地变更为保障性租赁用地。如安居控股的"万银如驿公寓"项目；华联控股的"南山 A 区"城市更新项目。

③与平台公司合作开发建设租赁用地（平台公司可以土地等资产作价控股），如北京万科于 2018 年 4 月以 49% 的股权参与大兴区瀛海镇租赁住房项目，主导项目公司的开发建设及后期运营工作。2022 年 4 月，旭辉瓴寓携手宁波城投竞得宁波鄞州区保障性租赁用地。

④在政府出让条件下，获取租赁住房用地开发建设及运营。2020 年 12 月，龙湖集团以 0.63 亿元、溢价率达 30% 中标福州市晋安区集体租赁住房建设用地，包括万科、福州市城投建筑等 5 家报名竞标，合计建设 773 套租赁住房，目前均已开业。2021 年 2 月，微领地竞得上海市浦江镇租赁住房用地，建设规划租赁用房达 5000 间。

但整体而言，重资产模式下对投资运营方的资金要求高，项目投资回收周期长。如房企系的万科泊寓，根据财报显示，尽管万科泊寓 2022 年运营租赁房间数达 21.5 万间的规模，出租率高达 95.6%，但当年仍然不盈利，直至 2023 年在成本法下（即扣除折旧摊销后）会计报表才勉强实现盈利。

（2）中资产模式

俗称的"二房东"模式，中资产模式由于其短期可实现"规模裂变"，曾一度被诸多长租公寓企业选择，根据房源性质可分为"集中式"，如典型的魔方公寓；及"分散式"，如链家旗下的自如。但是，中资产模式有典型的周期性，在市场下行期，包租模式空置率升高，资金链断裂风险大，可能面临亏损或"暴雷"。

中资产模式根据合作条件，也分为以下类型：一是纯支付租金型，业主方仅得到租金，无法享受后期所有租金及增值收入；二是"保底租金 + 收入提成"，业主方除得到保底租金，还可且享受收入分红；三是"合资型"，业主方也需投入对应股权比例的改造费用，享受后期收入分红，具体股权比例依据租赁物业作价等情况谈定。

整体而言，中资产模式整体收入模型为"资金剪刀差"，房源获取成本占总成本50%以上，对外平均租金通常至少为收储房源租金的2倍，并通过精细化运营提升增值收入，投资回收周期（通常为5~8年）对支付租金、前期改造、管理费用等项敏感，须做好现金流平衡管理，且在运营中期（通常在第6年）面临翻修追增投入、国企房源续租等问题。

（3）轻资产模式

轻资产模式主要是通过运营方的管理体系输出、供应链体系、品牌溢价等获得管理收益，品牌力、产品力、连锁运营、资产管理及获客能力是轻资产运营模式的必要条件，且需强有力的IT数字化系统、供应链体系、人才团队等总部后台支撑。典型代表如开发商系的旭辉瓴寓等，以及脱胎于酒店行业的百瑞纪集团、华住集团城家等。

轻资产模式根据合作阶段或委托管理范围，也分为以下类型：一是全生命周期或全方位型，如金地草莓社区受中钢集团委托就深圳科技园项目（218间）开展轻资产合作，为其提供相关项目产品定位咨询、产品设计服务及工程造价概算咨询、工程管理服务输出，并由草莓社区负责项目日常运营管理。二是阶段性或部分型委托管理，如上海首宗租赁住房用地由张江集团委托旭辉瓴寓管理合作，项目包括17栋住宅楼、993套品质房源，为其提供租赁运营、社区管理、智能化系统等服务。

此外，部分企业积极与险资、银行系、不动产基金等布局租赁住宅的金融机构展开合作，探索实现"由重转轻"的路径。如旭辉瓴寓于2022年2月将让所持"上海浦江华侨城柚米社区"项目30%股权至平安不动产，实现从租赁社区项目的资产退出，并作为轻资产方继续运营该项目，实现租赁住房"投融建管退"全链路闭环。中骏集团原在苏州市姑苏区的天荟公寓项目由旗下方隅公寓进行运营管理，于2022年9月整体转让过户至建信住房，项目交易后仍由方隅公寓进行轻资产运营管理，更名后的"CCB

建融家园·天荟公寓"成为苏州市首个保障性租赁住房项目。

4.3.3 代建管理业务

相较传统"高负债、高杠杆、高周转"的重资产开发模式，代建业务则具有高收益率、低杠杆以及逆周期等特性，对资金要求相对较低，通过输出团队、操盘经验及管理资源等，有利于房企在市场下行阶段积攒实力。据中国指数研究院统计，截至2023年，房地产企业前100强涉足代建业务占比逾六成，既包括万科、绿城等全国型品牌企业，也包括建业等地方深耕型中小企业。截至2023年，累计代建项目约380个，同比上升59.7%。

结合当前政策形势，地产开发商可从以下项目来源拓展代建业务：

（1）城投托底型项目

自2021年初，全国范围内有22个重点城市实施住宅用地"集中挂牌、集中出让"的"双集中"土地出让政策，有效平抑土地市场热度，招拍挂市场由热转冷，低溢价与城投托底成普遍情况。

2021年首轮集中供地，民企参与力度最强，整体拿地占比约50%，其次分别是市场化国企/央企（27%）、地方城投（13%）和混合所有制企业（10%）。首轮土拍后，整体土地成交面积持续下降，地方城投为防止土地流拍，拿地建面和占比却逆势走高，成为主要参与方。22城2022年第三批次中，地方城投拿地建面占比66%，市场化国企/央企拿地建面占比14%，混合所有制拿地建面占比3%，民企拿地仅占17%。

然而大多数地方城投公司是受地方政府之托去拿地，而非出于自身发展需要去拿地，自身未必具备丰富的房地产操盘经验，缺乏品牌溢价及管理能力，开发的项目进程缓慢或销售情况不佳。因此，诸多城投有意向与市场化代建管理公司合作，发挥房地产代建公司的品牌溢价、操盘运营能力，提升项目的建造和销售效率。

例如 2022 年 6 月，浙江省乐清市首宗未来社区地块由乐清国投以底价 33.8 亿元成交，项目总建筑面积超 45 万平方米；后经该城投公司投研究接洽后，委托金地管理代建代销，于 2023 年 7 月首次开盘，实现去化 174 套、去化率近 85%，成为乐清市场当年去化率最高的项目。

（2）租赁住宅型项目

"十四五"期间，我国 40 个重点城市计划建设筹集保障性租赁住房 650 万套，全国预计建设 900 万套，建筑面积达 5.0 亿平方米。按此目标，保障性住房的建设推动代建规模增长，2021—2025 年的年复合增长率预计为 23%，2025 年政府代建新签约面积或将达 7880 万平方米。政府国资企业作为开发建设主体，在面临交付时间紧、操盘难度大等难题时，也有意向与地产开发企业合作代建工程管理。

例如，2022 年 11 月，宋都管理（宋都集团旗下代建品牌）中标杭州市拱墅区一宗共有产权房的代建项目，代建费用约 1988 万元，并在随后的代建管理工程中提前一周取得开工证、提前一个月完成桩基围护、提前两个月完成主要关键节点，赢得委托方的高度认可。

（3）城中村改造项目

2021 年 3 月，我国明确提出"十四五"时期的城市更新目标："完成 2000 年底前建成的 21.9 万个城镇老旧小区改造，并因地制宜改造一批城中村"。依据各重点城市发布的城中村改造计划，估算城中村的住房建筑面积约 8.5 亿平方米，涉及人口规模超 3000 万。

本轮城中村改造突出采取"留改拆"并举的方式，提出精细化改造的要求，对建造主体的规划设计、功能定位、施工工艺等有相当高的要求。因此，在旧城改造、城市更新、政府生态等领域有优势的开发企业，会迎来城中村改造项目的代建机遇。

例如，2023 年 4 月，合肥市计划三年内完成 104 个城中村改造，共涉及 2.8 万户、9 万人，其中包河区王卫片区为重点区域。该城中村改造项目于

2022年5月备案，2022年6月启动房屋拆迁，总占地面积约685亩[①]，规划建筑面积54.1万平方米新建安置区以及69.4万平方米新建经营性商业、住宅及相关配套。合肥市包河区城市更新建设有限公司（区属国企）为土地一级整理单位，同时于2022年12月通过招拍挂底价竞得二级土地开发权。2023年4月，该项目通过在安徽合肥公共资源交易中心招标（评定分离）形式，确定委托安徽置地进行开发管理及品牌输出服务，合同估算价1.1亿元，将打造合肥市首个"城市更新+TOD综合开发"项目。

（4）"平急两用"项目

我国首批推进"平急两用"公共基础设施建设的21个超大特大城市，估算投资总额达4000亿元，占该21个城市2022年固定资产投资比重为2.3%，其中杭州最高、占比达4.6%，北京、上海和深圳等城市占比超过3%。从重点城市公示的项目看，一类是新建，在项目规划建设中即兼顾平急两用，包括医院、酒店、体育场馆等；另一类是存量改造，即通过对原有设施改造达到平急两用要求，包括大型仓储基地等。

此外，各地政府陆续出台代建管理政策，引导社会化企业参与政府投资项目的代建管理。例如2023年4月，深圳市龙华区出台《深圳市龙华区政府投资项目代建制管理办法》，规范引导社会化的代建单位参与政府投资规模达5000万元的项目（包括市政基础设施和公共服务设施项目），对代建单位的工作职责、代建管理费、奖励机制等予以规定。政府投资建设"平急两用"迫切业务需求，且有开明规范的政策作为指引，地产开发商拓展代建业务迎来机遇。

例如，2023年9月，广东医科大学顺德妇女儿童医院委托华润置地进行施工代建管理，中标价为3216万元，该项目总建筑面积24.3万平方米，住院部设1000个床位，总投资额达25.5亿元，于2024年1月开工，预计施工阶段代建管理40个月。

---

① 1亩=666.7平方米。

（5）金融机构型项目

我国保险、基金、信托等金融机构旗下持有另类资产配置，如土地、在建物业、基础设施等项目，但缺乏操盘能力。有丰富开发经验的房地产公司可为金融机构提供全过程项目开发管理服务，形成"资本＋代建"模式，依托其品牌效应、专业的开发团队及上下游资源，形成全面、有效、可定制化的解决方案，协助资方解决开发过程中的项目运营难题，优化项目投资回报。

例如，大家投控作为大家保险集团旗下的另类资产投资管理平台和非保险类公司的持股平台，在城市更新、物流、产业园等重点领域保有丰富的项目资源。2022年9月，大家投控与龙湖集团旗下代建品牌龙智造开展合作，委托龙智造"代建代销代管"苏州市双子金融广场项目，该项目为核心区CBD超级综合体，总建筑面积约40万平方米，龙智造代管过程中助力其总货值提升超20%，整体成本节约超20%，工期缩短达25%。此外，2023年2月，双方再次就浙江省温州市滨江商务区金融广场等项目持续合作。

"金融16条"推出后，金融资产管理公司（简称"AMC"）积极开展房企纾困行动，通过"股权转让＋实施重组""信托隔离＋代建盘活""诉讼保全＋以诉促谈"等方式化险项目，保障房地产项目平稳交付。2023年1—6月，中国信达、中国华融等四大AMC以及浙商资产等地方AMC，通过并购基金等方式纾困十余家地产开发商，AMC通常按照"救项目不救主体"的原则，在项目层面参与房企资产盘活，采取"出资＋开发"的模式，由AMC负责不良资产处置与重组，操盘方或代建方负责再开发与运营（表4-7）。

表4-7 不良资产机构介入地产纾困项目汇总（2023年1—6月）

宣布日期	纾困机构	受益房企	纾困方式	纾困项目	投入资金
2023年06月30日	长城国富	金科股份	引入战略投资者	集团	未披露
2023年06月25日	中国华融	万达地产	并购＋融资	武汉中央文化区项目	未披露

续表

宣布日期	纾困机构	受益房企	纾困方式	纾困项目	投入资金
2023年06月13日	浙商资产	德信中国	并购基金	德清时代云起	6.03亿
2023年05月14日	中国信达	赫华恒瑞	处置踩雷信托不良债权	北京海淀万柳书院75套房源	47亿
2023年04月26日	福田安城投、长城	佳兆业	并购+融资+合作开发	佳兆业深圳佳园项目	未披露
2023年03月28日	东方、华融	佳兆业	共益债投资+续建	昆明佳兆业城市广场J地块	未披露
2023年02月23日	东方、长城、安居建业	中国恒大	并购基金	深圳恒大时代之光（旧改）等	177亿
2023年02月11日	华融、中信城开	株洲华晨	共益债投资+代建代管	华晨山水豪庭、华晨云溪湾等	12亿
2023年02月08日	东方资产	旭辉集团	集团合作协议	未披露	未披露
2023年02月06日	中国信达、信达地产	中南建设	并购基金	深圳46亿货值的旧改	25.5亿
2023年01月19日	中国信达、信达地产	和昌集团	并购基金	深圳340亿货值旧改	90亿
2023年01月12日	中国信达、信达地产	言成集团	并购基金	深圳22亿货值项目	6.81亿
2022年12月01日	华融联合6家银团	融创中国	并购+增量融资	上海董家渡项目	超120亿

例如，2023年7月，四大AMC之一的长城资产与绿城中国签订战略合作协议，协议约定：长城资产将利用在资产管理、处置领域的优势和经验，积极为绿城中国提供资产管理、债务重组、企业重组等方面的支持和顾问服务；绿城中国将借助其在品质开发、建设管理领域的特长，持续为中国长城资产在受困房企风险化解、城市更新、全过程开发管理运营等方面提供赋能。

此外，双方就位于武汉市的"当代天誉"项目达成代建合作，前期绿城管理已在市场化公开流程下，经过两轮比选，进入协议签署阶段。该项目位于武昌主城二环旁，总建筑面积近50万平方米，规划别墅、高层及部分商业等产品。原由武汉当代集团和长城资产合作建设，前者曾是湖北大型涉足地产、文旅、金融等领域的民营企业。后因武汉当代集团资金链问题，项目于2022年11月开始封盘。长城资产作为项目合作方，为保障交付兑现，引入绿城管理负责该项目的代建管理。

绿城管理作为我国龙头的代建管理公司，近年大力拓展资方代建业务，已新签中国华融资产、中国信达资产、浙商资产、中信信托、中航信托、平安信托等多家资产管理公司及信托机构的不良纾困项目。据2022年年报，绿城管理按合约项目总建筑面积测算，政府类业务为3300万平方米，占比32.6%；私营企业委托项目为3470万平方米，占比34.1%；国有企业委托项目为2870万平方米，占比28.3%；金融机构委托项目为500万平方米，占比5.0%。

另外，融创集团则采用"资本＋不良资产＋代建"的方式入局"资本＋代建"赛道。2024年11月，集团旗下代建平台"融者共创建管集团"于更名为"而今管理"，定位为高端不动产综合解决方案服务商的专业建管平台；旗下并行自建的"而今资本"，则作为金融机构合作平台寻找资方，合作盘活合适的不良资产项目，代建操盘则交由"而今管理"执行交付。"而今"双平台联动整合集团资源，发挥过往丰富的投资拓展、收并购、不良资产处置等经验，同时背靠强大的资本运作资源，及自身专业的建设、运营和销售运营能力，与绿城管理、金地管理等老牌代建公司形成错位竞争。

整体看，代建业务的轻资产模式具备高盈利特点，能在行业下行期抵抗周期波动，提升产品竞争力与知名度，在当前房地产企业生存承压、开发能力较弱的城投托底拿地及金融机构涉足房企资产处置的背景下大有可为，此外政策扶持下的城市更新和保障性住房亦有望为代建业务带来存量及增量拓展空间。

4.3.4 资产管理及证券化

除前文"第三支箭"中关于加速推行含消费基础设施房地产信托投资试点外，经营性资产的融资通道再次迎来实质性利好。2024年1月，中国人民银行与国家金融监督管理总局印发《关于做好经营性物业贷款管理的通知》。此政策为经营性物业贷款业务的首个专项监管文件，对经营性物业的范畴界定、贷款额度、资金用途等均较此前执行情况明显放松，利好持有运营购物中心、写字楼、酒店等经营性资产的房地产开发企业。上述政策对经营性资产的"融资端"与"退出端"，化解自持物业的资产沉淀风险，推动开启商业地产轻资产运营。

（1）购物中心资产

购物中心类型资产既纳入为消费类基础设施，也作为经营性物业的典型代表，对房地产开发企业扮演着"压舱石"和"现金奶牛"的重要角色。据赢商网统计，2023年年底时，我国存量购物中心达5827座，经营体量约5.17亿平方米。

购物中心的运营模式为租赁模式，主要盈利模式为收取租金、物业管理费、固定推广费、多种经营活动及广告费、停车费等，其中租金收入为营业收入最主要部分，其收取方式分为固定/提成租金取其高、纯提成租金与销售额挂钩，前者既能保证稳定租金保底，也可分享商户销售业绩的经营溢利，对购物中心的营业收入模型更有利（见图4-7）。

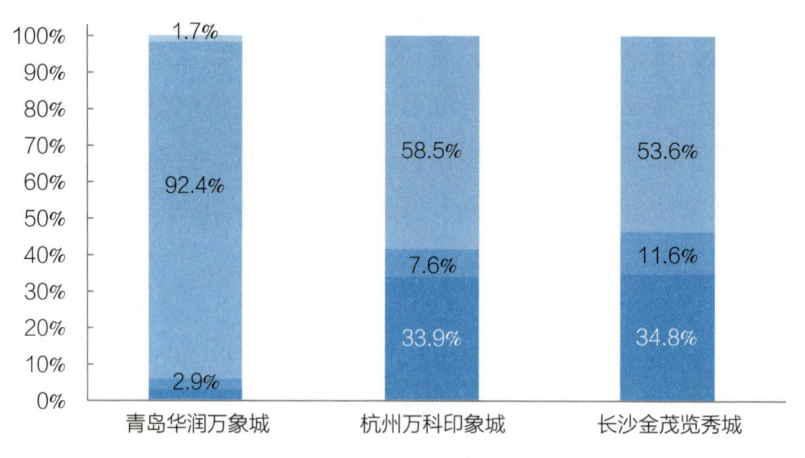

项目	青岛华润万象城	杭州万科印象城	长沙金茂览秀城
固定租金	2.9%	33.9%	34.8%
提成租金	—	7.6%	11.6%
固定/提成租金取其高	92.4%	58.5%	53.6%
联营租金	1.7%	—	—

图4-7 消费基础设施REITs底层资产的租赁面积占比（2023年上半年）

第四章 政策"新风口"

2023年10月，我国首批消费基础设施REITs资产类型包括购物中心、社区商业、超市等获受理，其中华润、金茂、万科的购物中心率先受益，打通底层资产持有商的"投融建管退"资金闭环，且后续有望持续扩容，天虹股份、上海百联等筹备申报REITs。首批试点的购物中心REITs对发行主体的信用评级和底层资产要求高，且按照发行要求，公募REITs每年都需要分红，企业是否稳健经营、项目能否稳定获取收益、未来能否保持不断增长等。

本批试行REITs的购物中心底层资产具有以下特征：一是底层资产产权明晰，原始权益人均为央国企或含国企基因，央国企在行业调整期表现出较强的抗周期属性，信用资质较好，更易满足原始权益人资质要求，其所发行资产证券化产品易通过审批。二是购物中心均位于强二线城市的核心地段，均临近交通要道，为地铁上盖物业，覆盖人口密度高、消费动能强。例如华润·青岛万象城位处香港中路核心商圈，为山东规模最大、入驻品牌最多购物中心之一，客群辐射青岛市、山东省内外及国际游客。三是运营出租率达98%以上，营业收入增长率10%以上，预计现金分派率基本在4.5%~5.0%，对机构投资者等均有较强吸引力（见表4-8）。

表4-8 三支消费基础设施REITs产品信息

REITs产品	中金印力消费REIT	华夏华润商业REIT	华夏金茂商业REIT
资产名称	华润青岛万象城	杭州西溪印象城	长沙金茂览秀城
总建面（万平方米）	41.9	25	10.3
所属商圈	香港中路商圈（广域级商圈）	大城西商圈（市级商圈）	梅溪湖商圈
未来供应	短期无竞品新增	城西万象城、云城天街2025年竣工	梅溪湖招商花园城2024年入市
地铁交通	2、3号线五四广场站（双地铁上盖）	地铁：3号线洪园站（地铁上盖）	地铁：2号线文化艺术中心站（地铁上盖）
目标定位	城市级购物中心，客群辐射青岛市、山东省内外及国际游客	定位为面向家庭及城市青年的城市级购物中心，辐射人口百万级	以年龄26~40岁中青年及家庭客群为主
出租率及月租金坪效	98.8%，321元/平方米/月（2023年1—9月）	98.1%，191元/平方米/月（2023年1—6月）	98.4%，—

续表

REITs 产品	中金印力消费 REIT	华夏华润商业 REIT	华夏金茂商业 REIT
客流及销售额	2020—2023 上半年客流为 1332 万人、1689 万人、1504 万人、1019 万人；销售额为 17.7 亿元、28.3 亿元、35.1 亿元、21 亿元	2020—2023 上半年客流为 989 万人、1117 万人、1197 万人、702 万人；销售额为 4.9 亿元、5.9 亿元、7.2 亿元、4.3 亿元	—
资产估值（亿元）	81.47	39.59	10.65
资本化率	5.41%	5.88%	5.46%
现金分派率（估算）	4.93%（2024 年）、5.27%（2025 年）	4.38%（2023 年）、4.85%（2024 年）	4.66%（2023 年）、4.83%（2024 年）

○ 数据来源：REIT 招募说明书。

随着我国放宽经营性物业的融资、REITs 推行范围扩容等，对具备良好资质、持有优质的购物中心、表现出卓越的运营能力的房地产开发商，势必将迎来发展的风口。

（2）租赁住房资产

2022 年 5 月，保障性租赁住房纳入基础设施领域；后续 4 支保障性租赁住房 REITs 完成发行：红土深圳安居 REIT、中金厦门安居 REIT、华夏北京保障房 REIT、华夏基金华润有巢 REIT。通过资产证券化能够为投资人在运营期提供长期稳定的收益，盘活发行人的资金同时弥补新项目的建设资金，但前提在于要求"入池"租赁住房资产符合 REITs 发行的要求。

根据国家发改委 985 号文件及已落地 REITs 的情况，租赁住房 REITs "入池"资产需满足以下要求。一是项目产权情况：土地及资产合规，产权清晰明确，原始权益人或所属项目公司具有合法持有底层资产的财产权益。二是资产运营情况：项目成熟稳定，如运营时间不低于三年、近三年总体保持盈利或经营性净现金流为正，穿透后现金流来源较分散，以及未来 3 年净现金流分派率原则上不低于 4%。三是资产规模情况：首次发行基础设施 REITs 的项目，评估净值不低于 10 亿元；四是发行人资质要求：发起人可发行基础设施

REITs 的各类资产规模不低于首次发行资产规模的 2 倍；优先支持有一定知名度和影响力的行业龙头企业的项目。上述首批次租赁住房 REITs 合计包含 10 个底层资产，拥有 11275 套租赁住房，涉及总建面 56.8 万平方米，发行人资质、资产规模、产权及运营等均满足"入池"要求（见表 4-9）。

表 4-9　4 支保障性租赁住房 REITs 的产品信息

REITs 简称	底层资产	可出租套数	总建筑面积（万平方米）	项目所在位置	资产估值（亿元）
华润有巢 REIT	泗泾项目	1264	5.5	上海市松江区泗泾镇	11.1
	东部经开区项目	1348	6.6	上海市松江区工业区	
深圳安居 REIT	保利香槟苑	1830	13.5	深圳大鹏新区	11.6
	凤凰公馆			深圳坪山区	
	安居百泉阁			深圳福田区	
	安居锦园			深圳罗湖区	
北京保障房 REIT	文龙家园	1396	7.7	北京海淀区	11.5
	熙悦尚郡	772	3.6	北京朝阳区	
厦门安居 REIT	园博公寓	2614	11.3	厦门集美区商业核心区	12.1
	珩琦公寓	2051	8.6	厦门集美区珩琦二里	

数据来源：REIT 招募说明书。

从租赁住房 REITs 上市后的表现情况看，第一，四支保租房 REITs 上市当日涨幅显著，平均涨幅 27.3%，仅次于能源基础设施、仓储物流两大类 REITs 上市当日的涨跌幅均值；第二，租赁住房 REITs 走势稳定，其最大回撤率相对较低，截至 2023 年 2 月仅为 21.5%，在基础设施 REITs 中仅高于交通基础设施类；第三，底层资产经营情况表现稳健，分红情况整体略超预期，实际现金分派率为 4%~4.5%，高出募集说明书预期约 0.25%。综合来看，优质的租赁住房底层资产、稳定持续的分红、逐年增长的运营收入是吸引投资者的重要因素。

（3）产业园资产

房地产开发商差异化经营、探索"产城融合"模式，如招商蛇口、中南高科、万纬物流等布局工业地产、产业园区、物流园区等，产业园作为此类经营性资产的典型代表，也纳入基础设施领域。2021年6月，博时蛇口产业园REIT、华安张江光大园REIT、东吴苏州工业园REIT作为首批基础设施公募REITs发行上市，形成产业园的存量资产和新增投资的良性循环。

从收入角度来看，产业园主要收入来源于：一是开发运营，多数园区开发企业从土地开发起步，早期主要以园区基础建设开发、配套房地产开发、物业出租等作为主要收入来源，如华夏幸福；二是增值服务，随着土地资源减少和园区建设深入，园区开发企业持续拓展行业价值链，通过为入园企业提供产业增值服务、园区配套综合服务等获取收益；三是产业投资，伴随产业园区入驻企业增加，产业投资及资本运作成为新的收入来源，如张江高科、苏州高新均通过"直投＋基金"模式开展产业投资。

截至2023年年底，我国已发行29支公募REITs产品，发行规模为954.5亿元，其中9支为产业园REITs、占比31%，已发行的产业园REITs，具备以下典型特征：一是政府主导性强，发行门槛高，产业园区由央企或国资平台公司管理；二是占据核心城市的核心区位，园区位于一线或新一线城市，交通条件优越、产业发展成熟，且大多涉及国家级高新区等重点建设区域；三是平均出租率近90%、租金收入稳定，产业园区产品的收入构成以租赁业务收入为主，另有部分物业管理费和车位管理费收入。

以招商蛇口为例，下设产业园区事业部负责产业园区的业务，包括网谷、意库和智慧城等产品线，截至2023年年末，招商蛇口在营产业园项目33个，总经营建筑面积约257万平方米，运营收入近13亿元（见表4-10）。招商蛇口以产融结合方式构建持有型物业的"资金—资本—资产"闭环。2021年6月，博时蛇口产园REIT于深交所上市，底层资产为深圳市蛇口网谷产业园的万融大厦与万海大厦；2023年5月，该REIT定向扩募，收购位于深圳市光明科技园项目。

表 4-10 招商蛇口产业园 REITs 与招商局商业房托 REITs 主要持有项目

REITs 名称	REITs 持有资产名称	区位	业态	收购时间	收购前期末租金（元/平方米/月）	出租率	收购时建筑面积（万平方米）	估值（亿元，收购前）
博时蛇口产园 REITs	万海大厦	深圳市南山区蛇口网谷产业园	工业、商业、食堂	2021年5月	145.74	94.40%	5.36	14.93
	万融大厦	深圳市南山区蛇口网谷产业园	工业、商业、食堂	2021年5月	127.92	84.10%	4.17	10.35
	光明项目	深圳市光明科学城中心区域	产业用房、人才公寓	2023年5月	64.52（办公）53.23（厂房）	97.10%	11.07	11.72
	合计						20.6	37

数据来源：REIT 招募说明书。
注：统计截至 2023 年 5 月。

除以上经营性物业以外，写字楼、酒店、百货商场、物流园区等均受益于投融资政策，在不同程度上迎来发展机遇，引导房地产开发企业探索新模式。例如万科集团旗下万纬物流的开业项目可租赁面积已近 990 万平方米，其中冷链仓储规模全国第一，于 2024 年 3 月正式提交首笔仓储物流 REIT 招募书，涉及资产 11.5 亿元，底层资产为佛山南海物流园、绍兴诸暨物流园等。

俗话说"政策对了头，力气大如牛"。综上，结合我国中央经济工作会议等基调、各部委出台"三支箭"及"三大工程"等配套政策，房地产行业在城中村改造、租赁住房、代建业务、资产管理与证券化等领域均存在政策窗口期，探索转型"租售并举""轻资产""投融管退"等新模式势在必行，拥抱变化、敢于创新的房地产企业将迎来战略性机遇。

第五章

行业"新物种"

第 1 节 TOD 开发

我国传统的土地及城市规划偏向于二维平面、单一功能的视角，开发项目建设则是以城市功能为主体的生产型开发模式，但是缺乏结合立体开发、产城融合、功能复合等为一体的集约型开发视角及模式。

我国"十四五"规划明确提出要全面提升城市品质，包括转变城市发展方式，推行"功能复合、立体开发、公交导向的集约紧凑型发展模式"，以及推进"建设宜居、创新、智慧、绿色、人文、韧性城市"，构筑美好数字生活新图景。公共交通导向型开发（Transit Oriented Development，简称"TOD"）及未来社区应运而生，前者解决"城市与土地"的关系问题，后者则解决"城市与生活"的关系问题。

5.1.1 TOD 发展背景

针对城市高速发展过程中的交通拥堵、环境污染、通勤成本高昂以及土地资源紧缺等问题，20 世纪 90 年代，美国"新城市主义"代表彼得·卡尔索普（Peter Calthorpe）在所著的《未来美国大都市：生态·社区·美国梦》提出 TOD 开发理念，其要点是一个半径约为 2000 英尺（约 600 米）步行范围的社区，在其中心部位布置公交站和主要商业中心，集住宅、办公楼、购物中心、开放空间及其他公共设施于一体；以公共交通为导向、以公共交通枢纽站点为核心，通过将公交站点与周边土地深度融合，构建土地集约利用、业态混合功能、交通便捷高效的综合社区。

TOD 开发模式有利于重塑城市空间结构，推动土地高效复合开发与交通系统深度融合和一体化发展，逐渐成为全球广泛认同的一种先进城市发展模式（见图 5-1）。例如 20 世纪 90 年代，日本东京、新加坡、中国香港等亚洲城市土地资源稀缺，就已着手探索 TOD 发展模式，并以"高密度(Density)、复合化(Diversity) 和设计感(Design)"为基本开发原则，陆续建成东京涩谷站、新加坡乌节路站、香港九龙站等 TOD 综合开发典型案例。

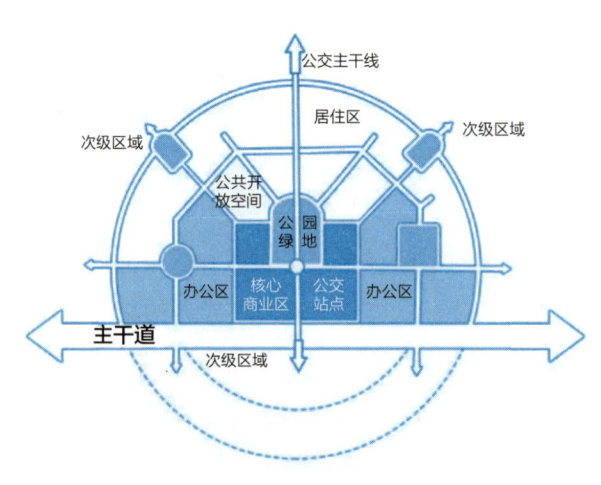

图 5-1 TOD 模式示意图

与此同时，我国的城市轨道交通在过 20 年迎来高速发展。"十三五"期间，我国城市轨道交通运营里程的增长率约为 110%，城市轨道交通增加千米数超过过去 50 余年建成千米数总和。"十四五"期间，城市轨道交通等基础设施建设仍将在"新基建"政策的推动下继续快速发展，规划新增城市轨道交通运营里程 3000 千米。在轨道交通持续高速建设、城市高质量发展以及基础设施投融资改革的三股浪潮的复合推动下，我国 TOD 发展迎来发展机遇（见表 5-1）。

5.1.2 我国 TOD 探索与实践

由于 TOD 具有提高土地利用效率、减少交通拥堵、提高居民出行、促进城市可持续发展等显著优势，TOD 战略在我国一、二线城市迎来快速发

表 5-1　2023 年我国（内地）城市轨道交通运营里程

排名	城市	运营里程（千米）	新增里程（千米）
1	北京	836.0	38.7
2	上海	825.0	0.0
3	广州	641.6	31.8
4	成都	601.7	43.9
5	深圳	566.6	8.0
6	武汉	530.2	25.9
7	杭州	516.0	0.0
8	重庆	494.6	60.0
9	南京	459.5	10.7
10	青岛	326.3	2.5
11	郑州	311.2	78.2
12	天津	299.7	13.7
13	西安	294.0	21.6
14	沈阳	262.2	45.5
15	苏州	258.5	4.3
16	大连	237.1	24.5
17	长沙	209.1	0.0
18	合肥	199.1	30.3
19	宁波	186.0	0.0
20	昆明	165.9	0.0

数据来源：交通运输部、中国城市轨道交通协会。

展。我国的 TOD 探索实践始于 20 世纪 70 年代香港开始大规模兴建地铁时出现"轨道+物业"的"港铁模式"；内地则是从 90 年代开始随着城市轨道交通的发展，逐渐从学习"港铁模式"发展为现今系统研究和全面探索实践 TOD 的局面，目前部分内地城市政策设计及项目实践已经领先国外水平。

（1）香港 TOD 模式

香港 TOD 在发展过程中，形成公交都市战略下的"轨道+物业"模式。

自 1960 年开始，香港步入经济腾飞与人口快速增长的发展阶段，面临建设用地匮乏、交通出行拥堵等问题，香港于 1976 年开展"第一次整体运输研究"，明确公共交通优先策略、提速建设轨道交通系统，奠定交通可持续发展的基础。香港 TOD 的发展经历四个阶段：

1970 年前，起步阶段

香港地铁的建设与运营资金来自政府、信贷和沿线地产物业开发三方，其中信贷占据主要部分，地产开发仅能补贴少部分基建费用。

1970—1990 年，探索阶段

香港特区政府规划九个新市镇以承接城市中心溢出人口，香港地铁建设及 TOD 发展迎来高速发展期，并于 1975 年组建香港地下铁路公司，探索与地产开发商合作从事车站与车辆段上盖的物业综合开发及经营，实现对车站周边地块的高强度开发、区域内居住与就业的平衡以及公共空间和步行环境的良好契合。

1990—2010 年，快速发展阶段

2007 年香港地下铁路及九广铁路合并，正式成立港铁；其作为地铁开发主体，积极推动土地开发与地铁建设的联动整合，随着轨道线网的逐步成型，沿线的客流量增大，土地市场逐渐成熟，港铁公司逐步对轨道沿线预留土地，进行分期开发，实现沿线的土地价值的最大化。

以九龙站 TOD 项目为例，该项目由港铁牵头、政府入股，联合开发商投资建设，实现地铁枢纽周边土地的利用和效益最大化。具体而言：香港特区政府先收储土地，定向划拨交由港铁公司开发运营，后者规划建设地铁并将地铁上盖物业招标转让至意向有实力的地产开发商，上盖的商业部分由港铁自营，其余部分与开发商联合开发，土地（或股权）收入、商业运营收入用以反哺港铁的地铁建设资金；采用"站城一体化"的开发理念，实现地铁与周边建筑及其他交通设施的无缝接驳，增强 TOD 项目对站点客流的疏导及利用效率；三维的立体化城市综合体设计，并以港铁开发的车站综合体为区域枢纽核心，内圈层布局商业及办公物业，往外为绿化及公共空间，住宅区则分布于区域外沿；自 2000 年开始建设历时 10 余年完

成，采用"住宅—商业—商务"开发时序分期开发，前期以高端住宅驱动，随着片区逐渐成熟，高端商业、商务和酒店配套进入，为综合体实现整体升级。

在此阶段，香港TOD发展渐成"轨道＋物业"（Rail+Property，简称"P+R"）模式，港铁通过"以地养铁"，开发或出售物业获得土地升值以及持有型物业的租赁收入等解决轨道交通发展的资金问题；香港特区政府持有港铁76%的股份，通过土地出让金、股票市值和股息、轨道交通运营等收益，减少对轨道交通的财政补贴；开发商则通过市场化途径获得地铁上盖资源，依靠其品牌和专业度进一步提升站点周边的物业价值（见图5-2）。因此，香港"P+R"的TOD发展策略促成政府、轨道交通企业、地产开发商等多方共赢的局面。

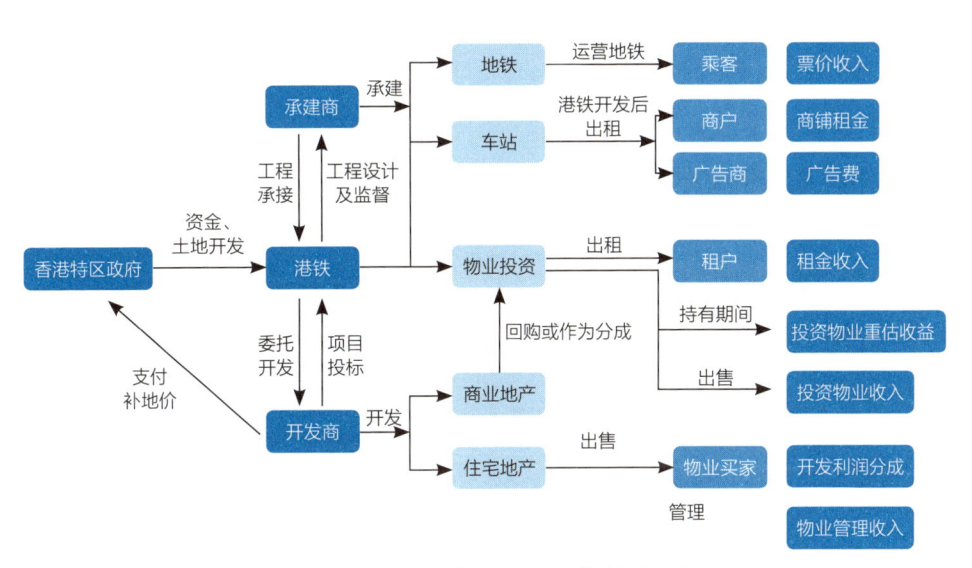

图 5-2　港铁公司"轨道＋物业"模式示意图

数据来源：公司公告、公司网站。

2010年至今，外拓延伸发展阶段

随着深港澳大湾区规划推进及落实，香港在原TOD发展模式基础上，逐渐重视与珠三角的一体化发展，同时推动城市交通系统的优化提升，制定《香港2030：规划远景与策略》及《香港2030+：跨越2030年的规划远

景与策略》，规划数条跨界交通基础设施，推动深港通道建设和大湾区一体化发展。

例如，港铁于2011年通过招拍挂竞得深圳市四号线龙华车厂上盖土地开发权，将香港"P+R"的TOD模式应用内地。港铁运营全国首条轨道交通BOT项目龙华线以及开发该TOD商住项目（建筑面积达20.6万平方米），促进大湾区在轨道交通多元化投融资方面的合作及TOD模式、技术经验等融汇内地。

此外，以香港规划的明日大屿TOD海上新城为例，该规划包括轨道线路连接港岛—交椅洲—洪水桥—深圳前海铁路线路及站点，采用"大站快线+局域捷运"组合的TOD模式，规划平均每个TOD轨道站点的生活圈约1.3平方千米，人口密度5.0万~5.5万人/平方千米，每个站点服务7万~8万人。

目前，香港地铁站周边500米范围内聚集全近70%的人口及80%的工作机会，香港计划在2030年将该比例提高至75%及85%，围绕轨道交通的站点继续开发高效、活力、可持续发展的"新市镇"。

实际上，港铁凭借"P+R"的TOD发展策略，已成为全球盈利能力最强的地铁公司。港铁已运营10条轨道交通线路及机场快线，并持有超过50余处地铁上盖或周边物业，2023年实现569.8亿港元总收入及77.8亿港元净利润的业绩，其中近60%的利润来源于TOD车站商务及物业租赁运营。港铁除在香港开展地铁运营、TOD综合开发及运营外，也积极拓展输出其经营模式，广受中国内地、英国、瑞典和澳大利亚等委托建设和运营地铁线路，实现"在不依赖纳税人直接资助下为乘客提供低车费服务"。

（2）内地TOD模式

自20世纪90年代起，我国内地的城市轨道交通系统迎来高速增长期，TOD模式的不断创新迭代，其发展脉络可概括为四个关键阶段。

1970—2000年，探索起步阶段

该阶段主要探索"轨道富余空间利用+轨道临近开发（Transit Adjacent Development，简称"TAD"）"模式。20世纪90年代，北京、上海等城市

兴建轨道交通，开始自发性地探索轨道交通空间。

以1997年我国内地第一个上盖物业项目——北京·四惠车辆段项目为例，该项目尝试对轨道交通富余空间（例如：折返线车站的站厅层）利用，以及相邻地块与车站的连接。虽然该项目未能充分贯彻TOD规划理念，在轨道设施和地块开发在功能和空间上亦缺乏整合，但该项目标志着我国在TOD领域摸索实践。

2001—2009年，规划论证阶段

该阶段主要形成"开发导向的交通设施优化（Development—Oriented Transit，简称"DOT"）+TOD整合规划设计"模式。2005年，为克服前期轨道交通规划建设缺乏TOD理念及造成车站远离社区、与城市功能和空间割裂等问题，国内提出DOT理念，将交通设施与周边物业和城市环境视为一个整体，进行整合规划、城市设计和建筑布局，以各类功能优化组合、空间高效利用、交通换乘无缝衔接、各种动线合理安排为原则，对交通设施进行功能、工艺形态、建设时序等优化，使其能更好支撑TOD发展。

例如，2004年国务院批复《北京城市总体规划（2004—2020年）》，其提出"根据城市总体布局，积极推广以公共交通为导向的城市开发模式（TOD），优先建设联系新城的大运量快速公共客运走廊，依托走廊发展新城"。在此阶段，政府、轨道公司等考虑打破轨道交通与开发用地红线进行一体化规划、同时进行垂直复合开发利用，包括上海闵行区莘庄综合交通枢纽等首批TOD综合上盖项目加速研究及报送审议。

2009—2018年，快速推进阶段

该阶段在实践中形成"轨道（Rail，简称"R"）+TOD"投融资模式。2010年后，在轨道交通持续高速发展、新型城镇化/城市高质量发展，以及基础设施投融资改革三大浪潮的复合推进下，内地TOD逐步掀起高潮。2016年9月，国家发改委召开"城市轨道交通投融资机制创新研讨会"，提出要"从全生命周期来考虑，坚持多元化筹资，用轨道交通建设带来沿线土地的增值反哺轨道交通"。随后，提出推动"轨道+物业""轨道+社区""轨道+小镇""轨道+新城"等模式。

在此阶段，以深圳为代表的城市积极探索创新 TOD 顶层设计，涌现出诸多支持 TOD 发展的配套政策。如深圳地铁 6 号线全线 TOD 的系统研究，旨在将轨道交通项目带来的巨大外部效益部分转换为项目内部效益，实现项目自身的资金平衡，即"T+TOD"投融资模式。

2019 年至今，城市战略阶段

该阶段核心城市在国家宏观政策引导下，将 TOD 升级为城市战略，初步形成"TOD+"模式。近年，随着一线城市 TOD 最佳实践案例的落地，部分二、三线城市加码跟进，并将 TOD 由投融资压力倒逼的被动举措升级为主动通过 TOD 城市战略，与中央顶层设计政策共振，推动城市高质量发展（见表 5-2）。例如，成都市政府提出"TOD 模式是轨道交通时代城市发展的一场思想解放运动，是城市开发理念的更新和城市运营方式的重构"，通过 TOD 开发推动城市的"生产空间"集约集聚、"生活空间"多元复合、"生态空间"自然和谐、"动能空间"重组扩张。

城市战略之下，TOD 发展呈现出全网/全域、全模式、全流程，以及"TOD+"全复合的特点与趋势，如 2019 年成都市商务局发布《成都 TOD 商业模式研究报告》，结合城市 TOD 战略、站点能级、业态特性等，提出"TOD+ 时尚消费""TOD+ 旅游经济""TOD+ 创新孵化"等七类模式，成为我国内地领先的 TOD 一体化实践区。

综上，我国香港及内地 TOD 发展历经探索起步、试点到广泛推广和深化实践等阶段，政府亦从政策标准、实施主体、设计导则、资金保障等方面出台引导政策，以促进围绕轨道交通站点的 TOD 开发项目，TOD 发展不仅改变了城市空间结构和发展格局，更促进了经济要素集聚和居民低碳的生活方式。

目前，我国 55 个城轨城市基本均已实施 TOD 综合开发。截至 2022 年年末，我国城轨交通 TOD 物业开发规模累计 6050 万平方米，TOD 土地储备约 3900 万平方米，物业管理 786 万平方米。2010—2022 年，我国累计实现 TOD 开发收入 2600 亿元。未来，随着我国城市化进程继续深入，以及轨道交通"四网融合"推进等，TOD 模式将在我国城市发展中发挥更加重要的作用。

表 5-2　我国 TOD 的发展阶段及重要政策

发展阶段	政策名称	年份	所属部门	内容总结
1970—2000年探索起步阶段	《关于暂停审批城市地下快速轨道交通项目的通知》	1995年	国务院	根据城市现有经济发展水平和国家财力状况，严格控制城市快速轨道交通的发展，对在建项目加强管理
2001—2009年规划论证阶段	《关于加强城市快速轨道交通建设管理的通知》	2003年	国务院	坚持量力而行、有序发展的方针，确保城轨交通建设与城市经济发展水平相适应
	《北京城市总体规划（2004—2020年）》	2005年	北京市规划和自然资源委员会	根据城市总体布局，积极推广以公共交通为导向的城市开发模式（TOD）
2010—2018年快速推进阶段	《关于城市优先发展公共交通的指导意见》	2012年	国务院	为实现公共交通优先发展策略提出指导意见
	《关于支持铁路建设实施土地综合开发的意见》	2014年	国务院	实施铁路用地及站场毗邻区域土地综合开发利用政策
	《关于推进土地节约集约利用的指导意见》	2014年	原国土资源部	切实解决土地粗放利用和浪费问题，以土地利用方式转变促进经济发展方式转变
	《关于创新重点领域投融资机制鼓励社会投资的指导意见》	2014年	国务院	为市场在资源配置中起决定性作用和更好发挥政府作用
	《城市轨道沿线地区规划设计导则》	2015年	住房和城乡建设部	切实引导规划与建设，充分发挥城市轨道交通对城市空间的引导作用
	城市轨道交通投融资机制创新研讨会	2016年	国家发展和改革委员会	推动中国城市轨道交通可持续发展
	《关于进一步加强城市轨道交通规划建设管理的意见》	2018年	国务院	促进城市轨道交通规范有序发展提出相关意见
2019年至今城市战略阶段	《关于培育发展现代化都市圈的指导意见》	2019年	国家发展和改革委员会	推动干线铁路、城际铁路、市域（郊）铁路、城市轨道交通"四网融合"
	《轨道交通地上地下空间综合开发利用节地模式推荐目录》	2020年	自然资源部	推动节约集约用地引导各地提高土地利用效率提出相关意见
	《关于推动都市圈市域（郊）铁路加快发展的意见》	2020年	国家发展和改革委员会	发展市域（郊）铁路，对优化城市功能布局、促进大中小城市和小城镇协调发展提出相关意见
	《国家综合立体交通网规划纲要》	2021年	国务院	加快建设交通强国，构建现代化高质量国家综合立体交通网

5.1.3 "新物种" TOD 模型

由于涉 TOD 地块通常位于核心一、二线城市交通枢纽节点，区位价值、复合功能、配套优势等突出，品牌房企如万科、绿地、龙湖、绿城、越秀、招商蛇口、京投发展等抢滩 TOD 布局，参与形式包括与地铁公司合作和独立开发（见表 5-3）。

表 5-3　近年房地产企业开发的典型 TOD 项目

房企简称	TOD 模式典型项目
万科集团	上海青浦万科天空之城、杭州万科未来天空之城、南昌鸿海万科天空之城
绿地集团	南京绿地万科云都会（金马路枢纽商业综合体）、无锡绿地天空树（雪浪坪地铁上盖）
龙湖集团	重庆沙坪坝龙湖光年、重庆北城天街、北京房山天街、成都龙湖西宸天街
绿城中国	杭州地铁绿城杨柳郡、宁波轨道绿城杨柳郡、宁波奉化绿城桂语映月
越秀集团	广州地铁越秀品秀星图、广州地铁越秀品秀星越、广州地铁越秀品秀星瀚
京投发展	北京昌平京投发展公园悦府、北京海淀京投发展琨御府、北京丰台京投万科西华府

依据 TOD 交通等级、规模数量、功能业态来划分，主流 TOD 项目可分为以下四大类型，通过拆解典型开发商参与 TOD 项目案例，解读"新物种"的具体操盘逻辑及盈利模型。

（1）TOD 综合性交通枢纽

该类 TOD 项目以高铁站为核心，辅以地铁、城轨、公交、客运等形成立体交通枢纽，注重区域交通、站城融合、一体化开发等特性；通常涉及大体量公共建筑，以商务办公、会展中心、商业等公共服务功能为主；车站容量空间大，开发强度高；内外交通换乘高度便捷。

> **案例：**
> **龙湖集团参与开发重庆沙坪坝 TOD 项目（龙湖光年）**

重庆沙坪坝铁路客站 TOD 项目是我国首个利用中心城区高铁车站上盖进行大规模综合开发的铁路枢纽，提供国铁车站路市合作开发的创新模式（见图 5-3）。该项目为我国首个"高铁＋轨道交通＋商圈＋SOHO"的 TOD 综合体，通过上盖开发、地下挖潜，实现高铁"穿楼而过""五轨合一"、站城融合等高难度开发，对 TOD 站城一体化推广、提升区域商圈能级等具有重要意义。

项目概况

沙坪坝综合枢纽 TOD 项目总占地面积 21.82 公顷，其中综合枢纽用地 10.3 万平方米，形成枢纽上盖平面面积 8.4 万平方米。项目总建筑面积约 75 万平方米，其中，盖下综合交通枢纽 27 万平方米，上盖则提供总建筑面积 48 万平方米的商业物业开发，综合容积率约为 5.8。

图 5-3　龙湖集团重庆沙坪坝 TOD 项目规划鸟瞰图

2017 年 6 月，龙湖集团以约 34.1 亿元的土地挂牌综合价取得沙坪坝项目上盖物业开发权，该项目规划上盖商业物业含层高约 8 层、建筑面积 15 万平方米的商业裙房；最高高度 200 米、建筑面积 17 万平方米的 48 层双子塔办公楼和另外 4 栋总建筑面积 16 万平方米、最高 39 层的高档写字楼及酒店。其中商业裙房中的金沙天街分为 A、B 馆，营业面积 21 万平方米，汇聚 500 余个品牌入驻，覆盖网红餐饮、特色文创、精品家居、潮流运动等业态（见图 5-4）。

龙湖光年作为"五轨合一"综合 TOD 项目，除涵盖成渝高铁外，还连接包括都市快轨、3 条地铁及数十条城市公交线路，可实现高铁、轨道、公交、出租车、社会车辆等多种交通方式零距离换乘，实现与市域及周边城市的无缝衔接，促进沙坪坝商圈跻身全国消费新地标。

图 5-4　龙湖集团重庆沙坪坝 TOD 项目交通剖面图

开发过程

沙坪坝综合枢纽 TOD 项目总投资约 164 亿元。其中，重庆市政府出资 20 亿元，沙坪坝区政府出资 20 亿元，中国国家铁路集团（以下简称"国铁"）出资 4 亿元，龙湖集团竞拍上盖开发权出资 34.1 亿元，并投资约 80 亿元用于商业开发。

项目原址沙坪坝站始建于 1979 年，原为重庆主城区最小的火车客站

（见图5-5）。2010年，该站年客运量下滑至25万人，车站等级从三等降为四等，毗邻的三峡广场亦无土地可供商圈扩容与升级，发展规划受阻。

2010年，原铁道部与重庆市召开会议同意对沙坪坝站进行综合改造。2012年，重庆交投与成都铁路局签署关键性的《关于部市共建沙坪坝铁路枢纽综合改造项目有关事项的协议》，确定由前者的下属平台公司（重庆枢纽集团）作为沙坪坝TOD项目的开发主体。在设计审查期间，铁路系统、市属单位等创新性地采取协同报批、联合审批的方式，克服缺少车站上盖等相关标准问题，打破了路地双方互相要求以对方审查作为己方审查为前置条件的死循环状态。

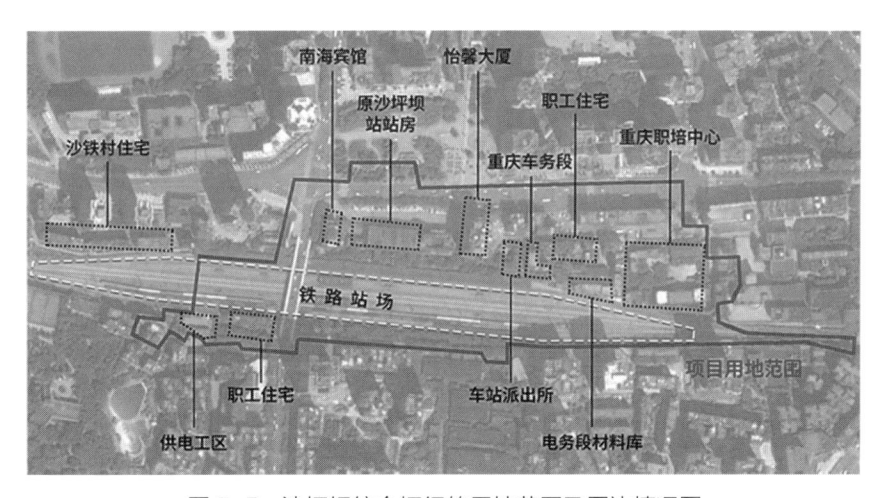

图5-5 沙坪坝综合枢纽的用地范围及周边情况图

2012年12月，沙坪坝TOD项目举行开工典礼；2015年11月，中国铁路总公司与重庆市政府共同发布《关于重庆沙坪坝铁路枢纽综合改造工程沙坪坝铁路站房及相关工程初步设计的批复》；2016年8月，重庆市交通运输委员会与住房和城乡建设委员会共同完成施工图设计。2017年6月，龙湖集团通过招拍挂获取站场上盖用地使用权，启动TOD商业开发。2018年1月，成渝客运专线开通运营，沙坪坝站投入使用，标志着该TOD项目一期工程建成投用。2020年12月，TOD上盖商业裙楼的龙湖金沙天街正式开业，周边配套道路全部投用。

模式解析

从沙坪坝 TOD 项目的策划实施过程看，首先，确定开发主体系该项目综合开发能否成功的关键前置条件，重庆市政府作为牵头角色协调铁总公司、统筹市级单位与沙坪坝区政府及成都铁路局等关键部门；重庆交通枢纽集团作为该项目落实主体，在过程中充分发挥其规划设计、投融资（包括垫资）、建设（包括代建）、物业持有、沟通协调等作用，保障项目顺利实施；其次，在限制诸多的项目范围内，策划相对最优规划方案，包括连通地铁、公交等线路，打通城市规划与土地管理等开发障碍；再次，政府部门或其平台公司与铁路方谈妥合作条件，并通过铁路方面的相关技术规范要求以及解决主要施工难题；最后，确定合适的开发商并实现整体资金平衡，优选具备类似体量商业的操盘及运营经验的开发企业（见图 5-6）。

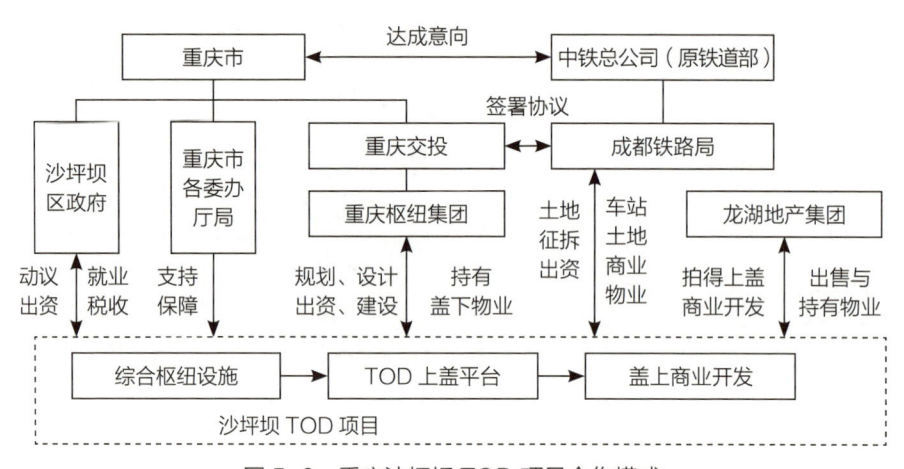

图 5-6　重庆沙坪坝 TOD 项目合作模式

沙坪坝 TOD 项目较以往的铁路车站综合开发的创新之处体现在：一是实现高铁车站上盖的综合开发，实现"水平＋垂直"双向交通系统贯连；二是并非按传统红线的简单垂直隔离，而采用红线内的区域高度共用，按照实际需要分层、分轴和分功能确权，多主体融合一体化开发，各利益相关方作为分阶段的责任主体清晰合作；三是并未按传统的龟字形结构规划 TOD 站房，其上盖甚至将车站东部的全部站线都加以覆盖，更好实现"缝合"城市并增加商业开发，铁路方将铁路站场、站房委托地方代建，形成铁路站场、站房与地方配套交通枢纽的一体化建设管理。

整体而言，重庆市利用沙坪坝车站改造机会，是国内第一次打破体制障碍，创新性地在特大城市的中心区高铁车站建设上盖并进行TOD综合开发，包括龙湖集团在内等参与主体提供一个由城市主导对国铁车站实行真正规模化TOD站城一体化开发的具有重要里程碑意义的案例。

（2）TOD轨道交汇换乘站

该类型TOD项目通常以市区多条地铁的换乘枢纽为中心，附近建筑多以商业综合体的形式，并兼顾商务办公、商业住宅等进行开发。

> **案例：**
> **华润置地杭州未来科技城三站换乘TOD综合体**

2021年杭州第一批集中供地时，华润置地以封顶价111.6亿+4%自持租赁住房竞得杭州市未来科技城TOD地块项目，位于杭州市3号线、5号线及16号线的三条轨道交汇换乘绿汀路站。项目总占地369.6亩，其中出让用地面积285.6亩，公园绿地和城市道路用地面积84.0亩。

该三站换乘TOD综合体项目规划总建筑面积约101.9万平方米，其中地上建筑面积67.6万平方米，地下建筑面积34.3万平方米，总投资超175亿元，规划将打造城市级购物中心、地标写字楼、未来社区住宅和高端公寓，且与片区公共中心体育板块形成联动、统筹开发，显著提升未来科技城作为杭州"第三中心"的产城融合及商业配套（见图5-7）。

华润置地自2005年进入杭州，联手香港新鸿基竞得钱江新城综合商业用地、打造全国除深圳外的第一座万象城后，坚定"TOD+综合体"战略布局，在杭州典型轨道换乘TOD项目有：1号线、3号线交汇的武林广场站的杭州中心，4号线、10号线交汇的杭行路站的城北万象城，5号线、10号线交汇的和睦站的杭曜置地中心。

TOD轨道交汇换乘站类型项目，对投资及开发商有以下挑战：一是项

图 5-7　华润置地杭州未来科技城 TOD 项目规划图（左）及
在市区 TOD 项目分布图（右）

目总投资规模大、开发周期长、投资回报慢，需考虑可售业态比例、自持物业的现金流平衡、融资成本等问题；二是地块通常零碎或不规则，且邻近交通枢纽或穿插轨道交通的运行区域施工难度复杂，需考虑论证可行性研究、增加成本或时间投入等，三是涉及政府主管建设及轨道公司等，创新或突破原有的城市管理及建筑规范，需与相关单位保持密切沟通，寻求合理最优解决方案；四是要配置大量自持的商业、产业及公共服务业态，需具备精细化的后期招商、运营能力。

（3）TOD 近郊单条轨交站

该类型 TOD 项目一般是围绕单条地铁的某个节点为中心，以商业、住宅及公共设施和配套为主的方式综合开发。

案例：
招商蛇口浦东新区曹路镇单轨 TOD 综合体

2021 年 6 月，上海今年第一批集中供地竞拍中，招商蛇口以 21.9 亿元竞得浦东新区曹路镇 TOD 地块。该宗地位于浦东外环，紧邻 9 号线顾唐路站，据浦东新区政府规划，板块定位为地区新市镇中心，位于金海路发展主轴和华东路发展主轴交汇处（见图 5-8）。

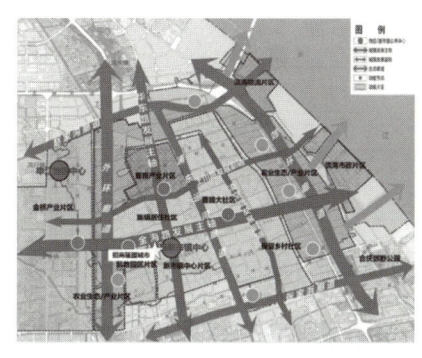

图 5-8　招商蛇口浦东新区曹路镇 TOD 项目的区位示意图（左）及项目规划图（右）

该 TOD 综合体项目采用 TOD+Mall 模式，规划总建筑面积约 26 万平方米，涵盖商业、办公、住宅、长租公寓等业态，其中花园城 Mall 面积约 15 万平方米；地下商业空间连通地铁 9 号线，通过两条主干道，串联周边商圈；花园城 Mall 于 2023 年 11 月开业，赋新浦东商业的"城市品质生活聚集地"。

2021 年，招商蛇口提出持有物业双百战略（争取到 2025 年实现拥有 100 个购物中心，持有物业营收达到 100 亿元），发力资产运营及城市服务等板块业务，重点落实 TOD+Mall 策略。

以上海区域为例，2003 年招商蛇口进驻上海，2019 年宝山杨行花园城开业、2020 年浦东森兰花园城开业，自浦东曹路镇 TOD 项目后，开启 TOD+Mall 战略的网格化布局，重点获取近郊具备消费升级潜力板块的 TOD 单轨项目。2023 年 12 月，招商蛇口以 45.9 亿元竞得宝山区潘广路 TOD 综合体项目，规划总建筑面积达 38 万平方米含购物中心、酒店、住宅等综合体项目；2024 年 1 月，以 52.5 亿元成功竞得松江区泗泾 TOD 项目，规划含 18.5 万平方米的商业建筑面积，另有交通、文体、住宅等复合业态，将打造为上海的第五座花园城，初步实现 TOD+Mall 战略在上海的网格化布局。

（4）TOD 轨道车辆段站场

TOD 车辆段站场包括车辆段上盖及停车场上盖，前者提供地铁的运营管理及车辆检修，而后者则提供车辆停放及日常维护，项目主要在车辆段或停车场地面建设一个结构盖板，然后在盖板上进行开发。

TOD车辆段项目通常位于城市近郊，用地规模较大，且随着线路铺开、车辆段数量也会随之开发。TOD车辆段项目功能及业态复杂，在此地的上盖社区是一座自成系统的、独立的"天空之城""垂直城市"。

案例：万科地产上海青浦区徐泾TOD车辆段项目

项目概况

2015年，上海万科与申通地铁合作开发位于17号线徐泾车辆段上海综合开发项目。该项目占地面积约26万平方米，总建筑面积约80万平方米，包含约10万平方米购物中心万科天空广场、约10万平方米的商务办公万科天空中心、约35万平方米的可售及租赁住宅、约19万平方米的教育配套及绿地公园等，构成一座TOD车辆段上的"立体城市""天空之城"（见图5-9）。

图5-9 万科上海青浦天空之城TOD项目规划图

该TOD地铁车辆段上盖包括地铁站、停车库、试车线及维修车间等，车场上盖（结构标高）距地面约9米，建筑单体均在盖上通过结构转换建造施工，住宅部分全部采用预制装配式建筑，单体预制率达40%。该项目通过在地铁车辆段上造"盖子"，在"盖子"上建造复合业态，将轨道、商业、住宅等配套根据区域整体需求融合，对TOD盖板开发的集约化建设做出积极的实践探索。

开发过程

该TOD车辆段项目是轨道建设主体（上海申通地铁集团，以下简称"申通地铁"）独立拿地后，通过股权转让引入开发商（万科地产）联合开发，为目前国内TOD项目开发的主流合作模式。

2014年12月，申通地铁资产经营管理有限公司（以下简称"申通资产"）和上海轨道交通上盖物业股权投资基金合伙企业（以下简称"上盖基金"）组成的联合体以21.98亿元中标该地块，并成立项目公司；2015年8月，此项目公司的50%股权在上海产权交易所挂牌转让，融创、金地、建发等8家竞价，由万科地产以22.011亿元总价竞得。该TOD车辆段项目公司由万科、申通资产、上盖基金作为股东，分别持股50%、40.08%、9.92%合作。

设计规划阶段，在水平横向方面，项目规划因地制宜，将商业、办公类产品置于地铁机修厂上盖，避免地铁的噪声及震动影响，实现白天商务、晚上居住的协同性效应；在垂直纵向方面，17号线地铁车辆段中停车、检修、试车等功能所对应的标高各异，将地铁人流最集中的9米车站标高处，成为架空部分的"首层"，再借助地形的差异并通过丰富空间形态，自然衔接片区内部的其他业态，高差使项目内有5层不同标高的到达系统，各业态既相对独立，又不至于完全割裂（见图5-10）。

项目住宅开发分五期，产品业态复合，地铁、项目交叉施工，开发难度大，开发周期近7.5年。住宅从一期的"海之洲"到五期"虹之森"，近3000户业主选择居住在天空之城；购物中心万科天空广场于2020年11月结构封顶，2022年9月正式营业。

模式解读

一是合作模式方面，申通地铁在上盖物业开发中定位"一级半开发商"，前期做好场站建设和上盖物业开发的同步规划、技术对接和政府协调。拿地方式上，申通以带方案方式通过公开招拍挂市场拿地土地使用权，

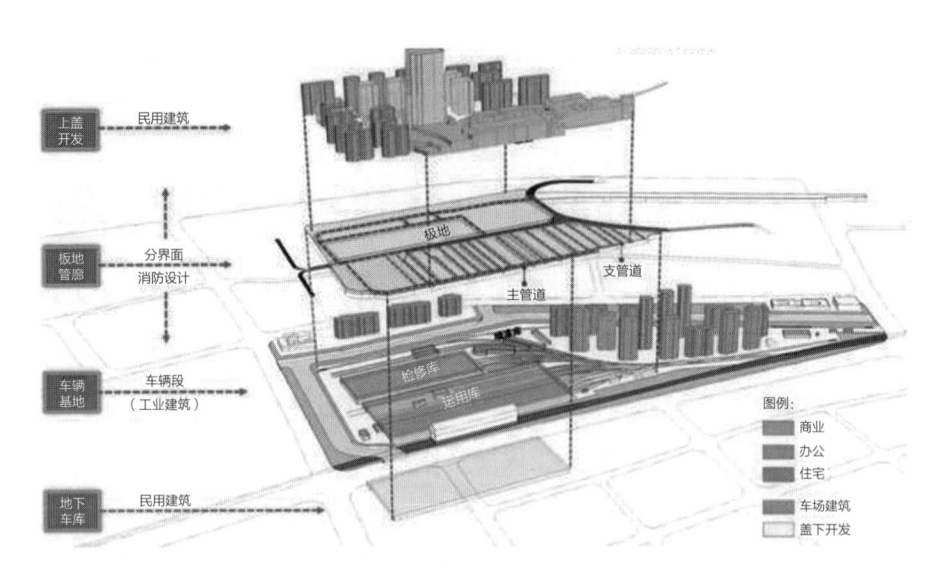

图 5-10　万科上海青浦天空之城 TOD 项目的空间分层图

再通过出让股权给国内外知名开发商、成立项目公司后进行合作开发，以此发挥土地最大值。

二是资金平衡方面，申通地铁及上盖基金联合体相当于以"零地价"获得项目公司50%股权，享受项目公司分红及租金收益；万科则以22.0亿、折合综合楼面地价约8200元/平方米获得该幅大宗优质TOD地块，同期周边住宅楼面地价已达33 000元/平方米。另外从产品组合来看，整个项目除10万平方米的商业和租赁住宅区域外，其余产品均为可销售物业（住宅约24万平方米，办公9万平方米），总货值近200亿元，且万科首期开发住宅部分、平衡项目的土地款等开发投入，另持有型商业的开发租赁可带来稳定的长期回报。

三是运营操盘方面，万科创新探索诸多限定条件下的最优解。例如由于车辆段采用框架结构，上盖部分结构理想状态为落地且与车辆段分离，如无法落地则需要进行结构转换，万科对每栋楼进行分析、形成结构专题及解决方案；例如由于车辆段有出入场、咽喉区等震动及噪声等，万科通过声源振源控制（地坪桩、减振扣件等）、传播途径控制（消声百叶、立体绿化带等）、建筑被动控制（三层中空隔音窗、减震楼板）等系统性减震降噪（见图 5-11）。

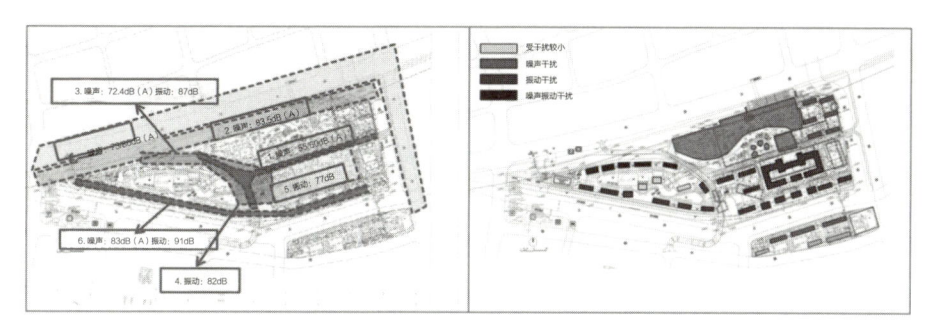

图 5-11　万科上海青浦天空之城 TOD 项目的震动及噪声专项分析

上海天空之城作为万科地产在全国首个 TOD 车辆段上盖的综合体样板项目，广受市场、政府及业界等好评，此 TOD 车辆段模式迅速在万科集团系统内推广。万科地产成立轨道事业部、TOD 研究所等，在杭州、佛山等城市与地铁公司等启动战略合作，从 TOD 城市宣贯、土地前期规划、股权合作转让等深度绑定，随后落地开发杭州五常 TOD 天空之城、佛山南海 TOD 天空之城等车辆段项目（表 5-4）。

表 5-4　万科地产近年开发的典型 TOD 项目

项目名称	城市	开发模式	合作时间	合作方
佛山南海新交通车辆段上盖项目	佛山	项目公司合作	2020 年	万科、深铁置业
长沙开福区项目	长沙	项目公司合作	2020 年	万科、长沙轨道集团
黄兴北路 S21 地块	杭州	项目公司合作	2017 年	万科、杭州地铁
上海乔高	上海	项目公司合作	2018 年	万科、华鑫置地（实控人是国资办）
重庆天地	重庆	股权合作	2017 年	收购瑞安集团 79.2% 股权
成都龙泉高线公园	成都	股权合作	2020 年	万科、成都轨交
杭州五常天空之城	杭州	股权合作	2019 年	万科、杭州地铁
武汉汉南口岸城	武汉	股权合作	2020 年	万科、武汉世纪龙源
南昌地铁万科时代广场	南昌	股权合作	2013 年	万科、南昌地铁时代置业
杭行路 TOD	杭州	股权合作	2017 年	万科、杭州地铁

综上而言，TOD是一个"多解"的方程，不同城市、不同企业出于发展定位、比较优势等特质，可制定适合自身发展的TOD战略及体系。在宏观层面，如何从城市角度提出TOD总体发展目标、战略和政策建议，引导城市空间的有序扩张、涉轨土地的高效开发利用；中观层面，如何从行业角度制定TDO技术标准及规范，拉通TOD利益攸关方，解决投融资通路、合作界面、关键涉轨技术等典型问题；微观层面，如何从企业角度制定具体TOD发展策略，包括TOD土地开发指标、建筑设计要点、交叉施工、投入与回报等现金流分析等标准手册等。以上均是城市管理者、行业协会、轨道公司、开发企业及规划设计机构等共同思考的问题。

第2节 未来社区

社区作为直接面向居民的公共服务载体，是城市运行的"细胞"，承载着人民对美好生活的愿景。西方"乌托邦"、东方"桃花源"均寄托着人类对美好社区及群体的向往与构想。面向未来的社区，应为社区居民美好生活共同体，围绕社区全龄群体的服务需求，重视数字技术在社区建设运营中的应用，让居民感受到未来社区倡导的人本化、生态化及数字化生活的美好样子。

5.2.1 未来社区的发展背景

1898年，英国社会学家霍华德提出"花园城市"的概念，标志着社区生态意识的启蒙。1999年，美国城市学家威廉·米切尔提出未来社区的概念，认为未来社区还应包括由互联网、传感器等构建的"软社区"。2009年，IBM在美国启动世界首个"智慧社区"项目，微软、思科等科技公司成为推动智慧社区建设的重要力量，通过互联网技术解决传统社区治理问题，提升居民生活幸福指数。2015 年，谷歌在加拿大多伦多开始"Quayside"社区改造计划，提出在数字化管理基础上叠加空间、产业、制度以及文化等元素，使其建设成所有市民都可以负担的美好家园样本，该项目的启动标志发达国家在"智慧社区"的基础上探索"未来社区"的模式。

随着我国城市化进程进入下半场，如何提升人居环境品质成为新型城镇化战略的重要命题。在城市发展由规模扩张转向品质提升、传统大拆大建的社区更新模式难以持续等背景下，"十三五"期间江苏、浙江、广东等部分城市率先将物联网、云计算等技术运用到老旧社区的物业管理与社区治理，"智慧社区"初见其效。

各省市政府围绕"人民美好生活"建设，深化探索未来城市建设、未来美好生活、未来居住社区的打造。四川省成都市 2021 年提出"未来公园社区"建设愿景，并在 2022 年 2 月启动首批 25 个项目。浙江省在高质量发展共同富裕示范区的开放命题下，提出"未来社区"可将成为未来现代化城市的"基本单元"。2019 年 3 月，浙江省政府印发《浙江省未来社区建设试点工作方案》，标志着未来社区建设试点工作正式启动。

随着政府规划推动、企业落地建设、居民参与体验等，"未来社区"概念逐渐清晰，浙江省政府将其提炼为"139 总体框架"，即"一个中心、三大价值体系、九大场景"（见图 5-12）：以"人民对美好生活的向往"为中心，聚焦人本化、生态化、数字化三维价值坐标，以和睦共治、绿色集约、智慧共享为内涵特征，突出高品质生活主轴，构建以未来邻里、教育、健康、创业、建筑、交通、低碳、服务和治理等九大场景创新为重点的集成系统，打造有归属感、舒适感和未来感的新型城市功能单元。

5.2.2 未来社区探索与实践

"未来社区"规划部署后，浙江省连续数年将"未来社区"纳入《政府工作报告》，出台政策支持未来社区的试点及发展。2019 年 9 月，浙江省发改委公布首批 24 个试点项目，主要包括改造更新类和规划新建类，总投

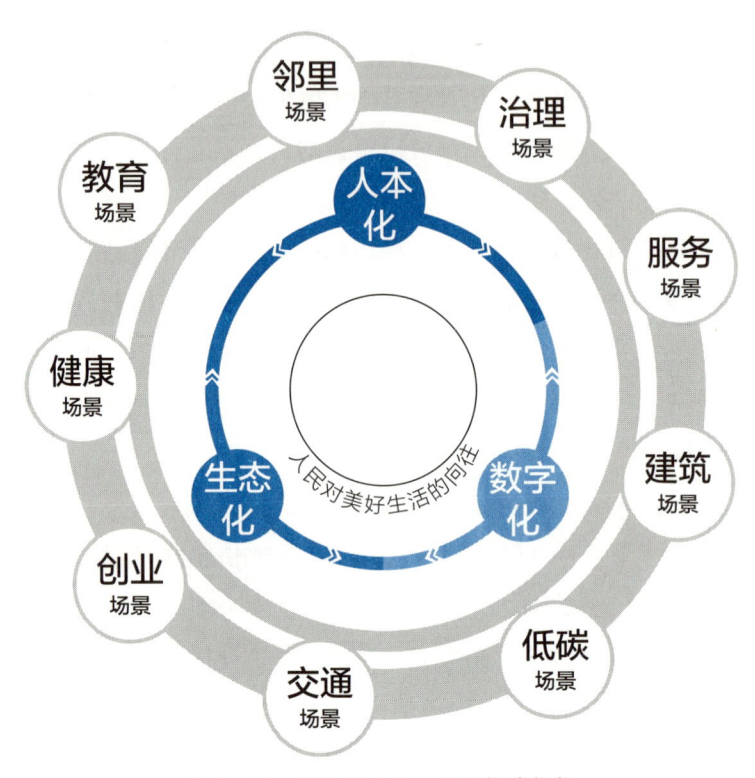

图 5-12　浙江省未来社区的概念框架

资近 2000 亿元。2019 年 11 月,《关于高质量加快推进未来社区试点建设工作的意见》鼓励未来社区试点"放开手脚",允许依法采用邀请招标方式、评定分离办法选择设计咨询单位,在建设方案确定后,可"带方案"进行土地公开出让。2020 年 11 月,浙江省四部门联合发文鼓励金融机构通过专项授信、银团贷款、债贷结合等为未来社区提供融资支持,创新性提出探索发行未来社区 REITs 产品,推进未来社区项目的资产证券化。2023 年 1 月及 7 月,浙江省政府及杭州市政府先后发文全域推进未来社区高质量发展,杭州市明确建设进度及时间表,如至 2025 年年底,计划累计创建未来社区约 500 个、覆盖 40% 左右的城镇社区。

随着浙江省试点的"未来社区"成效初显,2022 年 11 月,住建部、民政部联合发布《关于开展完整社区建设试点工作的通知》,要求各市(区)选取 3—5 个社区开展完整社区建设试点,围绕社区服务设施、宜居生活环境、智能化服务、社区治理等探索经验；统筹完整社区配建中小学、养老院等设施，打造15分钟生活圈，为居民提供完善的公共服务。2023年7月，住房和城乡建设部会同民政部等七部门印发完整社区建设试点名单，在全国106个社区开展完整社区建设试点。

同期，各地跟进具体落地方案，如上海市印发《2023年上海市"15分钟社区生活圈"行动方案》，明确在居民15分钟慢行范围内，形成"宜居、宜业、宜游、宜学、宜养"的社区生活圈，加强嘉定、青浦等五大新城具有"未来社区"特征的社区服务体系建设。

虽然该行动方案上升至国家层面及其他地区落地政策，未采用"未来社区"措辞，但提出相应"完整社区""15分钟生活圈"等作为未来城市结构中的基本功能单元，与"未来社区"理念内涵一脉相承，均是对未来城市单元及社区场景升维路径的探索。

5.2.3 "新物种"未来社区模型

"未来社区"作为面向未来的社区营造与治理的开放命题，拆解该"新物种"模型可知：政府包括省市区县及街道社区，为制定规划"未来社区"的引导主体；企业包括投资开发及运营商，为开发运营"未来社区"的实施主体；社区包括居民，为共享参与"未来社区"的治理主体。近年，我国浙江省的未来社区、上海市未来城市的理想单元、重庆市的完整社区等皆为对美好生活共同体的积极探索，在不同维度构建我国"未来社区"的模型。

（1）浙江省：未来社区

浙江省作为我国"未来社区"探索最早、投资力度最大的区域，围绕"一个中心、三大价值体系、九大场景"未来社区模式，形成一批"最佳实践"。据浙江省出台《关于全域推进未来社区建设的指导意见》，2025年全省计划创建1500个未来社区。杭州市作为浙江省未来社区"先行先试"担当，2023年新推出、通过验收的省级未来社区创建项目分别为105个、106个，分别占浙江省22%及27%，超额完成年初确定的"双百"目标。

浙江省打造"未来社区"主要包括以下五大类型。一是整合提升类，针对整体建筑品质尚好、离"美好家园"仍存差距的存量社区，开展整合提升类创建；二是全拆重建类，针对2000年以前建成、存在较大安全隐患的住宅小区，开展全拆重建类创建；三是拆改结合类，针对存在"好旧混合"的社区，开展拆改结合类创建；四是规划新建类，优先在人口集聚潜力大、公共交通便捷、地上地下空间复合开发禀赋好的城市发展核心区，开展规划新建类创建；五是全域类，在条件成熟、相对独立的城市区域，全域实施未来社区建设理念、标准和模式，开展全域类创建。

案例：
七彩集团在杭州市瓜沥镇的未来社区

杭州市瓜沥镇的七彩未来社区作为浙江省首批24个未来社区试点项目之一，项目定位为我国都市圈TOD卫星镇的未来社区可持续样本，是首个实现"三大价值体系、九大场景"中部分场景运营的未来社区项目，为"改造"及"新建"结合的典型。

项目概况

七彩未来社区规划单元面积约79公顷，实施单元约40公顷，总投资约47亿元，建筑总面积48万平方米。该未来社区规划ABCD四区，其中A区规划10万平方米的社区邻里中心，融合公共服务、智慧治理、交通出行等功能；B区用地面积为4.6万平方米，包含新加坡数字科创研发中心、创新型产业生产与办公、城市配套服务业态；C区为人才公寓、幼儿园、商业服务等居住配套区，由杭州七彩集团通过"带方案"投标方式竞得开发；D区规划为安置房与老旧小区提升（见图5-13）。

七彩未来社区整体采用"政府引领，运营方主导，商家、社团、志愿者、物业共同参与"等多方协同形式，着力打造符合现代城市发展及满足居民学习、工作、生活一体化需求的综合性、现代化社区，探索都市圈卫

图 5-13　杭州市瓜沥镇七彩未来社区的规划图

星城镇可复制、可参照的高质量发展的样板。

> **开发过程**

　　由于未来社区"九大场景"建设内容中所需要的硬件设施和软件配套投入较传统社区较高，且部分不可售业态的建设成本沉淀期较长，部分项目资金难以平衡。政府出台政策用以支持未来社区的资金平衡，总结包括：①土地"带方案"出让；②"三大价值体系、九大场景"部分业态由政府补助或回购；③容积率可突破；④融资政策支持。

　　2021年3月，杭州七彩集团以封顶14.52亿再加上自持10%的比例竞得瓜沥镇核心区单元XSG地块（C地块）。该地块采用"带方案"出让，核心要求为：竞得方须与瓜沥镇人民政府签订建设运营协议，按约定开发建设和运营管理；配建公租房，自持市井老街等商业建筑至少5年；打造且运营未来社区"三大价值体系、九大场景"，对各场景的表现形式、业态落位、验收标准等均提出明确要求。

　　从整个七彩未来社区项目来看，基本实现资金平衡。A区总投资成本5.43亿元，销售50%物业、自持50%物业，商业运营收入反哺邻里中心、公益配套等运营成本。B区总成本10.3亿元，通过销售物业在建设阶段能达到除公共设施面积外的建设资金平衡，且规划建设创新办公空间、导入数字产业，2023年3月对外租赁收入及政府补贴等平衡运营投入。C区可售住宅等整宗项目的现金流及利润主要来源，委托德信集团代建操盘，依托项目TOD小镇、文体及商业等配套，2021—2023年销售额合计近20亿元，预计2024年底竣工交付。由此，项目整体开发进展顺利，"三大价值体系、九大场景"逐渐兑现，树立未来社区的标杆。

模式解读

一是政府层面，顶层设计规划到位，积极引导民间资本参与，政企共谋未来社区的可持续发展。如允许"带方案"土地出让、改造类社区提升开发强度、增量面积合理限价等举措，鼓励民间资本参与投资，实现未来社区项目内部的资金平衡。

此外，七彩未来社区先行探索"政企合作＋混合所有制"，由国有基金与社会资本组建基金进行投资，发挥社会企业的专业优势负责项目全过程实施，保证社区资产运营的可持续性（见图5-14）；公交TOD通过土地混合出让机制创新，通过不同土地权属按面积占比分割，解决存量土地不能复合开发的土地出让机制难题，实现了低效用地的高效开发；在B区产业园区采用"投建运维"混合一体化机制，政企合作共同持有产业物业，共

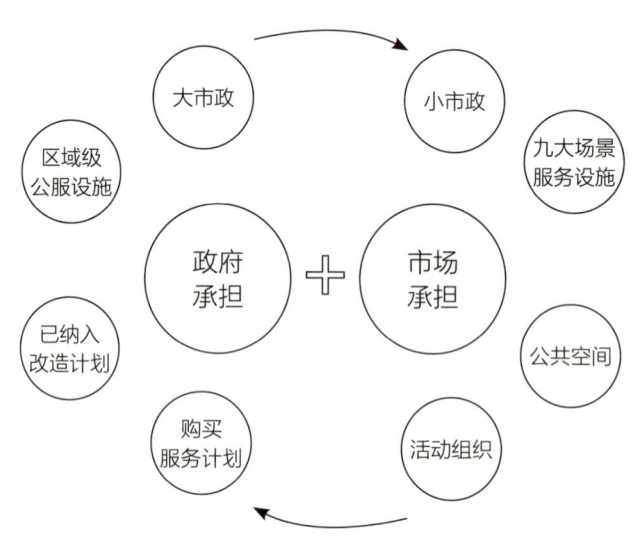

图5-14　杭州市瓜沥镇七彩未来社区的资金合作模式

同招商，合理共建创业园区，实现人才与产业引进，促进产城融合和区域共富。

二是企业运营方面，以居民需求、交互场景等为基底，通过对未来社区的数字化赋能，精细化运营持有物业。七彩未来社区通过"AI 数智化"赋能，基于 Sense Core 商汤 AI 大装置打造"数字孪生""科技物业""积分服务"，全面降本增效和以绿色低碳的运营方式，显著提升社区运维效率和居民的幸福感。七彩未来社区采用"居民、空间、数据"三位一体运营策略，打造全社区 5G 数字孪生技术场景运用和可持续运营平台。七彩未来社区对于持有物业运营，在探索中坚持"问需于民"，搭建全民社群平台，注重从服务中导入流量，转化为消费变现，进而反哺社区运营。

三是居民参与方面，七彩未来社区通过积分系统贯穿居民需求、社群互助、社区治理等，有效增强业主参与度及邻里幸福感。居民所益于社区建设和参与社区运营活动的正向行为均可得到社区积分奖励，可用于抵扣其在社区内的日常消费、物业服务或作为其他奖励等；在社区中有一技之长的居民，可报录社区达人资源库，通过社区分享获取积分和荣誉，促进社区全民终生学习。

由上，浙江省采取拆改结合、规划新建等五类方式因地制宜规划打造未来社区，其核心为"造生活"而非简单的"造房子"，通过"三大价值体系、九大场景"模式提升居民的美好生活。

（2）上海市：未来城市的理想单元

2014 年，上海率先提出"15 分钟社区生活圈"概念；2016 年，上海制定发布全国首个"15 分钟社区生活圈规划导则"，并纳入"上海 2035"总体规划。2023 年，"15 分钟社区生活圈"行动被列入上海市政府重点工作，在全市层面全面推进。在实施策略上，上海市更强调"社区"作为城市基本空间单元的建设以及"居民"的多元化需求，以 15 分钟社区生活圈为范围，编织紧凑复合的社区网络，促进生活、就业、休闲相互融合，提升市民的幸福感。

案例：
中建 + 万科合作在上海嘉定新城的理想之地

嘉定新城作为上海"十四五"时期建设的五大新城之一，高起点谋划、高标准推进建设，目标是打造为高品质生活的未来之城，成为上海未来发展最具活力的重要增长极和战略支点。

中建与万科联手打造的嘉定未来城市理想单元，将建设高品质的生活住区、功能高度混合的商业休闲空间，以及集约高效的公共服务配套，为嘉定新城核心区标杆区域。

项目概况

中建万科的理想之地为上海首个未来城市理想单元项目，项目位于上海嘉定新城核心区，紧邻 11 号线嘉定新城站，共包含 6 宗土地，总占地面积约 14.16 万平方米，总投资近 120 亿元。项目总计容建面约 36.9 万平方米，其中住宅约 24.4 万平方米刚需及刚改产品，商业约 4.8 万平方米打造活力街区，商务办公约 5.3 万平方米，将引入医疗健康、数字经济、新能源汽车等产业（见图 5–15）。

图 5-15 嘉定未来城市业态全景图

理想之地项目整体遵循上海市新城规划建设导则，聚焦"活力、韧性、智慧"的未来城市发展理念，打造"建筑是公园，社区即城市"的"15分钟全天候活力街区"，助力嘉定新城城市空间功能再优化。

开发过程

该宗土地先采用"招标＋挂牌复合"出让方式、再通过"产交所＋增资转股"形式引入合作股东。2022年6月嘉定区规划和自然资源局对外接收预申请比选方案，且根据出让规则，未来若进行有价竞标，在评标阶段中获得第一名的方案可加30分。2022年7月公示排名第一的为"嘉定未来城市理想单元概念方案"。2022年9月，中建玖合旗下全资控股的上海合科置业有限公司，以底价64.36亿元获取嘉定未来城市理想单元地块。2023年2月，上海合科置业有限公司在北京产权交易所挂牌增资，对意向投资方设置条件，转让49%股权至万科地产，由此中建与万科联合操盘、合作开发该项目。

嘉定区政府为保证未来城市理想单元的可按要求打造"高度复合多元的、低碳绿色的、智慧便利的可持续化绿色社区"，在预申请比选方案阶段，以"半开放命题"形式对地块限定条件：整体依托"智慧、低碳、数字化"综合技术进行规划，住宅部分全部采用超低能耗建筑方案，部分公建达到绿建三星标准，安装屋顶光伏系统，配备充电桩，打造"全域低碳社区"，可实现"近零碳社区"；引入多样复合的功能业态，设置商住办立体混合功能，打造场景化的体验式商业空间，设置自持商业面积及年限要求，以及商务办公宜引入的产业要求；嵌入智慧科技系统，构建统一的智慧底盘，包括数字孪生平台、智能视频监控系统与物联网平台、地下车库建自主泊车协同系统等，且建设智慧工地须实现全项目、全业务、全过程的智慧化、可视化监管。

理想之地的项目开发周期近4年，住宅一期于2023年6月首开入市，至2024年4月加推五期，基本实现开盘即售罄；商业部分整体将固态的商办空间流体化、变成街巷，再将街巷作为住宅区与街道的软边界，2023年12月对外开放商业市集春熙集，将人、环境、办公、城市完整且有效地连接起来，构建未来城市的理想单元的多维共生的关系连接。

模式解读

一是政府层面定原则、定基调、定标准，把控未来城市理想单元应具备"15分钟生活圈""低碳、活力、智慧"等要素特征，对地块设定限定条件及引导规划，以"半开放命题"形式把问题抛向市场；再通过方案招标预申请、挂牌组合等方式，把地块受让至最有把握"答对"的市场化企业，过程中予以监督、验收等确保未来城市理想单元的呈现效果。

二是"央企+混合所有制企业"间通力合作、各挥所长，将未来城市理想单元具象化、落地化。万科集团早在2018年启动"2049未来城市（上海）探索计划"，持续与政府共谋，推进未来城市理想单元的可行性研究，且在上海TOD天空之城、上生新所等项目展现过硬的操盘水平；中建玖合虽进驻上海市场不久，但背靠中建集团在投资、设计、施工等链条优势突出。双方前期即密切沟通、推动土地按条件上市，在方案投标、增资扩股、分工操盘界面、分期施工运营等环节合作顺畅，保障未来城市理想单元的规划兑现。

三是生活及工作在理想单元中的业主、商户及公司等，形成"生活+文化+运动+政企共建"四大板块组合的业态，构成丰富多元的社区载体，满足高密度复合的未来城市需求。如项目引进Bloom团队运营春熙集街区，将云南原始傣寨"空运"到理想之地，举办富有烟火气和活力的社群活动，打造融合艺术、自然与生活的全新综合体，居民、商户、办公人群等共创社群公约，参与构建未来的理想生活。

（3）重庆市：完整社区

2022年11月，住房和城乡建设部、民政部要求各市（区）试点完整社区建设。重庆市以社区为单元推动城市有机更新与品质提升，确立"建机制、摸家底、立标准、强示范"四步工作法，实施"新建项目""片区更新""老旧小区改造""城市体检"等举措，实现完整社区高效推进。

首先，重庆市建立完整社区基础数据收集平台，收集社区基础信息、公共服务、商业、市政、公共活动空间、社区治理等6大类30小类基础数据，形成城市社区基础数据"一张图"。其次，重庆市针对大多数老旧社区"挤、窄、陡"，居民改善活动场地品质诉求强烈等问题，出台《绿色完整居住社区建设操作指南》《绿色完整社区评价细则》等文件，为完整社区在全市建设提供指导。此外，重庆市强化部门联动，将完整社区建设与市教育局、体育局、能源局等开展的养老托育设施、充电设施、一刻钟便民生活圈、社区卫生服务机构、"国球进社区"等重点工作协同推进。

案例：
保利物业与重庆观音桥街道共创"塔坪模式"

物业公司布局"城市服务"赛道

在推进"完整社区""精细化城市管理"等进程中，房地产企业旗下的物业板块，形成"小区—社区—街道—城市"等外拓延展与版图迁移。物业公司切入"城市服务"业务赛道，承担街道甚至城市综合管理运营，对城市进行专业化、精细化与智慧化的统筹管理，从"小区管家"向"城市管家"转变，从"纯服务"向"服务+运营"转型（见表5-5）。2015年，碧桂园在服务公服市场化改革背景下试水城市服务；2018年，万科物业与珠海横琴成立合资公司，打造中国首个"物业城市"治理模式。自此，物业公司纷纷扩张布局城市服务业务。

2018年，保利物业推出"镇兴中国"计划，进军城镇、政府公建等全域管理服务，形成"以公共服务理论为基础、政府为主导、企业服务为主体、服务对象积极参与"的协同治理创新模式。保利物业形成"一芯、四法、九场景"产品体系，涵盖老旧小区改造、城市微改造、闲置资产盘活、打造城市IP等业务，除传统基础类服务（市容环境管理、基础设施管养等）外，还涉及综合治理类、公共资源类、智慧城市类等服务，全面覆盖街道或镇域政府的城市管理需求。

表 5-5　典型的房地产物业公司的服务内容

服务内容/物业公司		万科云城	碧桂园	保利物业	龙湖智创生活	招商积余	中海物业
城市公共基础类服务	市容环境管理	√	√	√	√	√	
	基础设施管养	√	√	√	√	√	√
	生态维护—公园管理	√	√	√		√	√
	生态维护—河道水域	√		√			√
城市综合治理类服务	公共事务巡查	√		√		√	√
	基层综合治理	√	√	√		√	
城市公共资源类运营	公共停车场运营	√					
	公共广告资源运营			√			
城市社区治理类服务	老旧小区长效管理	√	√	√		√	√
	社区服务类						
智慧城市类服务	智慧平台	√	√		√	√	√
	解决方案	√	√	√	√		√

合作过程

重庆市江北区观音桥街道的塔坪小区建于 1985 年，紧邻北仓文创街区、观音桥商圈。因年久失修，小区房屋屋顶漏雨、外立面破损等问题严重，社区居民苦不堪言。2021 年，江北区启动塔坪老旧小区改造工程，按照"三治两升一导入"，即治脏、治乱、治违，实现功能提升、品质提升，注重产业导入的原则，对塔坪小区实施有机更新。

观音桥街道在改造前期，即充分吸取民众及专家意见，将居民同意率高、合围连通性强、房龄集中在 35~40 年的 44 栋建筑纳入划片，为后期物业管理奠定基础。但塔坪片区业主自住率 30%、60 岁以上老人占比 42%，若通过业主大会引入物业公司周期长、成功率低。为防止"建设"与"管理"脱节，观音桥街道对标规划小区制定物业管理标准，参照"物业应急管理"设定六个月的过渡期，在此期间委托保利物业为塔坪老旧小区居民提供免费服务；在居民有体验、有意向后，再由街道、社区按照物业选聘流程，召开业主大会委托保利物业服务。

同时，观音桥街道在引入保利物业为社区服务后，打破传统小区与街区服务壁垒，以"政府购买服务"的方式，每年包干支付保利物业约50万元，将片区内市政维护、市政绿化等事项委托保利物业提供服务。通过此举降低物业前期成本亏损，增强物业公司持续服务老旧小区的信心。观音桥街道梳理盘活塔坪老旧片区内存量国有资产3240平方米，交由保利物业公司运营，并将运营收入投资改造社区康养活动中心、社区养老食堂、24小时便民图书馆等，丰富社区居民的生活配套。

经过更新改造及物业公司运营服务，塔坪片区由老破小焕新，并利用观音桥及北仓文创街区等商圈优势，"传承历史文脉，留住城市记忆"，升级为充满文艺气息的新晋打卡地。

模式解读

一是区级政府摒弃传统"大拆大建"模式，运用"留、改、拆、增"的改造手法，街道单位结合地理特色和居民需求，主导社区更新改造，打造全龄、友好、智慧型完整居住社区，并以"政府购买服务"方式委托物业公司介入街道及城市服务。完整社区建造过程充分体现"以人为本的理念"，从划片区到物业服务标准、定价及签订协议等，再到摸底收集民意、物业服务质量评价等，街道与物业公司均最大程度按居民意见落实解决问题。

二是保利物业体现专业的服务能力及合作诚意，包括前期为业主提供6个月的免费物业服务的过渡期，居民满意认可后再签订物业服务协议；再从社区接管街道的物业服务、国有资产运营等，逐步展现服务及运营能力，兑现政府及居民对"美好生活"的期望。

三是完整社区除改造老旧小区外，还因地制宜挖社区商业或配套价值。塔坪片区在改造基础上盘活国有商业资产、联动周边商圈及文创资源等，通过营商环境的优化提升，让塔坪老旧小区成功带动投资超4000万，解决就业岗位数百个，街道在片区内开设的"夜校"每期都处于爆满状态，提升完整社区的居民幸福感。

综上，人类对美好生活的憧憬、对未来城市的愿景、对未来社区的实践是"永恒命题"。较于沙特阿拉伯"The Line"新未来城等规划建设，我国各地试点的"未来社区""理想单元""完整社区"等实践推进，更务实落地且贴近民意。在此过程中，具备前瞻洞察及规划能力、片区开发或改造能力、精细化服务及运营能力的地产开发企业，可将业务触角伸向此万亿蛋糕，享受"后地产"时代的"新红利"。

第 3 节 城市更新

城，所以盛民也；民，乃城之本也。习近平总书记在 2017 年参加参加上海代表团审议时指出，"城市管理应该像绣花一样精细"。作为生产空间、生活空间、生态空间的综合体，城市要实现生产空间集约高效、生活空间宜居适度、历史文化活力兼修，需在细微处下功夫。

城市更新为城市化进程必然产物，是城中村改造的"上位概念"，既涵盖城镇老旧小区改造和棚户区改造，也包括协议搬迁和房屋征收等模式，还包括商业街区、工业遗址、交通枢纽等方面的综合改造。参考国际经验，当城市化水平超过 80%，城市更新的作用开始凸显出来，成为城市可持续发展的重要抓手。因此，随着我国部分城市房地产行业已逐步步入存量时代，城市更新作为城市存量发展的重要途径，对激活城市的存量土地、提升城市的未来发展空间、满足居民的高品质住房需求等意义重大。

5.3.1 城市更新的发展背景

城市更新起源于英国 20 世纪 30 年代，英国工党政府制定格林伍德住宅法（Greenwood Act），采用"建造独院住宅法"和"最低标准住房"相结合的办法，提出消除贫民窟的 5 年计划。美国则于 1947 年启动新的《国家住宅法案》（National Housing Act），允许联邦基金除改善贫民窟状况外还可用于城市更新发展，发展至 20 世纪 50 年代时，美国城市更新基本由政府主导、地方政府公共资助为辅，两者资助比例为 2 : 1。

随着我国城市化进程推进，也针对城市或城镇里不符合现代化社会和城市发展的建筑进行重建和更新，主要是基于以下原因：

一是城市"存量发展"新阶段的要求。据第七次全国人口普查结果，截至 2020 年年末，我国常住人口城镇化率达到 63.9%，说明我国城市发展已从"大规模增量建设"正迈入"存量提质改造和增量结构调整并重"的阶段。我国中央城市工作会议、中央城镇化工作会议及出台的相关文件等，均体现"严控增量，盘活存量"的城市发展思想。在此背景下，我国适应新阶段要求，对城市功能进行优化、对城市空间进行调整，实施"城市更新行动"，推动城市建设实现内涵式发展。

二是城市集约用地、绿色低碳的要求。我国实际可开发城市建设面积、人均可开发建设用地面积等并不充足，且过往发展存在粗放、低效开发等问题。据统计，1981—2019 年我国城市人口增长 3.02 倍，城市建设用地面积却扩大 8.68 倍，土地城镇化明显快于人口城镇化，建设用地存在一定粗放低效问题。在用地约束条件下，过去"大量建设、大量消耗、大量排放"和过度房地产化的城市开发建设方式已难以为继，需要优化城市土地资源配置、优化城市空间结构，实施城市更新行动，将城市发展转向以提升城市品质为主的存量更新方向，向土地集约节约利用、城市绿色低碳发展转型。

三是符合"人民对美好生活的向往"诉求。在城市快速发展过程中，城市建设也存在一些短板问题，如部分建筑存在安全隐患、部分区域市容环境较差、部分基础设施及公共设施陈旧等，制约市民幸福感及满足感的提升。当"城市病"出现时，城市更新不失为一剂良方，可补齐城市建设短板，重焕城市的生机活力，提升市民幸福感。

5.3.2 城市更新的探索与实践

我国的城市更新从大规模旧城改造到实施有机更新，经历"大拆大建""拆建结合"到"精细绣花"等探索实践，分为如下三个阶段：

1978—1990年，旧城改造为主的大规模、快速化阶段

改革开放初期，国内由于"先生产、后生活"主流思潮，城市更新力度非常小。陈占祥先生1980年在我国最早提出"城市更新"概念，强调城市自身的演变过程，突出经济因素在城市更新中的作用，并提出更新途径包含重建、保护和维护等。

20世纪80年代，国内城市发展存在部分旧区的基础设施陈旧、土地利用率低下等问题，且亟须解决两大痛点问题：大量剩余劳动力涌入城市带来的居住问题，以及经济发展后生活环境、投资环境落后的问题。

为快速解决以上问题，当时城市建设基本采用"拆一建多""退二进三"等推倒重建式的更新方式，建成一批"简单庞大商厦+排排坐单元楼"的区域。虽然该方式使得城市职能结构、居住环境问题得以缓解，但也存在破坏城市肌理、受保护建筑遭受毁坏、规划同质化等负面影响。

1990—2020年，城市有机更新理论提出和初步应用阶段

20世纪90年代开始，吴良镛教授通过思考北京旧城改造的实践提出城市有机更新理论，认为城市如同生物体一样是有机联系、和谐共处的整体。因此，城市更新应遵从城市内在的秩序和规律，顺应城市的肌理，采用适当规模和合理尺度，依据改造内容和要求，妥善处理现在和将来的关系，在可持续发展的基础上探求城市的更新发展。

该阶段典型案例即为吴良镛教授带领课题组实验的菊儿胡同新四合院工程。1987—1994年，课题组在菊儿胡同更新改建两期共2万平方米的拥有13个新四合院院落的建筑群，顺应北京旧城传统胡同肌理的城市设计，传统的四合院住宅格局得到保留并加以改进，避免了全部拆除旧城内历史性衰败住宅，还探索出一种历史城市中住宅建设集资和规划的城市更新模式。该工程是迄今为止我国获得国际大奖最多的建筑作品，载入世界权威《世界建筑史》，得到国际社会的广泛承认和高度评价。

然而此期间恰逢我国城市化进程发展最快阶段，尤其各城市开发区、新区等建设突飞猛进，城市有机更新理论仅在部分历史文化城市的保护中

得到小规模运用，但在大规模的城市更新中，尚未得到全面系统性的实践。

2020 年至今，进入实施城市更新行动的实质性阶段

我国"十四五"规划明确提出"加快转变城市发展方式，统筹城市规划建设管理，实施城市更新行动，推动城市空间结构优化和品质提升"，对进一步提升城市发展质量做出的重大决策部署。随后，各地出台地方政策，如《福州市"城市更新+"实施办法》《成都市城市有机更新实施办法》《北京市关于实施城市更新行动的指导意见》《重庆市城市更新管理办法》《上海城市更新条例》等。

2021 年，住建部出台"实施城市更新行动"，明确城市更新总目标及关键行动路径，全国层面将围绕城市空间结构、城市生态修复、城市功能完善、城市历史文化保护、居住社区建设及老旧小区改造、城市新型基础设施建设、城市防洪排涝设施体系、县域更新八大方面立体式实施城市更新行动。

同年，住建部发布《关于在实施城市更新行动中防止大拆大建问题的通知》，预防城市更新行动中沿用房地产化的开发建设方式、大拆大建、急功近利等问题。如对城市更新中的拆除重建方式，如严格量化控制大规模拆除，更新单元（片区）或项目内拆建比不应大于 2；拆除建筑面积不应大于现状总建筑面积的 20%；严格控制大规模搬迁，居民就地、就近安置率不宜低于 50% 等指标。原则上，城市更新要求坚持应留尽留，全力保留城市记忆，保留利用既有建筑、保持老城格局尺度、延续城市特色风貌。

可见，从"十五"时期到"十四五"时期，我国城市更新以点到面、全面铺开，主基调由"旧城改造"向"综合更新""有机更新"等方向演变，转变为多类型、多层次的城市功能的系统调整。

5.3.3 "新物种"城市更新模型

城市更新所涉及政府、企业、业主等主体，产权结构复杂，要求参与主体具备成熟的开发经验与优秀的协调能力，创建多元合作伙伴关系（见

图 5-16）。

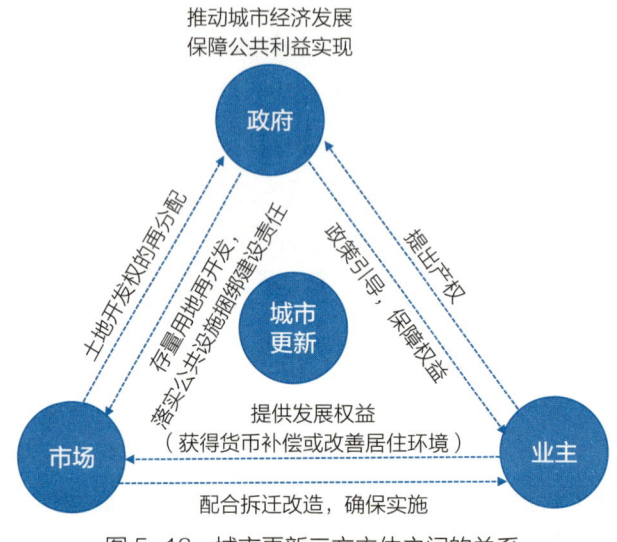

图 5-16　城市更新三方主体之间的关系

一是对政府而言，其出发点及核心诉求是在保障居民利益的基础上更新基础设施、推动城市升级，而城市更新项目存在风险，涉及多方主体，如果项目不能按期转化，会造成资源浪费，损害公共利益。

二是对市场主体而言，获得土地开发权再分配，保障存量用地再开发及落实公共设施捆绑建设责任。出于资金、资源互补的需求，城市更新项目承接方在同业间展开合作，发挥"1+1＞2"的资源整合效应。新进城市更新领域的大公司（如地产公司、建筑央企等）倾向于与深耕多年的地方性企业合作，意在借助资源、共担风险。前者优势在于廉价资金成本和多元化业态经营能力，后者优势为成熟的城市更新团队、丰富的项目经验及良好的政企关系。城市更新领域强强联合、资源互享，抢占市场，直接引援有资金实力或融资能力强的投资方。

三是对业主而言，在城市更新拆迁安置补偿环节，居民或村集体需与企业或政府签订搬迁与安置协议，核心为双方对地价计收及地价补缴部分的预期差异，协调难度大、博弈周期长，后续配合拆迁与改造等，确保项目顺利实施。

因此，城市更新事关城市核心区域发展，势必需要多元主体参与，而各主体间的合作模式亟待突破创新。通过聚合政府与开发主体、投资主体、运营主体等，形成通力合作机制，树立政企合作示范，方能助力区域持续发展。

地价计收和收缴作为三方利益博弈链中最重要的部分，不同城市对此有不同规定。

在广州城市更新中，全面改造涉及补缴地价有以下两类情况：①旧厂房自行改造，包括工业改商业、工业改产业、科研改商业等，各类改造方式及产业类型均有不同的补缴地价方式；②旧厂房自行改造与政府收储相结合，政府按照相关标准回收部分权属用地，并给予产权人相应的补偿；产权人可以对剩余的非商品住宅规划用地进行自行改造、协议出让。此外，属于同一企业集团、涉及多宗国有土地上旧厂房改造的（总用地面积不低于 12 万平方米），可整体策划改造。

在深圳城市更新中，《关于加强和改进城市更新实施工作的暂行措施》规定对深圳城市更新地价计收给予明确指导，主要有：①历史用地处置。如对于拆除重建类项目，处置后的土地可通过协议方式出让给项目实施主体进行开发建设，其分摊的建筑面积按照改造后的功能和土地使用权使用期限以公告基准地价标准的 110% 计收地价；②简化城市更新地价体系。整合地价标准类别，在保持城市更新地价水平相对稳定的前提下，城市更新地价测算逐步纳入全市统一的地价测算体系。城市更新项目地价可不计息分期缴交，首次缴交比例不得低于 30%，余款 1 年内交清。

在上海城市更新中，则实行公共利益导向下的城市更新政策激励。如对于能够提供公共设施或公共开放空间的项目，可适度增加建筑面积，但建筑面积调整一般不超过规定的上限值，超过上限值后按比例折减；能够同时提供公共开放空间和公共设施的项目，可叠加给予建筑面积奖励。更新单元内部可进行地块建筑面积的转移补偿，即容积率转移，符合历史风貌保护的更新项目，新增要求保护的建筑、构筑物可不计入容积率。

由上，从可实现和分享的土地增值空间来看，房地产开发企业参与拆除重建类的城市更新意愿最大，住宅及其他可售业态可实现的增值收益空间最大、确定性较强；从实现难度来看，一般单一权利主体的旧厂改造难度最小，如"工业改商住"，其次城中村/城边村拆除重建类的改造难度次之（主要是统一意见的门槛、提升容积率的难度），旧住宅的改造往往影响因素广泛、难度较大。

按照参与实施主体不同，城市更新主要有如下三类"新物种"模型。

（1）政府主导熟化，企业联动参与开发

该类型城市更新项目开发由政府或其国资公司主导控制权及全流程，政府部门除负责政策实施指引、保障居民权益外，还须具体确定更新改造的范围标准、规定期限，办理划拨用地手续，筹集所需资金，负责征收补偿及安置协调等，并监督检查规划的开发实施和竣工验收。开发企业作为乙方，则按照总体规划要求，负责投入资金，深化设计更新改造方案，土地熟化后操盘或代建更新项目。

因此，政府及其下属城投公司在土地熟化阶段承担重要角色，若土地熟化资金由财政部门筹集，则通过土地收储的形式整理后，通过招投标向社会公开出让；若土地熟化资金由社会资金筹集，则按照"谁投资，谁受益"原则，熟化后交由出资方开发，实现一二级联动。

> **案例：**
> **上海市黄浦区主导下的中海建国东路城市更新项目**

2014年上海市出台《关于本市开展"城中村"地块改造的实施意见》，指引城中村改造包括土地储备、农村集体经济组织改造和公益性项目建设三种模式，对应熟化后的土地分别采用公开招拍挂、定向挂牌和公益性项目建设使用上市方式（见表5-6）。公开招标改造的城中村地块多数由上海市属国资公司（如上海地产集团、上实集团、锦江集团）竞得，旗下地产或工程公司负责后续的开发和改造环节。

表5-6 上海城中村改造模式

改造方式	概念	供地方式
土地储备方式	区政府通过土地储备方式（市级土地储备机构不参与），对"城中村"地块实施土地征收、补偿安置和必要的基础设施建设。经营性土地形成"净地"后，公开招标、拍卖、挂牌出让，由受让人按照规划开发建设。已撤建制村改造应采用土地储备方式	政府收储后公开招拍挂
农村集体经济组织改造方式	以农村集体经济组织为改造主体，可引入合作单位共同改造开发。改造方案在市、区有关部门指导下，经村民集体讨论确定后，由农村集体经济组织或合作单位自筹资金改造开发，其中农村集体经济组织参股比例必须不少于10%，以成本价回购不少于10%的商业配套用房	定向挂牌
公益性项目建设方式	"城中村"地块规划建设为公益性项目的，可通过组织实施公益性项目建设，对"城中村"地块进行改造，以改善和提高区域生态环境质量	公益性项目建设

○ 资料来源：《关于本市开展"城中村"地块改造的实施意见》。

2023年上海市发布《上海市城市更新行动方案》，计划至2025年年底，中心城区周边"城中村"项目全面启动；至2027年年底，中心城区周边"城中村"改造项目全面完成，五大新城等重点区域"城中村"改造规模化推进；至2032年年底，"城中村"改造项目全面完成。

项目概况

黄浦区建国东路城市更新项目，位于核心区域新天地板块，西连衡复、东迎外滩，分为67—71街坊五宗地块，地块内房屋基本为砖木混合结构的二级以下旧里，生活配套落后；涉及8500余户、约4万人搬迁；原留存13处文化风貌保护建筑，包括巴金故居、荣金大戏院等文物保护点，城市肌理丰富。

该城市更新项目总占地面积约14.75万平方米，地上计容建筑面积约36.8万平方米，其中67街坊为商业、写字楼用途，其余4幅为总建筑面积约36.8万平方米的联排别墅、超高层住宅、历史保留建筑等，是黄浦最大的成片旧里区域更新。现由黄浦区全资控股企业永业集团主导负责67、68及71街坊的操盘建设，规划其主要负责黄浦区城市更新、旧改征收、保障性住房建设等；中海地产主导负责69及70街坊的操盘建设，其亦与普陀区、杨浦区等合作过红旗村、江浦160街坊等城市更新项目（见图5-17）。

图 5-17　上海黄浦区中海建国东路城市更新项目鸟瞰图

开发过程

该城市更新项目起源可追溯至2003年7月，卢湾区（2011年后撤并至黄浦区）与中海地产签订65及67—71街坊地块的出让合同，获得出让面积18.8万平方米的六宗土地，计划2012年底前全部建成。但此后由于旧区改造矛盾突出，直到4年后仅有65街坊取得建设用地规划许可证，且被分拆为南北两块，其中南地块由摩根士丹利获取并于2010年出售至凯德商用旗下的嘉茂信托投资基金，于2018年建成开业LuOne晶萃广场，北地块由中海地产于2018年建成开业中海环宇荟及国际中心的综合商业体。但余下的67—71街坊作为毛地，却由于拆迁阻力等原因停滞多年。

2020年7月，黄浦区政府与中海地产签约，实质性重启并共同推进67—71街坊的更新开发，总投资达590亿元。双方合资成立中海海庭和中海海华两个项目公司，前者负责67、68及71街坊的开发建设，后者负责69、70街坊的开发建设，中海地产及永业集团在两者的股权占比均为98%∶2%。

随后，黄浦区政府与中海地产密切配合，按照"留改拆并举、保留保护为先"原则，围绕规划设计方案、房屋旧改征收、投入产出平衡等关键要素开展工作，达成"整体规划、滚动开发"思路，紧密推动5个街坊的征收和建设。

2022年3月，中海地产的母公司中国建筑披露公告，"项目实施周期较长，因后续房屋征收、地方政府行业政策调整、房地产市场情况等变化产生的风险"，项目计划投资额增加到595亿元，开发周期由6年延长至6.5年，69及70街坊地块将由中海地产作为大股东持有98%的权益，67、68及71街坊地块将由永业集团作为大股东持有98%的权益。由此，中海地产主导负责20万平方米左右的住宅开发，而永业集团则会主导负责剩余约10万平方米住宅及所有商办的开发。

中海地产充分研究项目的"海派"历史文化肌理，对百年建筑进行整体平移、原地顶升、修缮等方式有机更新，如将鹤鸣里、顺鑫里及鸿宁里等3幢文化保护建筑迁移到地块北侧，匠心采用"留皮换胆"工艺，将外立面的原有材料、特色装饰等完整保存、精心修缮，再次应用到更新建筑，与新建商业建筑共同构组成旧缮与新建、历史与现代碰撞融合的特色商业组团（见图5-18）。

图5-18 上海黄浦区中海地产建国东路城市更新项目效果图

变局与破局：房地产发展启示录

中海地产分期滚动开发，70街坊规划建设2栋44层及1栋30层的高端住宅，以及2—3层的商业及联排独栋别墅，项目备案名为"中海·顺昌玖里"项目首推3栋高层住宅开盘，备案均价17.2万/平方米，当日销售额196.5亿元，成为我国商品房历史以来的"全国盘王"，刷新我国房地产的开盘纪录。

模式解读

一是城市更新是解决城区中心"二元结构"矛盾的攻坚持久战，政府兼顾公平效率，程序合规的前提下与企业寻找最优解。1992年，原卢湾区政府创新性采用"毛地批租"方式，以2300万美元向中海地产转让"斜三基地"棚户区，成为吸引外资进行旧区改造的先河。永业集团作区属功能性的城市更新主体，在上海市开创性实施阳光征收、"数砖头+套型保底"、两轮征询签约、签约线上直播等征收动迁措施，积累思南公馆、孙中山行馆旧址等丰富的城市更新经验。

二是城市更新项目周期长，充满不确定性，市场化企业处于中枢节点位置，须匹配资金投入与产出，必要时协调政府的征收节奏，以及在沟通或条款等博弈上实现"进退自如"。中海地产于2020年重启该城市更新项目时，将五宗地块按街坊界限划分为两个项目公司，并与永业集团合资形成共同体。2022年，中海地产根据土地熟化节奏、市场行情等，选择继续开发纯住宅地块、退股含商办的项目公司。中海地产凭借央企优势等，以"分地块+互相持股+保留退股权利"模式，在不确定性的城市更新过程中实现"相对确定性"。

三是政府平台的合理兜底决定下限，开发企业的操盘水平决定上限。案例中的中海地产在行业被称为"工科状元"，1992年进入上海参与中国第一个城市旧改项目海华花园，2018年参与上海市中心城区最大规模的城中村改造项目红旗村项目。中海地产在本项目的规划设计及工艺做法等方面亦可圈可点，通过查找百年前的设计图纸，尽可能地按照当时风格还原沿街建筑的外立面，保留阳台、铁艺栏杆等特色构件，并结合现代商业和生活空间的需求进行细节调整和更新，将"海派"历史遗产重塑为公众的文化资产。

（2）政府引导统筹，企业与村集体合作

住建部于 2021 年 11 月发布《关于开展第一批城市更新试点工作的通知》，明确指出"探索建立政府引导、市场运作、公众参与的可持续城市更新实施模式"。该模式下政府在城市更新中的角色转换成统筹引导及服务作用，市级层面负责政策制定、计划和规划的整体统筹，区级层面负责项目实施的协调和监管，鼓励多元化主体参与；一方面鼓励原权利人自行实施、市场主体单独或者联合实施城市更新，另一方面制定优惠政策吸引社会资金参与城市更新。

作为先行先试的省份，广东省的城市更新经历从局部试点到全面实施阶段，包括对集体土地和国有土地的二元制结构问题的探索。20 世纪 80 年代，广东省存在大量外企、民企与村集体经济组织合作，合作方式主要是村集体出地、企业出资建设工业厂房，逐渐演变成村级工业园、集体产业园、城中村等。2019 年，我国出台《土地管理法》等法规明确经营性建设用地通常只限于国有土地，村集体用地及产业园区等缺少合法的审批手续，也未取得产权证书。2021 年，我国修订《土地管理法实施条例》，实现集体经营性建设用地与国有建设用地"同地同权"，为城市集体用地更新改造提供方向性指导。

案例：华润置地与村集体公司合作的深圳市南山区大冲村项目

深圳市南山区大冲村改造项目是广东省最大的城中村整体改造项目之一，采取拆除重建和局部综合整治相结合的更新模式，采用"政府引导、市场化运作、股份公司参与"的运作模式实施更新，配套多项政策措施。

项目概况

大冲村位于深圳南山区高新技术产业园区中区的东部，地处福田中央商务区（CBD）与"特区中的特区"前海合作区之间，其地理位置优越，

是深圳市重要的城市节点。1985年深圳科技园设立，大冲村凭借优越的交通区位成为众多怀揣"深圳梦"人群落脚的第一站，随后大量村民自建房与村集体矮楼拔地而起，原住居民与外来居民的比例达1∶35。但大冲村由于缺少科学的统筹规划，市政设施严重匮乏，建筑密度大，安全隐患严重，社会治安混乱，是典型"脏乱差"城中村。

2005年，南山区正式启动大冲村改造计划，通过城市更新方式，完善片区道路交通组织，提升公共配套服务水平，将片区打造成为集大型商业、办公和居住为一体的城市复合功能区，为高新技术产业园区和华侨城景区提供综合配套服务（见图5-19）。大冲城市更新项目占地面积68.4万平方米，改造前现状建筑物共有1337栋，总建筑面积约86.8万平方米，总人口6.9万人，其中有1000多户原住居民和300多户非原住居民，为当时广东省城市更新规模最大的项目。

该项目改造后总规划建设面积达280万平方米，总投资逾450亿元，是集高端住宅、购物中心、高档公寓、星级酒店、写字楼、学校等为一体的大型城市综合体，也包括建筑面积达120万平方米的回迁物业、保障性住房及市政配套等。

图5-19 深圳市南山区大冲村华润城市更新项目分布图

开发过程

大冲村城市更新实施开发主要分为三个阶段：

意向摸索阶段

1992—2007年，为解决大冲村的发展困境问题，但当时"天时、地利、人和"等因素并不具备，尤其是配套政策、资金模式、村民协调等方面尚有欠缺。

早在1992年深圳市实施农村城市化改造时，就曾将大冲村旧城改造项目提上议程；1995年3月，深圳市原市规划国土局明确大冲村的旧村改造；1998年，深圳市首次将大冲村纳入旧改计划；2002年3月，南山区政府委托市城规院编制大冲旧村改造规划，拨出200万元专款作为启动资金；2005年，《南山区大冲村旧村改造规划》完成。

因此，大冲村改造得到市区级等有关部门高度关注，但一直未取得实质性进展，且每次政策风声一过后就冒出不少违章建筑，反而增加日后的更新改造的难度。

整理筹备阶段

2007—2011年，是大冲旧村改造的整理筹备阶段，核心是处理村民利益矛盾，妥善解决以城中村自建房出租、村集体工业园等为核心的低效经济生产模式所产生的固有思想观念与既得利益分配关系（见图5-20）。

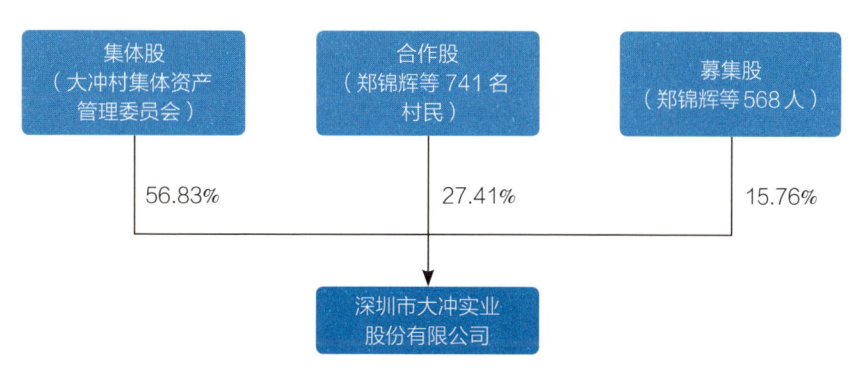

```
集体股                 合作股                募集股
(大冲村集体资产       (郑锦辉等741名         (郑锦辉等568人)
管理委员会)              村民)

  56.83%              27.41%               15.76%
           ↓            ↓            ↓
              深圳市大冲实业
              股份有限公司
```

图5-20　大冲村实业股份有限公司的股权结构

2007年初，深圳市政府认可华润置地"10年筑城"的万象城模式，在通过大冲村城市更新项目的实施主体确认的程序，且取得权利主体协议同意后，确定华润置地以 60 亿成为该项目的实施主体，并在政策上给予适度支持，如在城市更新项目的地价收取上依据项目改造类型和开发容积率区间进行修正，缓解华润置地的开发成本压力。2007 年 3 月，由南山区政府牵头下，华润置地与村委会旗下的大冲实业股份公司确定合作意向，签订合作框架协议。

2008 年 7 月，南山区政府派出 30 余人的专项工作组，驻村指导和协调合作双方开展工作，确保村民合理诉求。2009 年，大冲实业股份公司与华润集团正式签订《大冲旧改合作意向书》，标志该项目的城市更新取得实质性进展。2010 年 3 月，在南山区政府、华润置地及村集体等三方共同推动下，村民物业签约户数达 904 户、签约率超过 97%。

在项目前期整理筹备前期阶段，政府、企业、村民等协同难度大，政府的政策配套相对不完善，却涉及多个主管部门；企业因项目复杂、流程烦琐，涉及更新计划立项、更新专项规划、用地规划许可等，无法与政府、村民等合力推进；当地居民存在固有认知与偏见，牵涉人员庞杂、利益错综复杂，缺乏统一的沟通机制与对话平台。

因此，该项目改造更新在实践中探索出一套推进城市更新的协同模式和工作方法。首先，大冲村村委会牵头，联合村民的合作股、募集股等，成立大冲实业股份有限公司，作为对接政府、企业的平台主体，村集体的诉求按村集体及股份公司治理的综合原则协商。其次，南山区政府成立由区旧改办、粤海街道办、华润置地、大冲实业股份公司等组成的联合工作组，负责村民的改造讲解、意愿征集与利益协调，及防止违章建筑和处理钉子户等工作，形成专项沟通平台及调度工作机制。最后，区政府与华润置地等密切配合，就村民需求、规划方案、指标测算等充分沟通，在项目边界、各方诉求等条件内寻找最大公约数。

开发实施阶段

2011—2019 年，华润置地充分整合内外部资源，将前期方案设计与后期开发实操充分结合，实现一、二级联动开发和整体功能的重新定位，项目从最初的单一住宅片区打造为承接深圳市发展升级的产城融合示范区。

按照当时的进度计划，华润置地将用3年时间先期完成村民回迁物业及大冲村市政道路、配电、供水等公共设施建设，用8年时间完成核心商务、商业及商品房建设，确立"三年见成效，五年大变样，八年换新貌"的更新目标。

2011年12月，大冲村更新改造项目奠基，标志正式进入开发建设阶段。2013年12月，大冲旧改回迁自住A区主体结构顺利封顶，首批村民实现回迁安置。2014年10月，华润城首期住宅开盘，均价4.75万元/平方米，仅3小时售罄，至2022年五期已全部清盘。2017年9月，华润持有运营建筑面积达24万平方米万象天地开业，2023年实现55亿元销售额，成为全国综合商业体的标杆。

在该阶段，华润置地发挥自身强大的资源整合能力和对产品的高品质定位，是该城市更新项目成功的重要因素。大冲村民的利益主要体现在自住回迁物业、商业出租物业、集体经营物业和保留历史建筑等方面。为保障村民的利益，华润置地在城市更新的规划方案上采取一系列利益保障机制，如尊重原住民的宗祠文化和历史记忆，优先满足村民和村股份公司的诉求，并在物业选址、户型设计和风格拟定等方面让村民有充分的选择权，协调集团内外部资源导入产业及配套资源，最大化满足村民的历史记忆保留、现在回迁物业、未来资产升值等方面。

该项目更新改造后大冲股份公司的集体资产物业包括写字楼、酒店、商业以及住宅，集体物业每年的租金收入由旧改前的约6000万元，增加至近6亿元，实现集体资产的高效运营及增值；该项目为属地政府已累计贡献税收超百亿元，汇聚近千个中高端消费品牌及年产值逾1000亿的金融科技企业，未来每年稳定缴纳税收近10亿元，在大湾区形成有产业吸附能力的南山科技金融城（见图5-21）。

模式解读

一是在合作模式上，大冲村城市更新采取"政企村"协同平台及沟通机制（见图5-22）。三方各司其职、密切配合，村集体股份公司保障村民

图 5-21 深圳市大冲村城市更新后的商业及产业配套

的合理利益反馈，政府驻点工作组在现场协商督导，华润置地将村民意见纳入开发决策体系。尤其是华润置地与村集体股份公司的合作沟通中，通过媒体宣传、模型展示、现场解答等方式打破村民的固有认知，同时对村民的合理诉求予以迅速反馈或规划调整；村集体股份公司内部出现意见冲突时，可通过村委会、股东大会等制度来议定事项，有效推动项目进展。

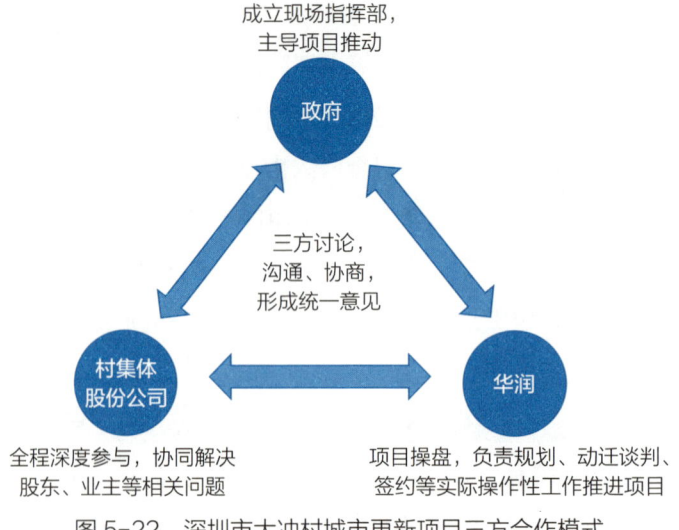

图 5-22 深圳市大冲村城市更新项目三方合作模式

二是在开发模式上,华润置地通过一二级联动,实现项目的历史文化保留与现代建筑的有机结合。华润置地全程参与大冲村一级开发过程,既洞察政府对政策边界、片区规划、产业意向等发展意向,又了解村民对历史文化、回迁安置、集体物业等利益诉求,尤其对原有的郑氏宗祠、大王古庙、大冲石、水塘以及老榕树等历史文化遗产在项目建设中得以保存或修缮,使旧村历史文脉得到延续,实现文化保护与城市建设相有机结合。

三是在产业协同上,深圳市政府及村集体股份公司之所以选择华润置地,主要是看中其成熟的城市运营经验与强大的资源整合能力。该案例中,华润置地一方面通过学校等片区配套、万象天地等商业空间的营造,跃迁式地实现片区生活方式的升级,极大改善包括安置居民的生活质量;另一方面协同集团内外部资源,通过引入科技与金融等核心产业,实现与深圳市发展趋势融合的产业结构升级,重塑该区域的经济结构与资产价值。

(3)政府指导赋能,企业自主合作更新

该类型的城市更新项目中,原土地产权方或村集体自主依据政府政策指导,自行或选择合作方开展土地升级改造、补缴土地出让金及或按政府批复的实施方案进行拆迁补偿安置等工作。该模式适用于商业改造价值高、规划清晰、开发运营属性强的项目。由产权方或村集体自主出资,或以合作融资等方式筹集资金,全流程由产权方或其合作开发商来主导项目的城市更新,政府主要起到政策指导、过程审批及监督验收等作用。

依据《广州市城市更新办法》的配套文件《广州市旧村庄更新实施办法》规定,广州市旧村庄的更新改造可采取的方式主要为"全面改造"和"微改造"(后修订增加两者结合的"混合改造"方式);按照改造主体不同可分为:征收储备(政府为主体)、自主改造(村集体或其全资子公司作为主体)、合作改造(由村集体和其引入的合作开发企业作为主体),后两者均由市场化运作,企业自主或引入合作方联合实施城市更新项目。

变局与破局：房地产发展启示录

案例：万科地产与村集体公司合作的广州市黄埔区沙步村项目

项目概况

广州市沙步村由鹿步、沙涌、塘头三个村组成，位于黄埔区东部、广州"东进"战略发展轴，临近13号线地铁南岗、夏园站。20世纪90年代，沙步村积极招商引资，迈入全国"亿元村"行列，村集体收入排名全国第103位。但由于早期的沙步村建设缺少规划，村内土地利用率极低，建筑布局杂乱，基础配套设施落后，限制沙步村的进一步发展。

沙步村城市更新项目，总占地面积163.1万平方米，规划人口8.3万人，毛容积率2.55，体量约为杨箕村、猎德村的六倍。该项目由沙步村集体和其引入的合作方万科地产作为主体，将打造为集居住、商业、办公、产业等为一体的区域中心，预计投资总额逾260亿元（见图5-23）。

图5-23　广州市黄埔区沙步村万科城市更新项目区位及规划图

开发过程

沙步村因居住条件差、基础设施陈旧等，村民的自身改造意愿强烈，城市更新迫在眉睫。2010年12月，沙步村股份经济联合社对改造方案进行表决，86%以上同意改造方案，商定采取全面改造、村自主开发的模式进行。当时，沙步村规划复建安置区总建筑面积144.32万平方米，改造所需资金为68.8亿元，拟全部通过地块融资筹集。

该旧改方案于2011年获得原广州市"三旧"改造工作领导小组会议原则同意，后于2013年因政策调整导致项目审批暂停，至2018年才完成新的改造方案。同期，沙步村缺乏融资及开发经验等，2014年万科地产接手黄埔区文冲村旧改项目且进展顺利，于是选择与万科地产洽谈合作意向。

2016年，广州市将沙步旧村项目列入广州市城市更新和资金计划预备项目。2018年7月，沙步村股份经济联合社的股东代表的分组表决同意率达92.5%、股东代表的集体表决同意率达95.9%，两次表决均超过市城市更新政策中80%的同意率要求，意味着沙步村旧改拆迁的补偿方案通过。根据拆迁补偿方案，沙步村民可进行如下选择。①安置房补偿：以有效建基面积四层（含四层）以下的建筑面积为拆迁面积，按拆迁面积"拆一补一"；②货币补偿：按照15 000元/平方米进行补偿。

2019年3月，沙步旧村改造实施方案正式获得黄埔区政府批复，土地由村集体在完成拆迁补偿安置后，按规定申请转为国有土地，协议出让给原村集体与万科地产组成的合作企业，两方签署改造框架协议实施细则，并启动沙步村首期拆迁复建的开工建设，标志着沙步村与万科地产在政策框架下自主合作、市场化运作该城市更新项目。

沙步村城市更新项目开发体量达403.8万平方米，将分11期开发。其中回迁住宅约7600套、计容面积约116万平方米，回迁商业计容面积约76万平方米，另含学校、体育馆、博物馆等17处新建配套。村集体与万科地产决策遵照"复建和公配先行"的原则，分批次优先开工建设回迁房，充分保障村民权益，预计至2024年年底将交付超3500户。项目内可售住宅部分的万科黄埔新城，于2023年以销售额36.0亿登顶广州市单盘销量榜首。

该项目通过旧村整体改造，打造黄埔东路科创产业发展轴，规划建设约70万平方米商务办公建筑，包括甲级写字楼、总部独栋及共创空间等，重点发展现代服务业及总部经济，打造黄埔智造产业聚集区；项目还规划建设约10万平方米的商务酒店，包括五星级酒店与精品酒店，以及20万平方米的商业综合体与街区商业。此外，项目通过局部更新等方式保留沙步村历史文脉，打造融德里历史文化街区，对沙步村内 11 处黄埔区登记保护文物单位及 22 处传统风貌建筑等古建筑都予以原址修缮和保护。

模式解读

该城市更新模型的案例，沙步村股份经济联合社先按合规程序确定全面改造、自主更新模式，再通过市场化运作与万科地产达成合作，全程主要依靠市场化的资源配置，政府发挥指导赋能、监督验收等辅助功能，同时有以下三点值得借鉴：

一是作为物业产权方及开发企业需对政策边界、规划动向等有足够深入的了解，"知彼知己"才能把握实施城市更新的主动权。案例中的沙步村集体、万科地产均对广州市、黄埔区等城市更新配套政策、相关会议指示、同类型项目进展等都有系统性研究，在政策框架内寻找弹性空间，实现合规经营下的利益最大化。

实际上，2023 年 4 月，广州市政府印发《广州市支持统筹做地推进高质量发展工作措施的通知》，整体实现"做储分离"，将原"中标房地产开发企业包揽后续拆迁、补偿、复建等"转变为"国资担任做地主体，政府协调供地，开发商拿地建设"，由此说明后续城市更新项目的一级土地整理等前期工作将由国资企业主导，实施主体再次发生变化。

二是对于"巨无霸"的城市更新项目，实施主体在拓展熟化、规划设计、操盘运营等阶段，须秉持长期主义及全局思维。案例中沙步村旧改项目体量逾 400 万平方米、开发周期超 10 年，万科地产作为操盘合作方结合沙步村对办公、产业等诉求，按适当超前规划、全盘指标平衡、去房地产化等理念，以近 30% 比例的面积打造总部经济体、星级酒店、配套学校、体育馆等商业及公建业态，包括发挥万科地产的平台资源集聚优势，计划将沙步村现存的低端加工业升级为 NEM（新能源、新材料）产业、智能制造两大主导产业，"授人以渔"为沙步村及片区规划及交付长线资产。

三是全面拆建改造与局部有机更新相结合，打造现代产业升级与历史文化保留相结合。沙步村自清朝时设立鹿步司进行管辖，历史悠久、文化建筑众多。万科地产听取文物保护专家意见和村民意愿，聘请专业团队按"修旧如旧"保留和迁建特色历史文化建筑，并沿河打造岭南休闲水街，将历史建筑、绿地水系进行有机结合，突出岭南历史水乡特色，促进历史古建的活化利用，与新修现代化的高栋建筑融合相得益彰。

世事如棋局局新。城市更新没有标准答案，以上三类模型给出可借鉴的思路。上海市、深圳市、广州市作为不同城市主体，依据其城市情况、历史特点、发展需求等形成不同的城市更新体系。我们可因地制宜分析当地社会基本问题，探寻底层逻辑与运行结构，找到充分配置社会要素的关键变量、适应时代发展的最优解。如上海市国资企业运作规范、考核严明，强调政府主导、市场参与，强化国资企业在前期对土地整理的主导权，以便更好地控制城市空间发展方向，约束开发企业的行为，尽量减小因市场运作而产生的社会风险；深圳市、广州市则承继广东省三旧改造政策框架，且村集体经济活跃、开发企业集聚，故而可激发市场主体的主动性和积极性，形成政府引导或指导、市场运作，政府更多的是行使规则制定与监督管理的角色，由村集体自主或合作开发。

政府"有形的手"根据城市发展阶段、政策调整、市场周期等"进退有度"修正规则，城市更新模型也会因此而变化。城市更新是城市发展范式螺旋上升的过程，经济发展的需求提供纵向的上升力，产业结构的迁移提供横向的螺旋力。"拆改建筑"的城市更新让城市"更好看"，"填充内容"的城市更新让城市"更好用"，切实解决市民问题、经得住时间考验、符合生产力发展方向的城市更新才是检验模型的关键标准。

综上，TOD、未来社区或城市更新等作为我国当前房地产行业发展的"新物种"，既满足人民向往美好生活的需要，也探索新质生产力发展的路径，更构建新形势下的房地产模式。政府部门、国资公司、开发企业等可因城施策、因时而动、因地制宜，城市、企业及居民皆能实现"有质量的增长"及"有温度的发展"。

第六章

企业"新玩法"

我国房地产行业在"变局"形势下,部分标杆企业尤其在内部经营方面亦积极拥抱变化,除与美国、日本等危机中的房地产企业通过聚焦业务等降本增效的措施穿越周期外,还采取诸多的数字化赋能、资本及科技创新、ESG可持续发展等"新玩法",在我国数字化转型升级的浪潮之下,行业 ESG 自律驱动以及企业的自身创新迭代之下,我国房地产行业也正破局向新、重塑经营格局。

第 1 节　降本增效与数字化转型

6.1.1 降本增效

我国房地产企业在顺周期行情下,"水大鱼多"的红利甚至会忽视企业内部经营管理的重要性,在逆周期下及时找补、降本增效,采取聚焦核心业务、优化组织效能、回归专业行活等"阴天修屋顶"的措施至少也为时未晚。

(1) 战略聚焦

我国房地产在城市化浪潮中,大多曾通过城市下沉、业务拓展、资产多元化等布局扩张业务,虽取得一定的规模效应,但负面作用在危机阶段却暴露无遗,尤其造成公司业务过于分散、资产结构良莠不齐、风险蔓延扩散等不良情况。部分房地产企业意识到危机后,参考美国、日本等典型标杆企业度过危机时的路径,采取"回归核心城市、核心业务、核心资产"等措施度过危机,以碧桂园为代表的房地产企业在本轮周期"加减法"策略及表现可窥见一斑。

回归核心城市

主要为提升在核心城市的业务比重,降低在三、四线等非核心城市的业务,包括土地储备、在建工程及持有资产等方面的投资布局,例如采取折价处售土地、停止投资拿地、暂缓项目开发等策略。

中指研究院数据显示(见图6-1),2022年我国前50的开发商在一、二线城市拿地金额合计占比为91.3%,同比上升20.2%,在三、四线城市投资拿地则明显收缩,快速换仓核心城市的趋势明显。

年份	一线城市	二线城市	三、四线城市
2021年	18.5%	56.4%	25.1%
2022年	48.6%	42.1%	9.3%
2023年	51.6%	44.6%	3.8%

图6-1　2021—2023年我国TOP100房地产企业拿地金额在各类型城市的分布占比
数据来源:中指研究院。

碧桂园曾号称"三、四线之王",在2022年度业绩沟通会上,其管理层表示将调整新增土储布局,计划将在3~5年的时间内,在一、二线城市的货值比例提升至50%,包括2021年6月以95亿元在上海市竞得三宗地块。

聚焦增收业务

主要为围绕现金流导向,暂缓或削减非必要的、边缘的非核心业务,聚焦低风险的主营业务,或适当拓展轻资产等增收现金流的创新业务。如暂缓养老地产、产业新城等重资产、投资回报周期长的业务,新增拓展商业运营、项目代建等轻资产、投资回报周期短的业务。

碧桂园于2017年12月成立长租公寓事业部,发布"BIG+碧家国际社区"租赁住宅战略,计划未来3年提供100万套租赁房源,但盈利情况并不佳。自2022年行情下行后,碧桂园将全面预算管理纳入战略高度,坚持

"现金流是前提，利润是核心"的经营方针，决定暂缓在租赁住宅板块的重资产投入，转而加码以科技智慧建造体系为核心的代管代建业务。

优化资产结构

主要为围绕资产负债率，尤其是流动性高的优质资产的结构占比，降低周期性的压力资产甚至劣质资产，提升资产整体健康度。如处置销售滞缓的写字楼、地下车位等"沉睡资产"；或通过资产证券化等方式实现"沉淀资产"的"由重转轻"。

碧桂园在2022年业绩展示时，提出"持续修复资产负债结构"战略，在资产端将采取包括"核心资产以利润优先策略，慢流速资产以价换量适当换取现金流"等策略。2024年1月，碧桂园在广州产权交易所发布5项资产转让系列推介公告，其中包括公寓、酒店、办公楼及商业等多种物业资产，拟转让资产价格合计38.18亿元。碧桂园将旗下酒店、办公等商业资产予以盘活出售，以期缓解临期的债务压力及维护资本市场信用。

（2）组织优化

随着房地产行业盈利空间下行，房地产企业围绕"降本、提质、增效"为核心，通过架构调整、人才配置、拆分板块等方式提高效能，将人力等资源匹配到市场前景更好的航道、更值得深耕的区域、更为优质的项目。华润置地作为央企地产"排头兵"，过往的组织架构层级有序，但于"变局"中适时优化组织，打破组织壁垒、整合资源协同，从而实现降本增效。

调整组织架构

该策略主要为区域或城市公司的划分及调整，"总部—城市—项目"的责权利重构、关键岗位调动或换防等，通常实行"赛马机制"、年度滚动考核，并考虑地理、市场、团队等因素，由综合业绩达成度高的城市公司合并业绩未完成的城市公司，相应管理层晋升至更高阶岗位，通过资源整合降低管理过程中的摩擦损耗。

华润置地长期实行"总部—大区—城市公司"三级管控架构，大区层面在投资拿地、产品设计等方面管控力度较大。2021年，华润置地将组织定位由"总部做专、大区做强、城市做实"调整为"总部做专、大区做精、城市做实","哑铃型"组织架构，从管理架构、组织人事、薪酬激励变革等方面入手，重点解决机构臃肿、职能重叠、效能不足等组织管控痛点。

2022年华润置地开启新一轮组织调整，于4月对城市公司进行合并，将华东大区整合为含上海、南京等6大城市公司；12月，再对苏州、兰州等城市公司进行管理换防，同时合并长春、哈尔滨等公司，进一步精简整体架构。2024年2月，华润置地将七大区域缩并为五大区域，原28个地区公司缩并为20个，优化资源配置，提升运营效率（见图6-2）。

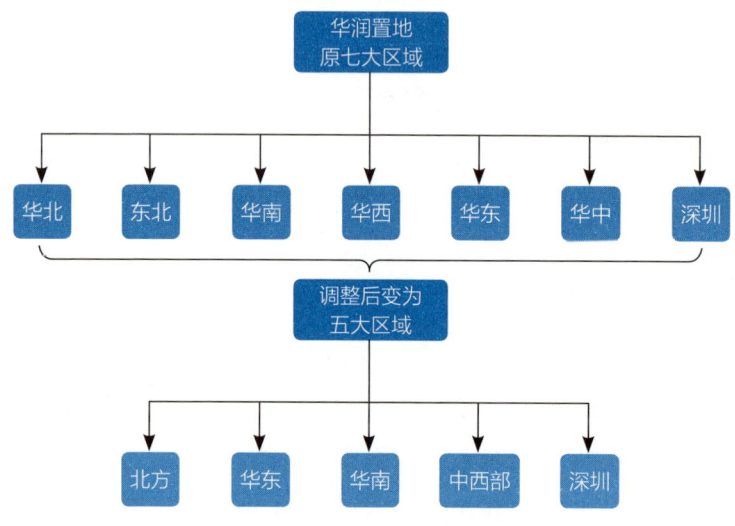

图6-2 华润置地的区域组织调整

人才流动调整

该策略通常通过组织架构变革，换防调整管理层，或通过人才盘点，迭代调整人员结构，或将相应人员在集团体系通过"跨业务、跨区域、跨职能"甚至阶段性的弹性调整，打造人才供应链体系，实现人力资本最大化。

2021年2月，华润置地六大区域董事长换防，开展"常态化人员轮岗交流"；同年6月，华润置地内部发文要求按照"人岗匹配、人事匹配、选优配强"的原则，优化人员配置，做到"提拔一批、交流一批、调整一批、退出一批、淘汰一批"；并于同期启动"置胜计划"，相继从龙湖集团、中海地产等对标杆企业市场化引入项目总经理、职能负责人等，补强"腰部力量"。

独立非开发业务

该策略主要为剥离独立房地产企业旗下的非开发型业务（如商业运营、物业服务、代建管理），与传统地产的重资产的开发业务实现拆分，将有利于其规范化治理、市场化运作、隔离风险及上市筹划等。

2020年1月，华润置地拆分商业运营和物业科技，打包并入旗下物业管理及商业运营平台"华润万象生活"，于12月9日成功登陆港交所，将轻资产管理业务拆分为独立的战略拓展方向。在此拆分之前，商业运营、物业管理均为华润置地综合商业物业开发及投资业务的一部分，不另向购物中心索取商业运营服务费用；在拆分之后，商业运营等作为独立的创收业务，市场化拓展及运作，按上市公司准则核算业务收入。截至2022年底，华润置地持有万象生活72%的股权（见图6-3）。

图6-3 华润万象生活的股东组成及股权比例

数据来源：Wind。
注：统计截至2022年12月31日。

（3）回归行活

"当潮水退去时，才知道谁在裸泳"；当市场行情单边向上时，开发企业的专业行活仅是"锦上添花";当行情红利期不再时,才真正更考验开发企业的"硬功夫",甚至是决定企业的"生死线"。在行业"变局"过程时,开发商逐渐意识到系统性提升专业行活的必要性,系统性回归包括精准投资、客户洞察、产品研发、大运营能力、整合营销等能力,甚至出现"内卷式"比拼专业功力。下文结合旭辉集团在市场下行时期的表现为例,分析其在产品端、大运营端及合作方面所采取的典型"破局"措施。

创新迭代产品,精准迎合市场

旭辉集团于 2020 年 8 月发布第七代产品(CIFI—7)体系,从第五代的定制模块,到第六代的全龄社交空间,再到第七代的全龄情感场景。CIFI—7 产品体系结合对疫情背景下新时代人居需求的重新思考,从生活细节出发找到微笑曲线的"两个端点"和"一个开口",即 CIFI—7 核心发布的三个拳头产品:Special 空间、主题乐园和操作系统,该产品体系后在上海、合肥等城市落地亮相。

即使在市场低迷及经营困难时期,旭辉集团坚持"找市长不如找市场",回归客户本质需求,迭代产品创新。2022 年 6 月,旭辉集团升级 CIFI—7 体系,推出"自然·回归"的铂森产品线,作为亲近自然的物理空间和森林社区,与"自在·跨界"的虚拟空间的元宇宙社区,形成虚实交织,诸多如升级后的"微笑户型价值体系"等产品细节及体验引发市场及客户好评。

加大周转管理,极致运营提效

在运营机制上,旭辉集团历经从"计划运营"到"以利润为导向"的大运营体系,再到"以现金流为核心的高周转"大运营体系。2021 年,旭辉管理层明确表示公司将从规模导向转向质量导向,加大去库存并加快周转,重点围绕包括资金周转率、土储周转率、存货周转率、签约回款率等指标管理。

此外旭辉集团强化"集团平台—区域小集团—项目集群"三级管理体系,形成"总部平台支持、区域自治、项目管控"的模式(见图 6-4)。该模式重点对项目层面予以赋能、授权及考核,并通过跟投激励等机制把控项目层面的利润率、IRR(内部收益率)、ROE(净资产收益率)管理,对投融资指标、标准工期、首开及结转节点等均有明确的刚性要求，形成极致快周转的大运营体系。

图 6-4　旭辉集团的"总部大平台—区域小集团—项目集群"三级管理体系

提升合作权益，强化操盘管控

旭辉集团曾把"开放共享"作为其扩张规模的核心战略，并通过收并购、商业勾地、旧城改造等非公开市场以合作途径获取土地项目，在业内被称为"合作之王"。

2020 年，旭辉集团要求逐年提升合作权益，计划将其权益比由 50% 左右提升至 65%~70%，逐渐放弃"小股操盘"模式，强化对操盘项目的把控力度。2023 年，旭辉集团在部分债券临期前，以股权出让、置换股份等方式"甩掉"旗下合作项目资产，如与恒基地产协定互换石家庄、广州两项目公司股权，将天津南开区项目以 4.36 亿元将 49% 股权转让给合作方金融街控股。

旭辉集团通过实施提前退出非重点发展区域及持股比例小的项目，一方面盘活资金或减少投入，化解表外负债及流动性困难，另一方面提升对自操盘项目的把控，减少合作方因违约风险扩散等造成不良影响。

6.1.2 数字化转型

随着房地产行业告别高速增长期，整体盈利水平不断下降，进入"下半场"要求企业探寻新的管理工具，实现降本增效目标；且面对存量时代下的管理和业务增长陷阱，主动探索企业发展的新方向、寻求第二增长曲线，也成为房地产企业的迫切诉求。另外，随着大数据、5G 技术、云计算、人工智能以及元宇宙等技术不断发展，当前我国数字经济正迈向深化应用、规范发展、普惠共享的新阶段。对于房地产企业而言，在国家政策指引、数字经济驱动、战略转型压力等多重背景下，推进"数字化转型"探寻企业内部长效发展机制和新的业务增长极，从一个加分项成为一道必答题。

（1）发展过程

我国房地产行业的数字化实践的路径演变分为"三步走"阶段（见图 6-5）。

① 2015 年之前，以线上化业务为核心的信息化。如采购使用基础的办公自动化（即 OA）系统，以及金蝶软件等提供的合同审批、财务审批等管理信息系统，主要起到流程提效及为基础业务赋能等作用。

② 2015—2020 年，以集成化协同为核心的数字化。该阶段在满足公司业务提效基础上，可将外部资源、业务场景、内部流程等底层数据打通，实现利用数据功能辅助决策，发挥数字化的协同效应。公司可选择采购和使用外部标准化的数字化产品，例如明源云提供的 ERP 及 CRM 等管理平台、广联达提供的项目建筑设计的管理平台、腾讯云提供数字化基础设施底座等；也可选择设立独立的数字科技部门，投入研发人员及资源建设数字化底座，例如万科集团于 2017 年初启动耗资数十亿元的"沃土计划"，打造覆盖全集团产业的数字化平台，以支撑整个业务发展及转型。该阶段的数字化转型主要起到利用数据辅助关键决策，为全业务场景赋能等作用，实际上也是我国房地产行业数字化转型中的投入最高、发展最快、最实质的阶段。

③ 2021年至今，以智慧化管理为核心的智能化。该阶段应用人工智能及物联网（AIOT）、云计算等技术，在全方位赋能公司场景基础上，为企业经营提供动态化、可视化和智能化的决策，为管理空间及客户群体提供智慧服务，同时探索孵化"新物种"的可能性。例如2021年，万科集团通过过程管理系统、专项检查系统、智慧工地系统、数字化BI大屏等科技手段搭建智慧建造平台，建立工地"管理+服务"的智慧体系，实现从传统管理工地到智慧工地的转型。但该阶段受制于"变局"周期下的市场寒意及地产企业削减研发投入，智能化的全方位应用仍任重道远。

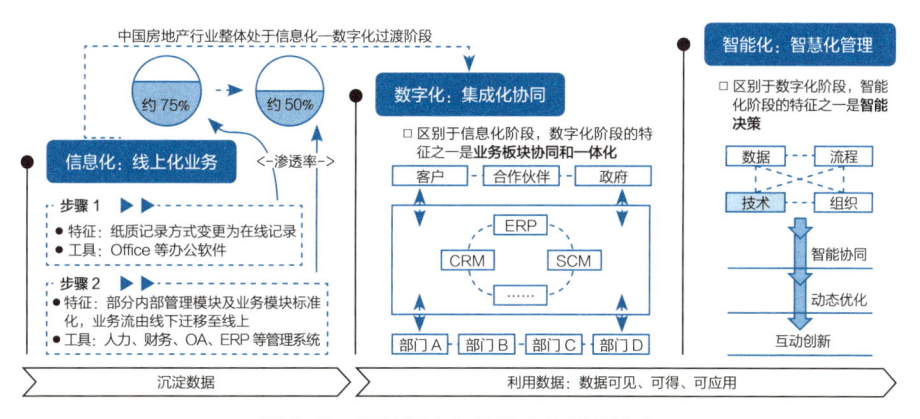

图6-5 房地产企业的数字化路径演变

资料来源：艾瑞咨询研究院。

当前我国房地产企业实践数字化转型的主流模式，主要分为四种类型：形成独立产业运作、设立独立科技子公司、增设数字化部门以及与第三方外部机构合作，具体对应的典型企业案例、主要实现业务等信息详见表6-1。

表6-1 典型房地产企业实践数字化转型的主流模式

参与模式	集团名称	部门、公司或合作单位名称	实施时间	数字化转型的主要实现业务
形成独立产业运作	碧桂园	广东博智林机器人有限公司	2018年7月	搭建以建筑机器人为核心、以BIM数字化为支撑、融合新型塑料模板创新体系和新型装配式建筑等先进建造技术在内的智慧建造体系

续表

参与模式	集团名称	部门、公司或合作单位名称	实施时间	数字化转型的主要实现业务
设立独立科技子公司	美的置业	广东睿住智能科技有限公司	2015年11月	拥有从咨询、设计到交付、售后、运维的全链条一站式服务能力，为客户提供智慧家庭、智慧社区、智慧园区、智慧医养、智慧商业、智慧酒店等综合解决方案
	万科集团	万翼科技有限公司	2016年12月	围绕地产开发、销售、服务以及产办、商办等业务，研发超过百款数字化产品，打造开发全过程数字化精益建造体系、全渠道获客的数字化营销平台、智能互联的产办科技等平台，建成统一的数据平台和技术平台
	绿地集团	绿地数字科技有限公司	2020年11月	打造三大数字科技平台：ToA（Assets，资产）平台是国内首个以区块链为核心技术进行确权的不动产资产使用权流转平台——权易宝；ToB是为产业链上下游合作伙伴提供服务的供应链金融科技平台；ToC是绿地优质C端客群的私域流量服务平台
增设数字化部门	龙湖集团	数字科技部及AIOT人工智能引擎团队	2018年8月	以产业互联网、物联网、人工智能及大数据为手段，与业务部门协同创新，提高数字化的市场与用户洞察能力，发掘业务场景，为用户提供更多价值，提高用户的满意度
	华润置地	科技创新部	2021年2月	落实运营数字化、生产科技化、空间智慧化、数据资产化，做实科技赋能职能
	金茂地产	J—SPEED开放式创新平台及金茂云科技服务	2021年9月	通过"产业场景方+科技企业方+资源协同方"三方协作，共筑数字科技新生态；以大数据、人工智能、物联网等技术为基础，以智能化、精准化的产品和平台工具为手段，挖掘和发挥数字价值的数字科技企业，服务于企业、政府及个人
第三方外部机构合作	宝龙地产	上海悦商信息科技有限公司	2021年5月	宝龙商业将注入业务和经验，深圳腾讯引入技术，各持50%股权，打造融合存量资产管理、投资、消费者和商户服务的超级智能化场景

续表

参与模式	集团名称	部门、公司或合作单位名称	实施时间	数字化转型的主要实现业务
	招商蛇口	与小度、博联智能共同研发AI智能管家	2021年12月	小度智能中控屏，搭载行业领先的小度人工智能对话系统，连接个人、家庭和社区三位一体的AI管家
	多数中小房企	明源云及广联达等	/	为房地产开发商、营运商及房地产价值链上的其他行业参与者提供云端服务、本地软件和服务；立足建筑产业，围绕工程项目的全生命周期，提供以建设工程领域专业应用为核心基础支撑，以产业大数据、产业新金融等为增值服务

（2）实践案例

龙湖集团于2018年将集团战略定位刷新为"空间即服务，以客户为视角，以技术为驱动，通过数据化、智能化，做连接人与空间的未来企业"，组建并于全球招聘扩充数字科技部，团队规模在高峰期超过千人，集团每年将约10%的净利润投资于科技研发；2022年成立AIOT人工智能引擎团队，持续累计近百亿元在数字科技领域的投入，逐渐构建起行业领先的GIS（地理信息系统）、BIM（建筑信息模型）、AIoT（人工智能物联网）、大数据、图形算法引擎、XR（VR+AR+MR）等数字科技集群。2022年，龙湖集团的科技收入达24亿元，同比增长78%。

龙湖集团数字化团队主要运用数字化理论及工具，融入集团各航道的生意逻辑、应用规则及业务场景，助力集团在四大主航道业务及创新业务中实现既有模式的转型（见图6-6）。

①传统地产：在传统地产业务领域，龙湖数字化团队利用算法和地理信息系统（GIS）帮助分析既往投资模型，形成基于地块条件、所在区域特征、政策导向等因素而形成决策建议的投资模型工具，使用BIM（建筑信息模型）及IPD（集成式产品封装）打造"智能建造"新模式。

②商业地产：在商业地产领域，龙湖数字化团队实践基于深度学习、

模式识别技术的应用，能赋能集团商业员工等更高效、科学地管理庞大的商业中心，并带给消费者更好的体验；如在商场会员积分业务、商户电子优惠券业务、物业智能停车系统等业务场景落地。

③租赁住房：在长租公寓领域，研发打造面向用户的冠寓 App、面向一线管理人员的智能管家及智能管理后台等工具，优化租户的用户体验的同时，助力经营管理过程中的降本增效。

④智慧服务：在智慧服务领域，自主研发智慧科技平台和高效运营平台，推出苍鸾智慧楼宇管理系统、明鸟智慧能源管理系统、烛龙智慧安品管理系统、天马智慧通行管理系统等数字化产品，全面实现城市、园区、社区、建筑的全方位智慧运营与服务，如利用自然语言处理技术，运用智能语音客服，准确度达 85% 以上。

⑤智慧营造：在智慧营造领域，通过全业态、全周期、数字科技赋能，龙智造聚合五大业务"飞轮"：龙智研策、龙智设计、龙智建管、龙智精工、千丁数科，以"龙湖智造未来城市"为理念，面向未来城市发展提供全业态、全周期、数字化的"一站式解决方案"。

图 6-6　龙湖集团智慧服务平台及数字化应用

综观龙湖集团的数字化工程，主要在以下四方面发挥重要功能，应用案例如下：

第一，规范提效流程。例如龙湖集团利用数字化工程打造"共享服务中心"，通过对人员、技术和流程的有效整合，实现组织内公共流程标准化和精简化。如在员工服务中心配置智能票据自助投递柜，为员工通过条码扫描即可便捷完成自助报销，大幅优化票据处理流程，更提升职场关系体验。

第二，赋能业务场景。例如对品牌商户场景的数字化赋能是购物中心运营的短板，龙湖集团则建立运营数字化中心，为商户提供统一数据交互服务，实现业务场景的智慧招商、智慧运营、智慧营销，为商户经营业绩和私域流量转化提供一套商业操作系统。

第三，辅助智能决策。例如龙湖集团利用大数据及人工智能，形成由客研算法、投拓算法及风险算法组成的"投资大脑"，由BIM+IPD、智能建造及空间算法组成的"智造大脑"，由全项目生命周期风险算法、神经网络算法及动态激励算法组成的"经营大脑"，以及由满意度算法、社会人口算法、智能推荐算法组成的"服务大脑"，由数字化打造的"大脑工程"及智能算法等能提供及辅助高质量决策。

第四，创新智慧业务。例如龙湖集团的数字化团队目前拥有10项国际发明专利，近千项国内专利，200余项软件著作权，并保持每年约200件的专利申报量。通过持续的数字化技术沉淀、海量数据积累、丰富的空间载体等，龙湖集团正衍生出创新甚至颠覆式的业务及增值收入。如2021年9月，龙湖集团以21.6亿元收购公司大股东孵化的智能科技及医疗服务资产，补强集团的数字科技与医养业务，进而实现"增肌不增重"的目标。

综上，房地产行业的业务链条长、分布区域广、卷积资源多，传统行情下对降本增效、数字化战略的依赖程度不够，而于"变局"周期下其重要性显现出来，因此要求企业掌舵者具备战略前瞻性，也要求企业经营层具备执行定力，上述案例中的举措及应用提供在数字化方面"破局"的路径参考。

第2节 "地产+资本"及科技创新

土地、资本、技术均作为生产要素是驱动生产力发展的重要组成部分。

房地产行业的可开发土地资源作为基本的生产要素，技术创新的附加值并不高。本质上，"地产＋资本"可形成互相协同的发展模式，"地产＋科技"则形成优势互补的发展模式。传统的房地产业务插上"资本""科技"的翅膀，联动产业及上下游资源，打造可穿越周期的生态圈。

6.2.1 "地产＋资本"模式

房地产领域涉及"资本"范围广泛，除包括房地产公司开发业务投资资金、商业银行等金融机构的开发贷款融资、不动产信托基金（REITs）、房地产私募投资基金等直接投资房地产领域的资金，还包括房地产集团旗下的企业风险投资资金（Corporate Venture Capital，简称"CVC"）、控股或关联的资本平台公司资金、创始人股东的家族办公室的投资资金等布局非房地产领域的资本。鉴于前文已介绍直接投资于房地产行业的资金模式，本处重点讨论后者即投资布局跨行业的资本模式，简称"地产＋资本"模式。该模式主要的三种类型及典型案例如表6-2所示。

表6-2 "地产＋资本"的主流模式

参与模式	集团名称	运作主体	成立时间	典型投资企业
企业风险投资部门	碧桂园	碧桂园创投	2019年1月	贝壳公司、企鹅杏仁、新瑞鹏等
	龙湖集团	龙湖资本	2018年4月	和府捞面、元气森林、高仙机器人等
	万达集团	万达投资	2015年3月	泰庆汽车、特斯联、永达体育等
控股或关联的资本平台	保利发展	保利资本	2015年12月	保碧新能源、皮阿诺、雪浪云等
	金地集团	稳盛投资	2013年6月	华声医疗、稳盈财富、五道财富
	融创中国	天津润泽	2016年9月	特隆美储能、壹玖壹玖、环球佳酿
	远洋地产	远洋资本	2013年2月	纳什空间、联合丽格、九曳供应链等
	星河控股	星河资本	2009年6月	百果园、云从科技、山东天岳等
创始人股东的家族办公室	龙湖集团	双湖资本	2013年5月	来也科技、三节课、微知卓生物等

（1）企业风险投资（CVC）

模式简介

企业风险投资（CVC），是指企业成立的独立风险投资部门或风险投资机构，使用自有的非金融资金投资母公司战略发展目标或者产业链上下游的中小企业，以配合企业长期战略发展和创新扩张。随着我国股权投资市场发展、互联网行业等新兴产业崛起，CVC模式自2010年后迎来迅速发展，尤其是腾讯控股旗下的腾讯投资、小米集团的战略投资部等成为我国CVC发展的"领头羊"，随后房地产、农业消费、医疗健康等行业的大型企业陆续成立CVC，开启公司体外的产业投资之路。

CVC的投资模式包括直接投资模式和间接投资模式，直接投资模式即企业通过在内部设立战略投资部门或者通过单独设立子公司进行直接投资；间接投资模式即企业单独或者联合几家公司以有限合伙人的身份共同设立创业投资基金，并委托第三方投资机构来进行管理。

典型案例

2019年1月，碧桂园集团设立碧桂园创投，作为集团下属的一级股权投资部门，负责集团除地产投资外的股权投资业务。碧桂园创投，以"产业赋能、价值共创"为战略牵引，聚焦科技、消费、产业链、健康等投资主题，覆盖早期VC及中后期PE等阶段进行投资，已形成分阶段、专赛道、多层次的投资组合。截至2022年底，碧桂园创投已投资近百家企业，其中包括至少10个IPO及26家独角兽企业。

从投资领域来看，碧桂园创投的投资版图涵盖从成立早期的地产上下游产业链、新消费，到目前重仓的硬科技、医疗健康等主题方向。例如投资组合案例中，贝壳公司、卓宝科技、安居客等地产上下游产业链；新瑞鹏宠物医疗、企鹅杏仁、和铂医药、新里程医院等大健康板块；遇见小面、林清轩、汉口二厂等新兴消费品牌。此外，在硬科技领域，碧桂园创投布局紫光展锐、蓝箭航天、壁仞科技、比亚迪半导体等业内领先的科技企业。

从投资策略来看，碧桂园创投形成系统性打法。一是坚持"投研驱动投资"，组建时即研发数字化的投研系统，将行业分析、公司调研、风险控制等细化为数字化指标，规避投资"凭感觉""靠经验"的感性认知；二是覆盖"VC—PE—上市公司"全阶段项目，侧重强化两端布局、形成"哑铃式"策略，更关注偏早期及偏后期企业，有效保证项目覆盖、见效速度以及命中率；三是聚焦于细分行业内的头部或高潜力企业，早中期企业需具备快速成长的要素，对于所投资的科技类企业，则要求拥有知识产权等核心竞争力，符合产业革新的方向等。

（2）控股或关联的资本平台

模式简介

该模式通常为房地产开发企业集团作为主要股东或出资方，组建市场化、专业化、独立运作及主动管理的"地产＋产业"金融投资机构，承接集团金融及产业的外延发展战略。部分"资本系"平台持有私募基金等金融牌照，可市场化募集及管理资金，业务涵盖包括房地产及其上下游、新消费等股权投资，以及债权投资、另类投资、资产管理等领域。

该类型适合大型房地产企业集团，或央企、地方国企为背景的综合性集团，旗下房地产业务作为主要资金及资源平台，打造"资本系"统筹集团的内外部资源，实现拓展利润增长点、新兴产业布局、业务转型等目标；也是目前相对传统地产企业来说，实现"地产＋资本"最典型的模式。

典型案例

保利（横琴）资本管理有限公司（以下简称"保利资本"）成立于2015年12月，系于中国证券投资基金业协会登记的私募基金管理人，保利发展作为股东持有45%的股权。保利资本的核心业务包括开发类地产股权投资基金管理、商业不动产投资基金、私募股权投资基金管理、创业投资基金管理等资产管理业务。实际上，除保利资本外，保利发展旗下还有信保基金、太平天保等投资平台，充分发挥央企优势，通过资本与产业链接，打造产融结合的新型行业生态。截至2022年12月，保利资本累计管理规模超过400亿元，累计投资项目超170个，重点深耕"地产+PE"两大业务板块。

一是在地产业务领域，保利资本以传统股权投资为主导，围绕"两纵一横"核心城市，形成"一城一策"投资策略，涵盖产业地产、城市更新、不良资产等业务板块，此外在商业地产领域，运用基金、证券化等金融工具，投资、持有及经营商业不动产，提升核心商业价值，兑现物业增值收益。

二是在PE业务领域，保利资本坚持"以地产产业链为核心，科技与消费齐飞，融合传统地产产业和新兴科技产业，人工智能升级与业务赋能双结合"的投资理念。一方面，以地产主业为依托，发展地产产业链母基金，向上投资地产供应链，向下通过物业平台赋能，广泛发挥资源赋能优势，打造产业生态集群。另一方面，设立科技产业基金，聚焦AI应用和物联网技术赋能，以科技服务地产开发、物业管理、商业地产等主业，全力支持大地产行业数字化、智能化转型升级。

保利资本成立初期，以"地产为核心，上下游齐发，科技教育并行"为投资策略，涉及的经典投资案例包括：城市更新广州保利天汇项目、滴滴出行、好未来教育产业基金等。如2018年3月，保利资本战略入股斯维登，共同打造"保利—途远共享农庄"，响应国家共享农庄、乡村振兴等政策，打造田园综合体项目。

随后，保利资本顺延"房地产+硬科技"领域投资，投资商汤科技、第四范式等人工智能明星企业，并协调集团内的地产、商业及物业等资源，将应用场景开放给被投资企业作为"试验田"。在智能建造端，保利资本连续投资大界机器人A+轮及B轮，布局建筑工业软件和机器人领域。

近年，保利资本协同产业发展和链接区域政府投融平台，构建多元化生态圈，加强"地产+资本+产业"资源协同。2020年，保利资本联合碧桂园创投发起设立"保利碧桂园产业链赋能基金"，该平台不仅涵盖地产产业链上的细分龙头，包括防水和涂料行业的东方雨虹及科顺股份等、照明行业的欧普照明、电梯行业的康力电梯等产业伙伴作为基金出资方，还投资布局万华禾香板业、顺造科技、呼博仕新风等成长型公司，孵化出保碧新能源等优质公司，在绿色建筑、碳中和等领域深化协同式布局。

综上，保利资本充分发挥集团背景、行业资源等优势，组合"地产+PE"主动投资及赋能管理，顺应国家政策、产业升级及地产业务场景等，在房地产的产业链布局、协同式生态集群等方面形成独特的"资本系"优势。

（3）创始人股东的家族办公室

模式简介

家族办公室（Family Office）诞生于1868年，美国银行家托马斯·梅隆创办世界上第一个现代意义的家族办公室，研究如何管理和保护美隆家族财富。美国家族办公室协会将其定义为"专为超级富有的家庭提供全方位财富管理和家族服务，以使其资产的长期发展，符合家族的预期和期望，并使其资产能够顺利地进行跨代传承和保值增值的机构"。家族办公室能够为家族成员提供一系列服务，包括资产配置、组合管理、税务筹划、遗产规划、慈善规划、家族教育、代际传承与生活服务等（见图6-7）。

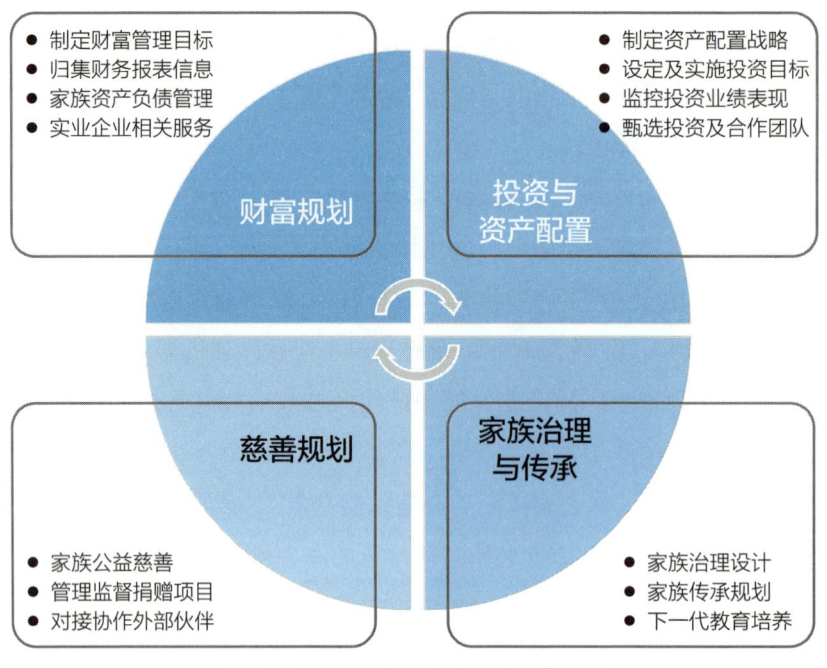

财富规划
- 制定财富管理目标
- 归集财务报表信息
- 家族资产负债管理
- 实业企业相关服务

投资与资产配置
- 制定资产配置战略
- 设定及实施投资目标
- 监控投资业绩表现
- 甄选投资及合作团队

慈善规划
- 家族公益慈善
- 管理监督捐赠项目
- 对接协作外部伙伴

家族治理与传承
- 家族治理设计
- 家族传承规划
- 下一代教育培养

图6-7 我国家族办公室的主要功能

我国市场上的家族办公室主要包括如下类型：①单一家族办公室，即由某一家族单独设立，通常由家族成员管理或控制，仅为该家族提供定制化的财富管理和财务解决方案；②联合家族办公室，即为多位高净值人士或家族提供综合性财富管理和财务解决方案；③虚拟家族办公室（或称功能型家族办公室），第三方机构以市场化运作实现家族办公室的各项功能，包括信托系、保险系、律师及税务事务所等。

我国家族办公室发展尚处于初步发展阶段，先在制造业、房地产等传统行业兴起，后发展到互联网、医疗健康等新兴领域。2013年4月，龙湖集团创始人成立双湖资本，是我国内地真正意义上的第一家家族办公室。2014年，阿里巴巴集团创始人马云和蔡崇信联合设立蓝池资本，作为双方的联合家族办公室。家族办公室作为超高净值家族的财富管理机构，规模小众且运作极其低调保密。

典型案例

我国2007—2014年迎来房地产公司集中赴港上市的热潮，创始股东或其家族的财富迅速积累，初期以个人投资、设立信托、机构代管等方式来获得财富增值，鲜有成体系的资产配置。2013年，龙湖集团在密集拜访美国等专业投资机构后，设立双湖资本（Wu Capital）作为单一家族办公室，以机构化专业管理创始人的家族财富，在全球范围内寻找并投资于高质量的基金管理人和企业家，投资阶段和方式包括VC/PE基金、股票基金、直接股权投资及债券投资。

双湖资本作为龙湖集团创始人的家族办公室，一是带有龙湖集团一贯科学严谨的工作标准、严守投资纪律、倡导长期主义及企业家精神等企业"底色"；二是其资金具备长期及永续性，而非追求短期回报，在坚持价值投资的同时拓展商业生态圈。从团队组织来看，稳定期团队含投资、研究和中后台等约20人，多数来自成熟投资机构或特定产业，初期在北京、香港和旧金山设有办公室；从资产类别来看，覆盖FOF（全称Fund of Funds，意为"基金中的基金"）、二级市场及直接投资三个板块，虽各板块之间互相独立决策，但强调在信息和认知层面的互补及对齐，形成"三轮联动"；

从投资领域来看，围绕高科技、大消费、教育和医疗健康等长青方向，实现多元化的资产配置组合方案。

双湖资本于2013年设立时即具备国际化视野，在首批出资时与多元GP（普通合伙人，General Partner）矩阵开展深度合作，包括General Catalyst、DFJ等老牌国际基金，以及True Ventures等垂直领域的小而美基金。双湖资本在国内与红杉资本、北极光和金沙江创投等共同发起设立云天使基金，完成对30多家初创企业的投资（见图6-8）。

2015年，双湖资本作为LP（有限合伙人，Limited Partner）在FOF领域积累一定经验及资源，开始触向直接投资业务，而不再单纯依赖GP的"二手信息"、双湖资本倾向于科技进步和观念改变带来的新产品、新服务和新体验，精选优秀创业团队进行直接股权投资，先后完成地平线、来也科技、宝宝树、流利说、杏树林和纳米盒等公司的直接投资，在新消费、教育科技、智能驾驶等领域实现布局并取得业绩回报。

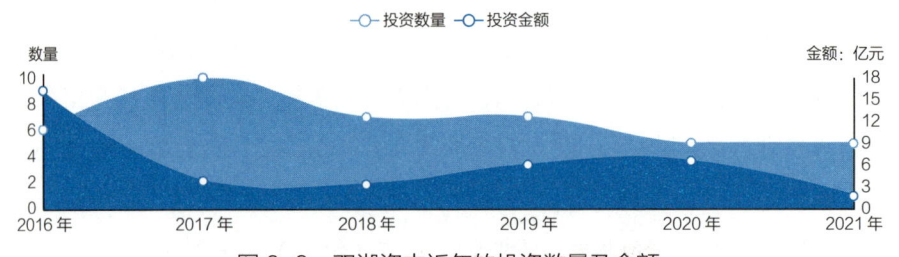

图6-8 双湖资本近年的投资数量及金额

数据来源：36Kr，IT桔子。

双湖资本作为龙湖集团创始人的家族办公室，成立至今已投基金超过100家、直接投资的公司超过30家，不仅具备国际化、专业化、多元化的投资组合及资产配置方案，帮助其创始人家族实现资产管理及有效增值，更拓展全球化的投资资源，链接新兴行业的优秀企业家及商业资源，实现与龙湖集团业务的生态共荣与家族财富的基业长青。

综上，以上三类"地产＋资本"模式，皆有别于房地产信贷、房地产基金等金融模式，而是依托于房地产开发业务或资源"生长"出的"地产＋

资本+产业"的投资模式。大型房地产集团可通过风险投资部门、资本平台、家族办公室等组织或机构，发挥资本的"破圈"与"探针"功能，投资房地产的产业链上下游、新兴产业等赛道，探索实现业务转型及增长的"第二曲线"，构建基于平台优势的生态圈壁垒。

6.2.2 "地产+科技"创新

地产科技（简称"Prop Tech"）是地产行业衍生的新兴行业，分为狭义和广义两种：前者是在房地产开发过程，包括投资规划、设计深化、施工建造、营销拓客等环节，运用科技化的理念、产品及工具等赋能，包括前文介绍的数字化应用，达到提升开发效率及产品性价比等目标；后者则是指在房地产产业链的上下游板块，包括供应链管理、经纪租售、融资贷款及物业服务等环节，运用科技手段提供信息化、智能化等服务。

美国的地产科技领域发展较早，且在市场投入应用、投融资端等均比较活跃。以 2019 年为例，美国有 324 项地产科技投资交易完成，其中股权和债权融资总额达 90 亿美元，同比增长 69%，其中 59% 投资发生在住宅服务的地产科技类公司，另 41% 投资额流入商业地产相关领域。纵观美国地产科技的发展历程，分为三个阶段：

（1）地产科技 1.0（1980—1990 年）：以数据分析、在线工具等为典型应用，如 1998 年上市的地产数据巨头 CoStar，体现在数据整合、提供在线应用分析等，但整体仍较为初级，对房地产行业的附加值有限。

（2）地产科技 2.0（1990—2015 年）：以交易服务、智慧建筑、共享经济为典型应用，如 2006 年创立的资乐（Zillow）、2008 年创立的爱彼迎（Airbnb）以及 2010 年创立的 We Work。尤其自互联网技术兴起，房地产信息服务在住宅市场得以应用，并发展为房源查询、匹配交易等房地产中介平台，象征着技术不再停留在表面的信息整合，开始向更深层次的应用渗透。

（3）地产科技 3.0（2016 年至今）：以区块链、人工智能、机器人为典型应用，如 2018 年成立的房屋交易及融资贷款公司 Homeward，2019 年成立的地产数据分析公司 Placer.ai，目前均已成为估值超 10 亿美元的地产科技独角兽。此阶段应用科技在软硬件方面等再度升级，且不再局限于业务层面的应用，而是穿透至用户与空间的交互场景。

我国房地产科技起步相对较晚，作为全球最大的房地产供应及需求市场，中国地产科技领域迅速发展，除采用数据化、数字化、智能化等实现房地产企业的降本增效外，集成物联网、人工智能等软硬件技术打造智慧工地、智慧家居、智慧楼宇、智慧社区等。仲量联行发布的《2023 中国房地产科技发展白皮书》中解构我国房地产科技全景图（见图 6-9），我国房地产科技赛道在城市、建筑、空间等层面应用愈发丰富、场景愈发细致多元，房

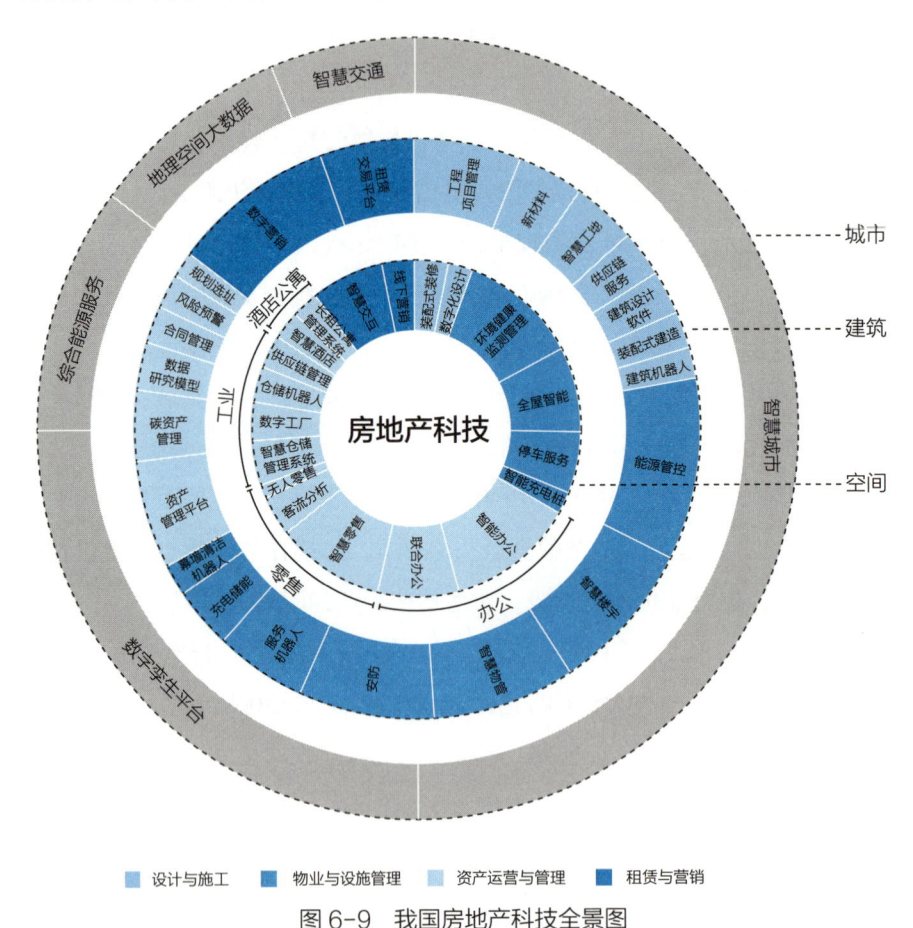

图 6-9 我国房地产科技全景图

资料来源：仲量联行及房地产科技企业数据库。

地产科技已经渗透房地产项目的各个尺度和生命周期的各个阶段。

（1）地产开发环节

典型企业案例：万科地产

万翼科技前身是万科集团的信息化部门，2016 年独立为集团的全资子公司后，团队专注于地产科技的开发和应用。公司专注于房地产科技研发，基于自主研发的多项核心技术：建筑图纸数字化算法、建筑设计规范 AI 算法、建筑模型自动构建能力、高精度建筑模型渲染能力，致力于打破房地产行业的数字化壁垒，变革房地产开发的协作模式，构建"数字孪生"式的交互体验方式，为房地产的开发、销售、运营、服务提供全方位的数字化解决方案。

公司经过近 8 年的发展，目前已研发 AI 审图、翼沙盘、翼车位、图云、易选房、SpaceUp 等数十款产品，取得图形引擎、大数据分析领域为主的 600 多项专利及 80 多件软件著作权，并获得国家高新技术企业认证。

典型产品案例：AI 审图

2020 年 4 月，万翼科技发布专门用于图纸审查的 AI 智能审图工具，凭借领先的视觉算法和海量的图纸数据训练，每台机器可在保证 94% 以上的准确率的前提下完成 35 个人的审图工作量，帮助房地产企业在设计阶段全面快速地发现图纸问题，不仅有效降低设计缺陷造成的无效成本损失，还可沉淀头部房地产开发企业的先进管理方法，帮助其减少因经验不足导致的设计问题，降低后期的客户投诉率。

2020 年 6 月，国家住建部批复深圳住建局和万翼科技共同开展全国首个人工智能审图试点。2021 年 1 月，万翼科技与深圳市住建局深化合作，联合开发 AI 审图上线"基于人工智能技术的智能审查系统"，使深圳市成为全国首个全面应用人工智能技术进行施工图质量监管的城市，在地产科技的应用上先行先试且成效显著。

随着 AI 审图支持审查范围越来越广，市场客户更进一步提出需要审图业务的完整闭环等需求，以提升整体工作效率和质量。2022 年 5 月，万翼科技升级 2.0 版本，将由 AI 工具进化为 AI 审图平台，采用灵活的项目管理、图纸文件库管理、智能推荐常见条文、错题集和设计评分等重点功能构建全新升级的、多角色协同的智能联审平台，通过人机协作实现"传—管—审—协—改—析"全流程提效。

2023 年 12 月，万翼科技自主研发的首个建筑领域多模态大模型解决方案"卓灵"发布上线。该 AI 大模型通过基础模型的领域适配，并融合 AI 审图多年积累的工程图纸识别技术，首次实现大语言模型与工程图纸的智能交互，展现未来设计建造与人工智能技术结合的新趋势。截至目前，万翼科技 AI 审图已为数百家房地产、设计院及政府机构提供审图服务。

（2）地产产业链条

典型企业案例：贝壳公司

贝壳公司是一家房产服务交易平台，旗下拥有贝壳找房、链家两大平台，其中贝壳找房于 2018 年 4 月上线，是一个科技驱动型的房屋租赁交易服务平台，拥有覆盖全国各省市二手房、新房、出租房等大量房源信息。贝壳通过科技赋能推进我国居住服务的产业数字化、智能化进程，构建供需两端的精准链接，重塑人、房、客、数据的交互，为中国家庭提供包括二手房交易、新房交易、租赁、家装、家居、家服等一站式、高品质、高效率服务。

贝壳公司于 2020 年 8 月在美国纳斯达克上市，成为我国居住服务平台第一股，背后股东不仅有万科、融创等地产龙头企业，还有软银、华兴等国际资本加持，更包括腾讯、百度等科技型巨头。2020 年，贝壳公司研发费用相比 2019 年的 15.71 亿元大幅提升至 24.78 亿元，构建地产科技的护城河。

典型产品案例：贝壳 3D 楼书

2021 年 11 月，贝壳推出 3D 楼书，是实现房产领域室外全场景可视化的产品矩阵。贝壳 3D 楼书通过三维建模、航拍等方式，将真实楼盘、小区及周边等信息映射至虚拟空间；利用视觉化的信息串联，改变抽象理解楼盘信息现状，为用户构建沉浸式真实线上看房，实现产业数字化升级。

贝壳 3D 楼书的技术展现具备以下特点：一是跨平台能力，通过贝壳 App 和微信小程序，提供全景化展示和集合式体验，涵盖户型落位、区位展示及全景样板间等；二是沉浸式体验，通过不同色块和标签直观展示区域业态分布和功能区划分，同时提供日间到夜间的动态沉浸式视觉体验；三是楼栋日照模拟，支持点击楼栋查看各楼层在不同季节的日照时长，以及通过三维动态展示分析建筑光影和日照影响，有效降低成本并提升楼盘的展示效果。

目前贝壳 3D 楼书已基本覆盖全国一、二线城市，可视化信息包括 10 万余个小区的航拍 VR 及小区的三维重建模型，形成我国行业里最大的小区数字资产库。随着贝壳 3D 楼书上线，购房消费者迅速习惯通过 3D 楼书查阅楼盘及周边信息，成为购房成交前的标准动作，有效丰富客户的线上体验，每日线上看房用户超过 20 万，有效赋能贝壳平台上的经纪人，使其可与消费者高效沟通，大幅缩短成交周期。

当前我国在构建房地产新模式的同时，房地产科技生态圈也正初具雏形，并作为行业变革、企业转型及项目提效的重要驱动力量。房地产企业通过增加研发投入、开展技术合作、采购产品应用等方式，提升"地产 + 科技"创新的竞争力。

综上，土地、资金及技术作为传统房地产企业的主要生产要素，且更依赖土地开发的销售溢价。标杆房地产企业逐渐形成"一体两翼"式要素组合拳，即"地产"开发为主体、"资本"及"科技"为两翼，依托房地产企业平台优势探索"地产＋资本""地产＋科技"等模式，通过整合要素间的有机融合及协同效应，实现房地产企业的提效增利、产业链的价值重构、生态圈资源的优化配置。

第 3 节　可持续发展与 ESG 体系

我国房地产行业历经 30 余年的发展，处于结构转型期的"变局"阶段，不仅需借鉴历史周期时美国、日本等房地产行业在危机期的"破局"启示，还要顺应国家提出"三大工程"等方向构建房地产发展新模式等机遇，也要结合房地产行业的创新探索与标杆企业的最佳实践。此外，我国经济体系包括房地产行业也处于全球产业结构中的重要环节，在全球倡议"可持续发展""双碳目标""环境、社会及公司治理"（简称"ESG"）等背景下，我国房地产行业更要主动融入全球经济的话语体系，积极把握机遇及应对挑战。

6.3.1 房地产的可持续发展

（1）可持续发展的背景

20 世纪中叶，日益严重的环境问题、自然资源的枯竭以及对能源的大量消耗等对全球生态系统的影响引起各国公民的广泛关注。1987 年，布伦特兰委员会作为联合国推进环保公益的下属机构发表《我们共同的未来》的报告，将"可持续发展"定义为"既满足当代人的需求，又不损害后代人满足其需求的能力"。

1992 年 6 月，联合国在里约热内卢召开的"环境与发展大会"，通过以可持续发展为核心的《里约环境与发展宣言》《21 世纪议程》等文件。

1994年3月，我国政府编制《中国21世纪人口、环境与发展白皮书》，首次把可持续发展战略纳入我国经济和社会发展的长远规划。1995年，我国将可持续发展作为国家的基本战略，号召全国人民积极参与实践。

2002年，我国以加入世界贸易组织及召开的联合国可持续发展世界首脑会议为契机，积极处理好经济全球化与可持续发展的关系，促进我国可持续发展战略的顺利实施。2012年的联合国可持续发展大会上，我国坚持以经济、社会发展和环境保护三大支柱统筹的原则，发展在消除贫困和可持续发展背景下的绿色经济。

2015年9月，150多位世界领导人在联合国总部纽约，召开为期三天的可持续发展峰会，通过《变革我们的世界：2030年可持续发展议程》，包括1项宣言、17个可持续发展目标和169个具体目标，旨在改善全世界人民的生活、保护环境以及应对气候变化等。2015年12月，世界气候变化大会在巴黎召开，对2020年后应对气候变化国际机制作出安排，标志着全球应对气候变化进入新阶段；《巴黎协定》要求协定国的努力目标将全球变暖控制在不超过1.5摄氏度，在2030年前减少45%的二氧化碳排放量，到2050年实现净零排放；我国于2016年4月签署该协定，并率先在全国启动实施战略。

2020年9月，习近平总书记在联合国大会上宣布"中国将提高国家自主贡献力度，采取更加有力的政策和措施，二氧化碳排放力争于2030年前达到峰值，努力争取2060年前实现碳中和"，简称"3060双碳目标"。2021年10月，我国发布"1+N"政策体系，即《中共中央国务院关于完整准确全面贯彻新发展理念做好碳达峰碳中和工作的意见》（简称"意见"）和一系列配套政策组成的政策体系，为我国双碳工作提供顶层设计与具体化的部署（见表6-3）。其中，针对能源、建材、建筑、城乡建设、科技创新等具体行业和领域的"碳达峰"提出若干重大任务，加速推动技术革新并着重鼓励关键产业转型，推动供给端能源结构变革以及需求端能效提升等，进而实现在社会经济可持续发展的同时达成"碳中和"。

表 6-3 《意见》中提出的主要目标

时间节点	节点目标	单位国内生产总值能耗	单位国内生产总值二氧化碳排放	非化石能源消费比重	森林覆盖率	森林蓄积量	其他目标
2025年	重点行业能源效率大幅提升	比2020年下降13.5%	比2020年下降18%	20%	24.10%	180亿立方米	—
2030年	碳达峰重点耗能行业能源利用效率达到国际先进水平	比2005年下降65%以上	—	25%	25%	190亿立方米	风电、太阳能发电总装机容量达到12亿千瓦以上
2060年	碳中和能源利用效率达到国际领先水平	—	—	80%	80%	—	—

在全球应对气候变化的可持续发展的宏观愿景与我国顶层设计的"零碳变革"目标下，作为温室气体排放的主要来源与实现"碳中和"的核心主体，企业扮演着至关重要的角色。同时，建筑建造材料作为房地产开发、运营等经济活动的流通产品，2020年在全球能源消耗及碳排放的占比分别达36%及37%（见图6-10）。房地产企业作为建筑物的投资者、开发或改造者、运营者，直接或间接参与到建筑全生命周期中各阶段，则成为"双碳减排"重要"主力军"之一。

（2）可持续发展的政策监管

我国房地产行业作为产业链条长、能源消耗大、温室气体排放占比高的行业，相关的环境政策导向以及披露要求从多方位影响房地产业，从而带来更多的机遇与挑战。

一方面，在"双碳"目标下，我国鼓励资本发挥对"绿色经济"的积极作用，尤其是引导增加绿色建筑与绿色材料的应用来推动我国"绿色经

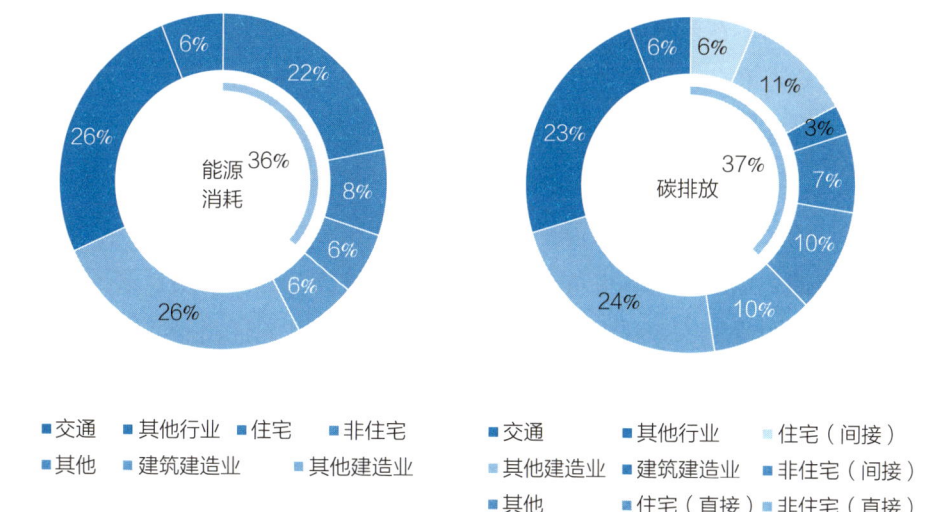

图 6-10 2020 年全球建筑建造业最终能源消耗和碳排放占比

数据来源：国际能源署数据库。

济"建设。根据《中国气候政策文件》，于 2025 年前，所有城市的新建筑都将按照绿色建筑标准建造，而可再生能源亦将占建筑中使用的常规能源替代品的 8%。

对于"绿色建筑"的定义，2019 年 3 月住建部发布《绿色建筑评价标准》较 2014 年版本上有较大改进，将原有的"四节一环保"评价指标重新归纳为"安全耐久、健康舒适、生活便利、资源节约、环境宜居"五个科目，并重新构建绿色建筑评价技术指标体系，而不局限于迎合某些数据指标。2021 年 4 月，中国人民银行、证监会等联合发布《绿债目录（2021）》，新增绿色建筑材料子项目，涵盖节能玻璃、预拌混凝土等绿色建材产品制造和消费，扩展有关建筑节能和绿色建筑项下的范围，包括超低能耗建筑建设、绿色建筑、建筑可再生能源利用、装配式建筑、既有建筑节能及绿色化改造以及物流绿色仓储等。2022 年 3 月，住建部发布《"十四五"建筑节能与绿色建筑发展规划》，提出到 2025 年，城镇新建建筑全面建成绿色建筑，基本形成绿色、低碳、循环的建设发展方式，为城乡建设领域 2030 年前实现"碳达峰"奠定基础。

另一方面，在全球应对气候变化和我国"3060双碳目标"驱动下，监管者、投资者和公众对房地产行业的可持续发展关注度日益提高，推动房地产企业向低排放、高品质发展转型，以应对来自多方的监管和要求。

2023年6月，国际可持续性标准委员会（ISSB）首次发布《国际财务报告可持续披露准则》包括可持续性相关财务信息及气候相关信息的披露要求，明确全球资本市场可持续发展相关信息披露的通行准则要求，我国港交所随即跟进该国际标准并制定路线图。我国大陆地区则经证监会部署和指导，2024年2月，上交所、深交所和北交所发布《上市公司可持续发展报告指引》，要求上证180指数、深证100指数等样本公司及境内外同时上市的公司应按要求披露《可持续发展报告》，鼓励其他上市公司自愿披露；填补我国境内资本市场本土化可持续报告指引的空白，明确首批强制执行范围，并通过示范效应带动上市公司及其他市场参与主体的可持续信息披露。我国房地产企业作为资本市场的重要参与主体，有责任及义务在可持续发展的战略制定、行动实施、信息披露等方面发挥带头作用，符合国际及国内的资本市场及行业合规的监管要求。

（3）可持续发展的行业路径

近年来，随着"3060双碳目标"及"1+N"政策的提出，我国房地产开发企业可按其技术路径有相应的减碳举措（见表6-4）。在项目开发环节，企业主要可在绿色建筑、装配式建筑、建筑低碳建材等方面可实现减碳；在运营服务环节则可主要在楼宇智能控制系统以及空调、照明等节能或储能系统等方面实现减碳。

表6-4 房地产行业的技术路径下的各项减碳措施

减碳措施类别	房地产开发企业	房地产物业运营企业
绿色建筑	√	
防灾减灾设计（气候韧性）	√	
装配式建筑技术	√	
屋顶光伏或光伏一体化设计	√	

续表

减碳措施类别	房地产开发企业	房地产物业运营企业
热泵技术方案	√	
新型储能设施（蓄电/热/冷）	√	
低压直流配电系统	√	
智能化可调节、可中断设备（空调、照明、充电桩等）	√	
建筑垃圾再生建材	√	
绿色低碳认证建材	√	
绿色工程建造方案	√	
绿色供应链管理方案	√	
楼宇能源控制系统（BIM、BA、BMS）智能化改造，优化用能需求，提升能效		√
空调系统设备节能改造，提升能效		√
照明系统节能改造，提升能效		√
电梯系统节能改造，提升能效		√
建筑屋顶或外立面安装光伏发电设备		√
通过电力市场采购绿色电力或绿色电力证书		√
新能源充电桩等绿色出行基础设施升级		√
电采暖改造或应用空气源或水源热泵技术节能		√
用电设备实施可调节、可中断负荷改造，参与需求侧响应，降低用电成本		√
增加储能系统（电、冷、热），优化峰谷用电量，降低用电成本		√

对于我国房地产企业而言，推行实施可持续发展的战略与行动，可分为以下五个步骤（见图6-11）：第一，企业内部达成一致的可持续发展目标，确定并对齐公司可持续发展的愿景、承诺与目标；第二，将承诺及目标转化为落实可持续发展的行动计划，传达共识并分解为行动方案；第三，投资实施可持续发展的详细行动计划及方案，包括时间节点、关键部门、达成标准、预计达成投资效果等；第四，依据目标承诺及过程中的监控实施效果，调整或优化可持续发展的投资及行动；第五，参与构建合作伙伴生态系统，如供应方、客户等利益攸关者，扩大可持续发展的共同影响，

进而形成良性循环，推动升级可持续发展。

图 6-11　房地产企业的可持续发展路线图

因此，房地产企业可发挥其自身生态位优势，形成符合发展定位的可持续发展路线图。具体来看，一是房地产企业完善可持续发展管理的组织架构，如可持续发展委员会、ESG 工作执行小组、绿色建筑专项小组等，自上而下主要以董事会为决策核心，以可持续发展委员会为管理核心，以 ESG 工作执行小组为执行核心，以绿色建筑专项小组为项目中心。二是房地产企业将"绿色经济"理念贯穿于项目设计、采购、开发、运营等全流程，主要体现在绿色建筑、装配式建筑、能源消耗管理等方面。三是房地产企业主动采纳可持续发展及 ESG 理念，主动按可持续发展披露准则等要求施行，不单纯为满足监管部门的合规要求，而应将其融入发展战略、企业经营及风险管理等过程，按国际及国内上市公司的高标准落实环境管理等要求。

6.3.2 房地产 ESG 评级体系

（1）ESG 的理念内涵及评级标准

ESG，是 Environmental（环境）、Social（社会）和 Goverance（公司治理）三个英文单词的首字母缩写，是近年来金融市场兴起的重要投资理念和企业行动指南，也是可持续发展理念在金融市场和企业经营层面的具体实践（见图 6-12）。其中，环境（E）：包括气候变化、自然资源、生物多样性、水资源有效利用、能源利用、碳排放强度、环境治理体系等；社会（S）：包括机会平等、人力资本、社会影响、健康和安全、顾客 & 产品责任等；公司治理（G）：包括公司内部治理、公司行为、员工关系、股东利益保护、股权结构、薪酬及商业道德等。

ESG 理念源于联合国的责任投资倡议，于 2004 首次被联合国全球契约组织（UNGC）提出，聚焦于环境、社会、公司治理表现的理念逐渐成为评估企业可持续发展的重要准则。因此，ESG 作为一种工具，不仅可赋能企业探索长期可持续发展，而且可指导资本进行可持续投资，以获取长时间维度的正向收益。

图 6-12　ESG 的内涵框架

目前，ESG"多元评级管理"正成为包括房地产行业等上市公司 ESG

实践的必修课。目前全球共有800多个ESG标准，虽然结构相似，但侧重点各有不同（见表6-5）。欧盟通过立法的形式将ESG理念转化为切实可行的法律法规，从2014年发布的《非财务信息报告指令》（NFRD）到2023年被审批通过的作为CSRD配套标准的《欧洲可持续发展报告准则》（ESRS），欧盟正逐渐建立起以强制披露为主的ESG信息披露规范。美国的ESG披露监管以其两大证交所引导上市公司自愿披露为主，其中纳斯达克交易所在2017年发布《ESG报告指南》并于2019年修订，列举完整的ESG关键绩效指标体系，为ESG报告编制提供详细指引；而纽约证券交易所则在2021年发布《可持续发展报告的最佳实践》，详述ESG报告准备步骤、ESG评级方法等信息，助力公司进行ESG披露。

表6-5 全球部分主流ESG标准

标准制定机构	标准名称	其他目标
GRI	《可持续发展报告指引》	侧重报告机构的可持续发展绩效况
ISO	《ISO 260000社会责任指引》	侧重组织生产实践活动中的社会责任
SASB	《可持续会计准则》	聚焦能影响财务业绩的可持续发展问题
ISSB	《IFRS可持续发展披露准则》	全球不同区域的投资者提供一致和可比的可持续发展报告
CDP	《CDP碳披露项目披露框架》	侧重气候变化、水资源、森林、供应链等议题
TCFD	《TCFD四要素气候信息披露框架》	侧重气候变化对上市公司的财务影响
CDSB	《CDSB环境与气候变化披露框架》	侧重环境议题
IPSF	《可持续金融共同分类目录报告——减缓气候变化》	绿色与可持续金融目录所共同认可的，对减缓气候变化有显著贡献的经济活动清单

全球ESG评级机构有600多家，包括评级公司和非营利团体，其中以明晟（MSCI）、彭博（Bloomberg）、汤森路透（ThomsonReuters）、富时罗素（FTSERussell）、道琼斯（DJSI）、晨星Sustainalytics、恒生（HSSUS）及碳信息披露项目（CDP）等最具影响力。不同ESG评级机构在评级目

标、评级框架、评级方法、评级体系等存在异同。以典型的明晟（MSCI）ESG 评级关键议题层级结构为例，包含环境（E）、社会（S）、公司治理（G）三大支柱，气候变化、自然资本、人力资本等十大主题，以及碳排放、气候变化脆弱性、健康与安全等 33 个关键 ESG 议题，形成对被评估企业 AAA 到 CCC 合计七个等级的 ESG 评级（见表 6-6）。

表 6-6 全球主流 ESG 评级机构的评价结果相关性

评级机构	晨星（Sustainalytics）	荷宝（Robeco SAM）	路孚特（Refinitiv）	明晟（MSCI）
晨星（Sustainalytics）	—			
荷宝（Robeco SAM）	0.69	—		
路孚特（Refinitiv）	0.64	0.69	—	
明晟（MSCI）	0.53	0.45	0.43	—

数据来源：Inside the EsG ratings (Dis) agreement and performance.

（2）房地产行业 ESG 挑战与机遇

同可持续发展一样，ESG 理念成为国际商业惯例，并围绕此工具形成诸多政策监管。例如在欧盟，《可持续金融披露条例》（SFDR）和《可持续金融分类法》出台生效，其中指出全球资产管理机构需要将其在欧盟出售的包括房地产基金在内的金融产品，分别根据 ESG 特征和 ESG 目标进行分类。欧洲证券和市场管理局（ESMA）和欧洲非上市房地产投资协会（INREV）进一步澄清，SFDR 条例中的房地产金融产品需满足持有 100% 可持续投资的要求。

我国房地产行业同样面临 ESG 监管合规挑战。一方面，在国家战略和行业规范层面，"双碳"战略的实施要求房地产企业明确"双碳"目标和技术路线。目前，包括北京、上海等城市对大型公共建筑提出碳排放限额要求，国家强制性建筑设计规范也将碳排放纳入审核要求，未来将在城市规划环节对土地利用进行碳排放与碳汇核算；在建筑竣工验收环节、建筑运营阶段都将设定碳排放限额指标。因此，ESG要求将对房地产行业的生产建造、绿色材料、碳交易等环节带来的诸多隐形成本，故需要前置策划和铺排，获取更高的资本市场评级，并以此为基础积极获取绿色金融支持及ESG的政府补贴资金。

另一方面，在企业监管层面，中国内地及香港亦积极推动并改进ESG法规，提高上市公司的社会责任和可持续发展意识。2022年1月，上交所和深交所更新《上市规则》，要求上市公司披露社会责任报告。同年3月，国务院国资委成立社会责任局，并于7月开展《央企控股上市公司ESG信息披露指引研究》，以推进央企公司ESG信息披露指引。在香港方面，2012年港交所推出《ESG报告指引》，作为上市公司自愿性披露建议。2019年，港交所按气候相关财务信息披露工作组（TCFD）的建议，引入ESG管治和气候变化方面的要求，并将披露建议全面调整为"不披露就解释"。2024年4月，港交所将《ESG报告指引》更名为《ESG报告守则》，体现规范披露气候变化等信息的强制性，经修订后《上市规则》于次年1月生效，拟分阶段实施新气候规定。因此，在日趋严格的ESG法规环境下，ESG目标的重要性日益凸显，我国房地产企业应设立ESG目标并切实践行，参考国际准则披露气候、碳排放及环境影响等情况，以满足监管和投资者的要求。

同样，ESG也同样为房地产行业带来发展机遇。一是在投资拿地方面，基于重视践行ESG的企业可增强土地市场竞争力。土地交易市场包括政府的招拍挂市场，由传统的"价高者得"逐渐形成"竞品质""绿色建筑""装配式建筑"等"招拍复合"的形式，政府出让土地时将低碳、健康、智慧、工业化等纳入考量体系，成本领先、技术领先、重视绿色发展的房地产企业将赢得先机。二是在客户消费方面，90后是市场主力购房者，占比27%左右，且00后正式进入购房市场，Z时代人群建立可持续消费观，认可ESG及环保理念，对健康品质、智慧建筑等要求更高，更愿意对绿色、低碳等居住产品支付溢价。三是在绿色融资方面，房地产企业发行绿色债券不受发债指标限制，在企业负债率低于75%的情况下，绿债发行不需要考察企业其他信用产品的规模，且融资成本偏低。此外，在证券交易、房地产私募基金、资产证券化等资本市场也更青睐ESG评级高的企业、底层资产及其产品。四是在碳交易市场方面，绿色房地产企业有碳配额优势。2024年1月，全国温室气体自愿减排交易（CCER）启动，与全国碳排放权交易市场共同构成强制碳配额及自愿碳减排的碳市场体系，房地产行业将被纳入其中，因此后续ESG执行效果佳、完成绿色低碳转型的房地产企业可依靠出售减排量获利。

综上，在ESG的理念内涵得到政府、资本市场等广泛认可的背景下，我国房地产行业在减碳强制性要求、ESG合规性披露等方面受到挑战，但同样对于能取得ESG践行优势的房地产企业，则能在土地交易市场、客户消费市场、资本市场、碳交易市场等方面迎来发展机遇。

（3）我国房地产ESG的评级现状

目前全球ESG评级机构众多，在房地产领域影响力较大的为明晟和晨星Sustainalytics等，国内主流ESG评级体系则为华证ESG评级、中证ESG评级、万得ESG评级等。

就前文介绍明晟的ESG的评级框架为例，近年对于房地产行业ESG评级中的不同关键议题及所赋予的权重如下。MSCI重要的议题包括环境范畴的绿色建筑发展，如碳排放、废物管理等议题；社会范畴则有劳工健康与安全和产品安全与质量；治理范畴则将"腐败与不稳定性"议题升级为"公司行为"。2022年，明晟对房地产行业ESG评级将环境、治理范畴的考评权重均有所上升，在社会范畴的健康与安全的权重则下降4%（见表6-7）。

表6-7　MSCI对房地产ESG评级的框架体系

评级范畴	关键议题	MSCI ESG评级的赋分权重	
		2021年	2022年
环境	绿色建筑发展	26%	28%

续表

评级范畴	关键议题	MSCI ESG 评级的赋分权重	
		2021年	2022年
社会	健康与安全	21%	17%
	产品安全与质量	16%	16%
治理	公司治理与行为	37%	39%

根据仲量联行 2023 年发布的《中国房地产开发企业 ESG 表现》，研究近年明晟对我国房地产行业 ESG 表现的评级情况，报告发现我国房地产行业 ESG 发展呈如下特征：

①我国房地产行业 ESG 国际评级总体偏低，近年呈上升势头。部分内地房地产企业达到全球行业平均水平（BB、BBB 及 A 级），该比例由 2018 年的 26% 大幅上升至 2021 年的 68%；但暂无处于全球行业的领先水平（AA 及 AAA 级）。该趋势说明我国 ESG 仍处于起步阶段，房地产行业对 ESG 管理的关注度和治理水平正逐步提高。

值得注意的是，国外评级机构对中国企业 ESG 评级结果系统性偏低有其特殊原因。其一是因为在"环境"和"社会"支柱下，明晟会给不同国家和地区设定差异化的风险敞口。在通常情况下，明晟认为发达市场 ESG 是优于新兴市场的，我国较发达国家及成熟市场的相对基准分偏低。其二是因为明晟在西方商业体系中更推崇分散多元化的股权分布，认为该模式对中小股东更有利。而我国上市房地产企业中的央企、国企占比高，且国有资本的股权集中度高，因此在 ESG 的公司治理维度得分偏低。

②在香港上市的房地产开发企业总体 ESG 信息披露分数高于在我国内地上市的同行企业。报告含 39 家上市房地产企业披露 ESG 信息并获得评分。其中有 18 家属于在香港 H 股上市，平均达 52 分，属于中等风险；另在 21 家在内地上市的房地产企业，ESG 评分则仅有 34 分，属于次高风险，尤其在环境信息及社会信息等方面披露得分明显偏低（见图 6-13）。

我国内地和香港上市的房地产企业 ESG 信息披露分数差异的主要原因是其监管要求的差异。港交所的 ESG 体系较为成熟，自 2012 年发布首版

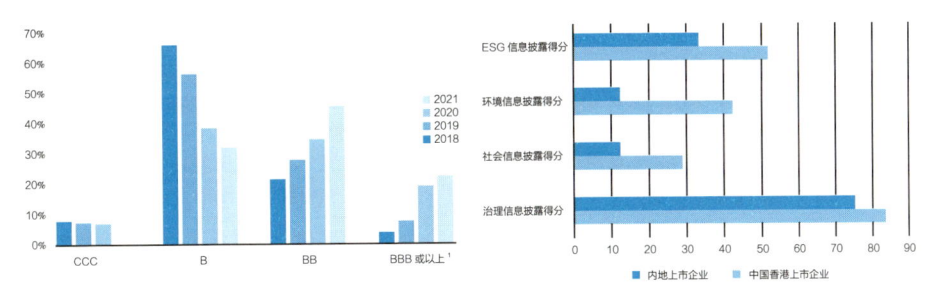

图 6-13　我国内地房企 MSCI 评级变化（左）及
内地与香港上市房企 ESG 披露比较（右）

○ 资料来源：《中国房地产开发企业 ESG 表现》，德邦证券。
注：BBB 或以上有 2 家 2021 年提升至 A 级。

《ESG 报告指引》，并于 2016 年修订，强制要求上市企业必须进行 ESG 信息披露，因此香港上市的企业在信息披露方面更规范。我国内地资本市场正逐步完善披露 ESG 体系，如 2021 年生态环境部已发布《企业环境信息依法披露格式准则》，目标在 2025 年形成强制性环境信息披露制度，并加入上市企业申报规则中。因此，我国内地上市公司的 ESG 披露情况及表现评级等也会在不远的将来得以实质改善。

③我国房地产企业 ESG 在参考国际原则及标准的基础上，融合共同富裕、党建工作、乡村振兴、科技赋能等具有鲜明本土特色的议题。脱贫攻坚、共同富裕等均为我国近年的国家重点任务，尤其在国家乡村振兴的战略大背景下，部分房地产企业参与乡村振兴，并以此作为企业践行 ESG 及履行社会责任的重要方式（见表 6-8）。

表 6-8　房地产企业践行 ESG 及乡村振兴模式

振兴方向	乡村振兴模式	企业 ESG 案例
产业振兴	利用房企自身产业链资源优势与匹配的村镇资源禀赋，以发展特色产业为基础，造就可持续盈利的新兴业态	进行定点帮扶，基于当地自然条件，结合农业发展需求，开展菌菇种植，加入云计算、区域链等技术，打造智慧种植示范园，助村民通过种植菌菇脱贫
人才振兴	开展教育帮扶与技能培训，培养本土人才，推动专业人才服务乡村，践行就业创业促进机制	开展"溪流计划"，围绕"基地+人才+平台"的全产业链帮扶模式，为乡村经济困难家庭提供职业技术培养，从而改善家庭生活状况

续表

振兴方向	乡村振兴模式	企业 ESG 案例
文化振兴	加强农村精神文明建设，充分发挥农村文化礼堂、文化广场作用，提高农民文明素质和思想道德水平，改变乡村落后风貌	于农村举办雕塑艺术百村展，通过雕塑展体现艺术与乡村自然风光、文化风情、旅游业有机结合，助推乡村文化振兴
生态振兴	完善乡村基础设施建设，开展人居环境整治、风貌提升、文化景观打造等项目	于山区农村兴建大水库，解决贫困地区饮水困难，并且修建车道和安装太阳能路灯，方便村民进出
组织振兴	引入市场合作机制，推动村集体、村民与市场的有效衔接，助力集体经济长远发展	创新"公司＋镇政府＋村委＋合作社＋村民"文旅业态，确保农民的土地租金收入、务工收入与分红收入，与村民共享乡村发展红利

值得关注的是，对于房地产企业而言，乡村振兴同时能提供发展的新机遇，突破在城市发展的局限性，提高多元业务竞争力，实现房地产转型与乡村振兴双赢发展。房地产企业通过在乡村振兴，实现包括产业、人才、文化、生态、组织等方面实现振兴，有别于传统单一的"输血式"捐赠，实现系统性的扶贫脱困，扩大社会责任的影响力。

综上，在全球倡议可持续发展、我国"3060双碳目标"等背景下，我国房地产行业顺应国际主流的 ESG 理念，既面临着政策规范、监管趋严等挑战，但重视 ESG 发展的房地产企业也将在土地市场、资本市场等迎来发展先机。虽从国际评级体系看，我国房地产行业 ESG 尚处于初步阶段，且在新兴市场、股权结构等方面有客观的不利因素，但近年快速普及、呈向好趋势，在香港上市的房地产企业相较内地更成熟及体系化，在社会责任等活动方面具有鲜明的本土特色。因此，我国房地产企业在 ESG 方面应充分借鉴行业的最佳实践与落地案例，全周期、全方位、系统性地践行 ESG 理念。

6.3.3 房地产 ESG 应用实践

可持续发展及 ESG 为近年顺应环境形势、合规监管与资本市场评级等综合的新要求。因此，房地产开发企业如何建立一套既能符合行业及自身发展的特征，也满足上市监管机构的监管要求，还能契合资本市场评级标准，并综合各利益相关方期待的ESG战略体系，并通过有效实施ESG"新玩法"，在市场中建立良好的形象，在行业ESG评价中获得更高评级，对于提高企业竞争力、吸引投资者以及实现永续发展都至关重要。

从行业应用实践角度而言，龙湖集团在2023年明晟发布的ESG评级结果中跃升两级至AA级，成为我国内地房企的最高评级水平，被纳入"恒生可持续发展企业基准指数"；另GRESB在公开披露中给予最高水平A级，晨星维持"低风险"评级。龙湖集团以联合国2030可持续发展目标（SDGs）为指引，以"善待你一生"为企业使命，形成涵盖"至善自然""至善公益"等五大核心支柱的ESG体系，以"合规管理"和"可持续发展"为ESG发展战略的根基底座，参考ESG披露合规要求及行业最佳实践，形成ESG重大性议题矩阵，推动企业均衡与可持续发展（见图6-14）。

因此，下文将从环境（E）、社会（S）及公司治理（G）维度，结合房地产行业特性、ESG评级分析、企业ESG行动案例等角度，"抓重点、找亮点"探讨房地产企业该如何践行应用ESG体系。

（1）环境（Environment）

《中国房地产企业碳排放调研报告》统计，我国2021年部分房地产企业的二氧化碳排放量如图6-15所示。我国房地产行业作为建筑行业价值链中重要的中间环节，因"高能耗、高排放"的经营惯性，碳排放总量及单位产值的排放量均处于高位，且不同房地产开发企业因碳排放管理、绿色建筑使用率、能源消耗率等而产生较大水平的分化。因此，绿色低碳赛道成为我国房地产行业践行ESG环境保护理念的主要方向，并可通过绿色采购政策推动上游建材行业的低碳转型。

综合房地产开发企业践行绿色发展的实践和解决方案，ESG评级表现较佳的企业普遍将"绿色低碳"理念融入项目开发的全周期，从土地选址、

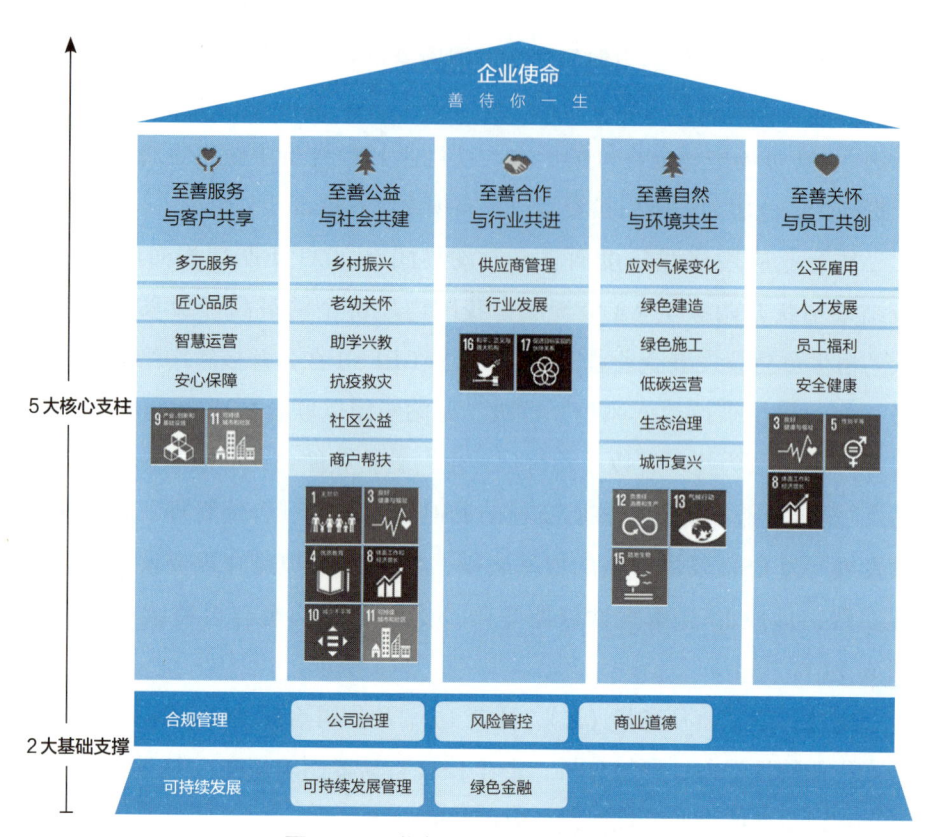

图 6-14　龙湖集团 ESG 战略体系

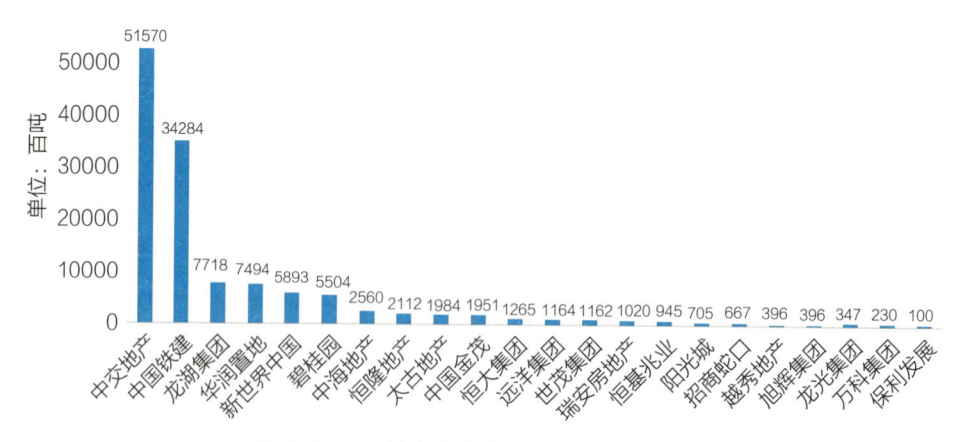

图 6-15　房地产企业披露 2021 年碳排放量

规划设计、施工建造、运营维护及租赁运营等阶段，推动房地产业实现绿色低碳化及可持续发展。结合我国内地房地产企业披露ESG报告，各阶段典型的低碳措施和实践亮点如图6-16所示。

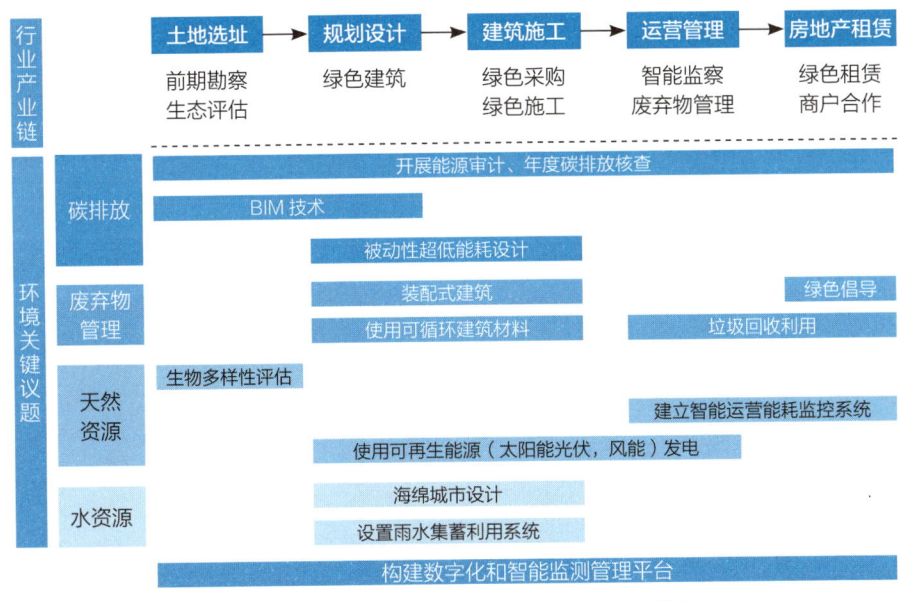

行业产业链	土地选址	规划设计	建筑施工	运营管理	房地产租赁
	前期勘察生态评估	绿色建筑	绿色采购绿色施工	智能监察废弃物管理	绿色租赁商户合作

环境关键议题：
- 碳排放：开展能源审计、年度碳排放核查；BIM技术；被动性超低能耗设计
- 废弃物管理：装配式建筑；使用可循环建筑材料；绿色倡导；垃圾回收利用
- 天然资源：生物多样性评估；建立智能运营能耗监控系统；使用可再生能源（太阳能光伏，风能）发电
- 水资源：海绵城市设计；设置雨水集蓄利用系统
- 构建数字化和智能监测管理平台

图6-16 房地产企业在全生命周期的低碳措施

在土地选址阶段：房地产企业在投资调研期间应对开发宗地进行现场勘察、生态检测和尽职调查，注重生物多样性保护，规避环境敏感区域，确保项目符合可持续开发原则，减少对生态系统的不利影响。

在规划设计阶段：房地产企业应融入绿色建筑元素，参照被动式超低能耗建筑理念，通过环境模拟分析优化规划利用自然条件，并运用BIM技术实现协同设计，减少施工失误、建筑垃圾及水资源浪费。

在施工建造阶段：房地产企业应采用"绿色供应链"机制，优先采用装配式建筑、绿色材料等，使用现场的光伏、风能等再生资源及节水节能技术，有效降低施工能源消耗及减少建筑垃圾污染等。

在运营维护阶段：房地产企业可通过建立智能管理体系和能源监测管理系统平台，实时监测管理物业的碳排放和能耗数据，定期追踪和分析，提升能源管理效率，实现绿色低碳化的高效运营。

在租赁运营阶段：房地产企业应探索绿色租赁模式，与业主、租户等合作实现生态化的可持续发展目标，将环境管理纳入日常运营，并通过补贴和激励措施提高租户的节能降耗意识和物业的环境表现。

以房地产开发流程中最重要的施工建造环节涉及的绿色建筑为例。截至2022年我国住建部统计数据，新建绿色建筑面积占新建建筑的比例超过90%，新建绿色建筑面积由2012年的400万平方米增长至2021年的20亿平方米。仲量联行研究发现，我国房地产行业应用绿色建筑认证面积占比高的企业，其MSCI的ESG评级中的环境范畴得分也越高，两者在一定程度上存在密切关系（见图6-17）。

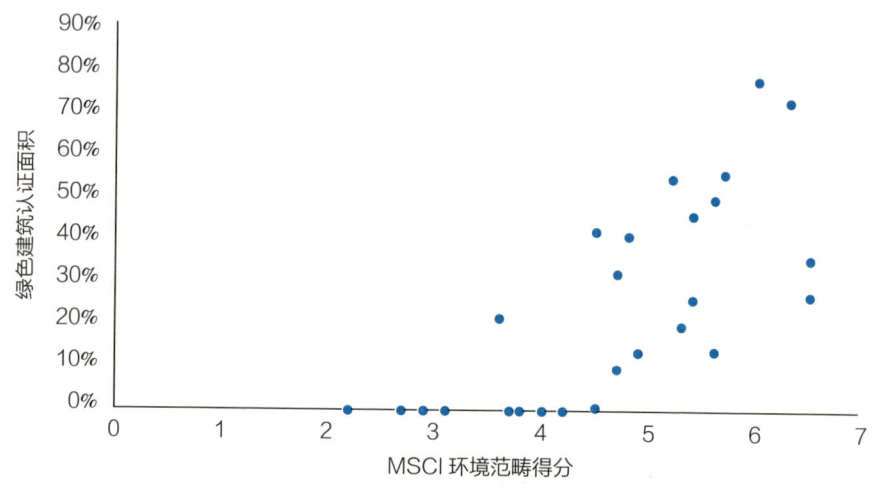

图6-17 房地产企业的绿色认证建筑面积与MSCI环境得分之间的关系

资料来源：仲量联行《中国房地产开发企业ESG表现》。

近年我国正在积极推动装配式建筑在房地产行业的应用。装配式建筑较与传统建筑相比，具有降低建筑污染、减少建筑垃圾和污水、降低能源消耗及缩短工期等优点。此外，房地产开发企业可搭建"绿色供应链"平台，将"绿色影响力"拓展到供应上下游，在原材料开采、生产加工、终端消费等各环节上，减少对环境的负面影响，提高资源效率，实现产业链的绿色升级（见表6-9）。例如，龙湖集团大力推进供应链绿色化，择优选择环保类供应商；要求所有新建项目 100% 达到国家绿色建筑星级标准。2022 年，龙湖集团新增获得绿色建筑认证的建筑面积达 128 万平方米；碳排放放强度为 0.0243 吨二氧化碳当量/万元营收、同比下降 15.2%；单位面积碳排放强度降低 3%，计划至 2030 年降低 15%。

表 6-9　标杆上市房地产企业的装配式建筑项目的发展数据

华润置地	装配式建筑项目 260 个；装配式建筑总面积达 4348 万平方米
龙湖集团	装配式建筑项目 380 余个，总建造体量超过 2000 万平方米，涵盖住宅、公寓、办公、商业、医养等多种业态；已申请 150 项装配式相关专利
越秀地产	采用装配式的标段比 2021 年提升 10.7%，占在建标段总数的 55%
新城控股	2022 年约 45% 新建开发项目实现装配式建造，装配式实施的面积累计超过 2200 万平方米；实现 7 种类型的装配体系应用，最高装配率达 95%
招商蛇口	2022 年装配式建筑面积为 2002 万平方米，占新开工及在建项目面积约 60%，较上年提升 8%

（2）社会（Society）

在房地产开发领域，社会范畴的表现也是一个关键的考量因素，除前文介绍的在乡村振兴、共同富裕等履行社会责任外，产品品质的保证是开发过程至关重要的环节，它不仅关系到施工现场的安全性，还直接影响到最终交付的建筑质量。

根据 MSCI 的行业分析报告，我国内地房地产企业在社会表现方面普遍低于国际平均水平，仅有 32% 的企业在"产品安全与质量"方面的表现超过行业平均水平，而在"健康与安全"方面则全面落后。该评级结果促使我国房地产行业强化提升产品质量和安全管理，通过制定相关规章制度和建立管理系统，并努力获得相应的评级认可。

一是健康与安全方面。房地产行业过去的粗放型发展模式中，施工管理存在诸如缺乏统一的安全标准、施工人员安全意识及素质参差不齐等，可能导致安全质量隐患和施工事故的发生，从而对房地产企业在社会范畴的表现造成负面影响。房地产项目的安全生产不仅涉及直接雇用员工及建设单位员工的安全与福祉，而且一旦发生安全生产事故，企业可能面临行政责任、刑事责任及民事责任，严重影响企业的生产经营及市场信誉。在房地产行业的ESG报告中，评级高的企业更重视安全生产的负面披露及指标颗粒度等，不仅强化企业的公信力，而且展示企业良好的内部风险控制机制。

二是产品安全与质量。房地产企业在传统质量控制方面常面临标准缺失、体系不完善和难以有效控制等难题，但随着物联网和大数据等数字化技术普及，部分房地产企业建立智慧工地系统，通过集成现场实时管理、智能决策、质量安全巡检和数据共享等数字化管理平台，在产品质量管理、安全生产管理及交付管理等方面，实现流程自动化、作业标准化及管理可视化。

此外，房地产企业完善并实施全周期的质量管理制度，包括采取原材料的抽检、第三方工程巡检、关键工序验收、交付评估以及加强维修管理工作，依托"集团平台—区域公司—项目制"的垂直化管理架构，设立分环节责任制、即时考核的评价机制，及早识别质量缺陷和安全漏洞，一旦发现施工现场不合格情况即刻整改，确保品质标准及安全生产（见图6-18）。

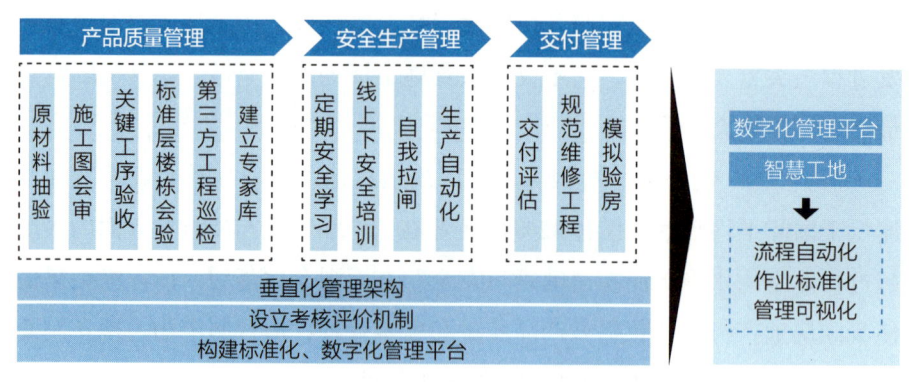

图6-18 房地产企业质量与安全管理系统示意图

例如华润置地2022年在安全生产方面投入达3.35亿元，强化安全生产当中的智慧化建设，推进智慧工地建设和消防集控平台试点，构建具有6大类目、18个功能模块的智慧工地安全管理平台，接入117个项目，实现"总部—大区—城市—项目"四级智慧管控模式；高频次开展质量过程检查及交付专项质量评估,并实现 105 次的风险闭合。

通过上述措施,房地产企业不仅能提升安全生产水平与交付产品质量,减少潜在的法律风险,还能在 ESG 报告中展示其对社会履行的责任,提升其市场竞争力与品牌形象。

(3) 公司治理 (Governance)

MSCI 等评级机构重点通过对房地产企业在公司治理与行为等情况,衡量其 ESG 在治理维度的评级,尤其体现在董事会架构的多样性、ESG 的战略管理及风险控制机制等方面(见图 6-19)。

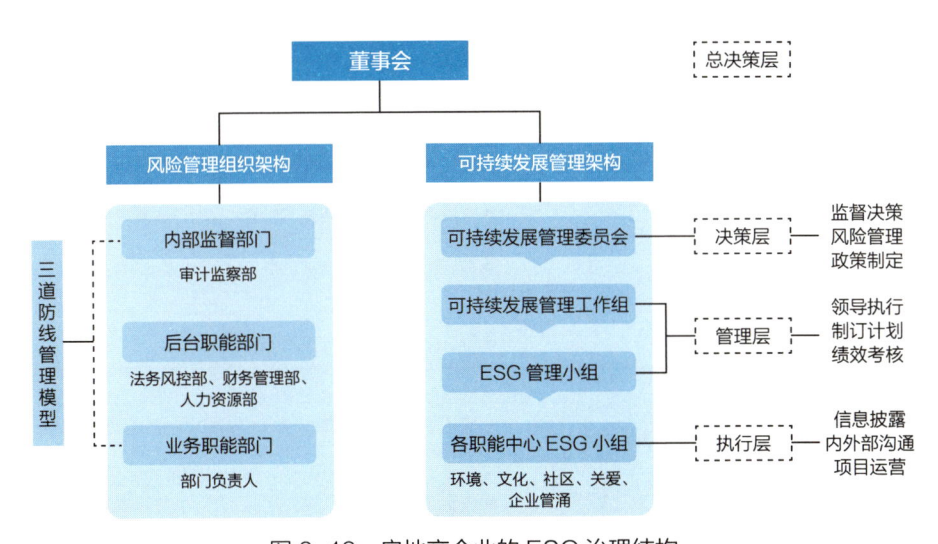

图 6-19 房地产企业的 ESG 治理结构

一是多元化的董事会能为公司输入不同的观点和专业知识,有助于提高决策的质量和效率。企业在确定董事会成员时,应综合考虑包括独立董事占比、成员的教育及行业背景、性别及服务期限等综合因素。其中衡量企业董事会多元化的典型指标为董事会成员的性别比例,例如在 MSCI 的 ESG 评分体系中,若公司董事会的女性占比不足 30%,则会从治理范畴扣减相应分数。据 MSCI 对房地产行业的统计数据,我国 31 家内地房地产企业中,约 35% 的房企董事会中没有女性高管;尽管其余样本在董事会构成上包含女性，但平均占比却仅为 16%，远低于国际约 30% 的标准。

二是 ESG 战略及践行程度则展现企业对环境保护和社会责任的承诺。ESG 管理的广泛性和复杂性要求房地产企业实现跨部门的协作与整合，而优化管理架构则是提升 ESG 管理水平和可持续发展实践的关键步骤。以万科集团实行的"决策层—管理层—执行层"的 ESG 战略管理体系为例（见图 6-20）：董事会作为决策层，负责制定公司的可持续发展战略、设定目标、审查整体表现、评估重要议题，并审核年度 ESG 报告；ESG 工作委员会作为管理机构，决定企业的 ESG 管理目标、方针政策和实施路径，对 ESG 报告进行初审并提交公司董事会审议；ESG 执行小组则负责 ESG 执行

机构角色	组成	职责
董事会 决策机构	董事会成员	• 决定公司 ESG（包括气候变化）管理架构及管理策略； • 确保设立合适及有效的 ESG（包括气候变化）风险管理及内部监控系统； • 负责听取 ESG（包括气候变化）有关重要事宜的讨论结果并关注 ESG 目标进展； • 审议及批准公司可持续发展（包括气候变化）年度报告
ESG 工作委员会 管理机构	董事会主席为主任，董事会秘书等担任副主任。其他组成人员包括相关职能及 BG、BU 的负责人	• 确认内部及外部重要性评核的结果； • 决定 ESG（包括气候变化）管理目标、方针政策和实施路径； • 确认所评估及识别的 ESG（包括气候变化）相关风险及机遇； • 决定 ESG（包括气候变化）相关管理制度及工作流程； • 决定 ESG（包括气候变化）工作计划并评估工作完成情况； • 对可持续发展报告进行初审并提交公司董事会审议； • 管理公司 ESG（包括气候变化）相关其他事项
ESG 执行小组 执行主体	由相关职能及 BG、BU 的 ESG 对接人组成，具体组成人员由相关职能及 BG、BU 的负责人指定	• 进行内部及外部重要性评核； • 负责编制公司可持续发展报告； • 评估及识别 ESG（包括气候变化）相关风险及机遇； • 评估公司 ESG（包括气候变化）工作与两地交易所标准要求、先进同行优秀实践之间的差距，制定改进计划并推动落实； • 根据 ESG（包括气候变化）管理目标落实年度工作内容； • 执行 ESG 工作委员会决议及交办的其他工作

图 6-20 典型房地产企业（万科）ESG 规范化运作架构

数据来源：万科 2023 年可持续发展报告。

的统筹管理，进行信息分析，定期考核职能部门，并向 ESG 工作委员会等汇报。房地产企业通过设立并持续优化管治架构及职责，为 ESG 规范化管理及机构评级的提升夯实基础。

三是规范稳健的风险控制机制则可保障企业能够预见并应对潜在的商业风险。例如龙湖集团实行覆盖所有业务范围的风险控制机制，由业务或职能部门、集团职能部门以及集团审计部门等构成的风险管理的"三道防线"，按期对业务及职能部门开展自查自纠活动，完善风险机制的有效性及合规性，并在第三道防线层面通过宣贯培训、定期审计、数字化工具等层面加深赋能，提升与业务链接的紧密度和敏捷度。华润置地则纵深推进"大监督"的风险控制下的反腐倡廉体系，搭建数字化"大监督"信息平台，建立三大体系"深度融合、穿透基层"工作平台。万科集团于 2023 年对全业务线开展综合审计、专项审计合计 65 次，累计下发风险检查项目超 860 条，持续筑牢防线控制风险。

综上，虽然我国房地产行业在"3060 双碳目标""可持续发展"等背景下加速 ESG 理念的在房地产领域的普及与应用，既面临政策监管、上市披露、ESG 评级等诸多挑战，但也存在绿色融资等结构性机会。虽然目前我国房地产行业 ESG 的实践行动尚处于初步阶段，但部分地产企业在环境、社会及治理等范畴集成"新玩法"，尤其在契合 MSCI 评级体系中的"绿色建筑发展""健康安全与产品质量""公司治理与行为"等方面贡献丰富的实操经验，有助于行业 ESG 对标进步及推动可持续发展。

结　语

我国房地产行业发展仅30余年，经历数次高光与昏暗时刻，房地产市场规模大、产业链长、覆盖面广，对宏观经济运行具有系统性的影响。房地产调控本质是"国家规划战略""国民经济发展""市场修正反馈""金融杠杆与风险"等多方调和平衡之下的产物，房地产企业则在此边界条件下寻找相对最优解。

在实现强国复兴的征程中，房地产确不该为"大国产业"，但"居者有其屋"却始终为"大国根基"。当前我国房地产市场供求结构发生显著变化，市场尚处于调整状态。但我国新型城镇化仍在持续推进，房地产高质量发展还有相当大的空间。房地产的发展也必然随着时代"变是唯一的不变"，但是只要本质上人口发展还在，住房需求还在，只要经济动能在，住房供给还在，住房产业就不会消失，行业就永不会落幕。

"安得广厦千万间"，我国正处于加速构建"市场+保障"的双轨制住房供应体系的重要阶段，同期也正在建立与之相适应的融资、财税、土地、销售等基础性制度。居民基础的住房需求得以基本保障，市场端则供应适应人民群众期待的"好房子"，更好满足刚性和改善性住房需求。同时，房地产行业在本轮周期逐渐出清过往"高负债、高周转、高杠杆"的模式弊端，房地产仍可作为防御性、抗通胀型资产。房地产行业发展要与时俱进、拥抱变化、良性健康发展。

"风物长宜放眼量"，在考量我国房地产行业当下"破局"之道，其既在企业本身，亦在行业之外。我们应将其放到动态周期的角度，以全球化的格局、以跨行业的视野去探寻。我国房地产企业不仅要"脚踏实地"谋划策略应对当下的"变局"，还要关注近在眼前的"新风口"、观察行业演变的"新物种"，更要"志存高远"地洞察数字化、资本与科技、ESG战略等"新玩法"，实现近期的转型升级与长期的可持续发展。

全书交稿付梓之际，正值中共二十届三中全会召开，会议公告中涉及房地产领域的内容主要为住房制度、市场供需、调控政策等。全会强调深化改革的总目标为"提高人民生活品质"，中央顶层设计对房地产主基调的政策落脚点在于新型城镇化建设、城乡融合发展，促进城乡要素平等交换、双向流动，有望将深化户籍制度改革，进一步完善"人—房—地—钱"的挂钩政策。2024年11月，我国发布《关于降低土地增值税预征率下限的公告》，加大住房交易环节契税优惠力度，积极支持居民刚性和改善性住房需求；同期，我国城中村改造政策支持范围由原先的35个超大城市进一步扩容至近300个地级及以上城市。中央政策对于房地产的态度显而易见，推动房地产行业回暖、维护市场稳定健康发展、构建行业发展新模式依旧是当前破局之关键。

感谢在撰写本书期间给予我帮助与关怀的老师、同学及朋友们，也感谢房地产行业的领导前辈和同事们，更要感谢默默在身后付出的家人们。正是你们的支持与鼓励，让我得以如期出清"文债"，也学会了深夜在异国他乡安定地与厚沓沓的文稿独处，最后如释重负地翻过山丘"而今迈步从头越"。最后，衷心祝福国家国运昌盛，行业安暖逢春，百姓安居乐业，读者诸事顺遂！